CAPTIVATE

THE SCIENCE OF SUCCEEDING WITH PEOPLE

ヴァネッサ・ヴァン・エドワーズ
Vanessa Van Edwards
福井久美子［訳］

最強の人間関係術

ダイヤモンド社

CAPTIVATE

by Vanessa Van Edwards

This edition published by arrangement with Portfolio,
an imprint of Penguin Publishing Group, a division of Penguin Random House LLC
through Tuttle-Mori Agency, Inc., Tokyo

人がたくさん集まる場で気後れしたことがある人へ。
それはあなただけじゃない。

序章

「科学に基づく行動」で誰でも人と仲良くなれる！

はじめまして。私の名前はヴァネッサ。現在、**こじらせ女子**から脱却中よ。

学校のダンスパーティでは、自分からパンチ〈パーティ定番のドリンク〉を配る係を買って出た。幼い頃は、かっこいい男子にぶつかるだけで、しゃっくりが止まらなくなった。両親がAOL〈アメリカの大手プロバイダー〉とインターネット契約を結んだとき、私の最初のメル友は保健室の先生。小学2年生のときは、体育の授業に永遠に出ずに済むよう「更年期障害なんです」と訴えた。当時、グーグルがあれば、もう少しマシな嘘をついただろうに……。

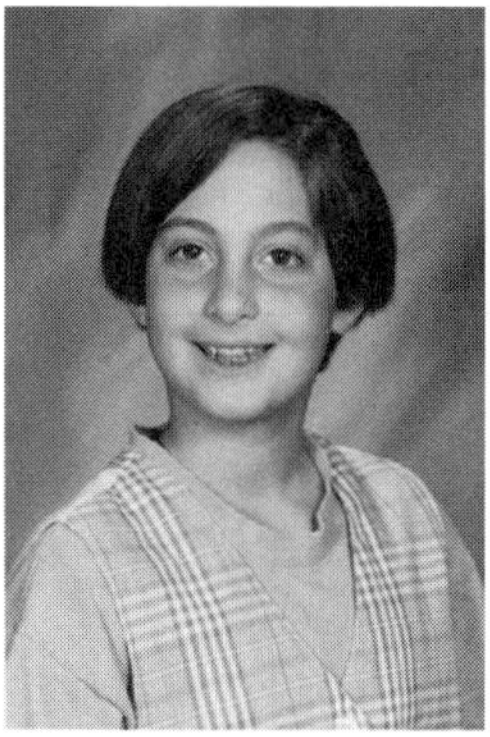
1993年頃の著者

これが真実だと証明するために、ちょっと恥ずかしいが、1993年頃の私の写真をお見せする。見ての通りの「ヘルメットヘアー」だが、ヘルメットが必要なスポーツをやっていたわけではない。実際はスポーツとは無縁の日々。その一方で、ぶかぶかのTシャツに合うのは粋なベストだと信じて疑わなかった。私のお気に入りは格子柄のベストだったが、正直いってセンスがいいとは言えないかも?

誰にも会いたくない日には、学校に足を踏み入れた途端にじんましんが出たものだ。手足が赤く腫れ上がってかゆくなったが、長袖とズボンでなんとか隠した。だが、顔や頭皮のじんましんは隠せなかったし、じんましんのおかげで、私が人気者になることもなかった。

といっても、そんなに悲惨なことではない。バレンタインデーには先生がカードをくれたし。

100%相手の心を開かせる方法

このように、私は生まれながらに対人スキルを習得していたわけではない。私が苦労して学んだぶん、みんなのために、簡単に習得できる方法を考えた。

ちなみに、私はどんなふうに学んだか。

最初は、数学や外国語と同じように習得するものだと思い、表情を描いたフラッシュカードを作ったり、雑談のパターンを探したりした。先生の顔から隠れた感情を読み取ろうとして、大変な目に遭ったこともある! それから、人間に関する本を片っ端から読んだ——心理学の教科書、社会学の論文、人間行動に関する本なら何でも。そのうちに、自分でテストや実験をやるようになった。たとえば、ドーパミンの研究結果を参考に「会話のきっかけとなるネタ」をフラッシュカードに書いて、バッグに入れて持ち歩いた。そして知らない人に試しては、相手の反応をリストにまとめた。また、リーダーになろうと、チンパンジーのボスの動きをまねてみたが、誰も私をリーダーとはみなしてくれなかった。ビジネス系のプレゼンテーション・コンテストに出場したときは、説得術を駆使してプレゼンを行ない、本当に効果があるか試したりもした。

そしてふと思いついた。こうやって体を張った実験の失敗談や今後の課題を、すべて「サイエンス・オブ・ピープル」という私のブログ（scienceofpeople.com）につづってはどうかと。するとうれしいことに、人間関係に悩んでいるのは自分だけではないことがわかった。ブログの記事があちこちのサイトで紹介され、動画の視聴回数が増えるにつれて、マスメディアに注目されるようになった。たとえば、NPR（ナショナル・パブリック・ラジオ）、『インク』誌、『フォーブス』誌などに取り上げられた。それを見て私は、もっと大がかりな実験をしようと、「サイエンス・オブ・ピープル」をブログから発展させて人間行動研究所を立ち上げた。

研究所では、最新の科学に基づく調査を収集し、それを実生活で実験したり、使えるメソッドへと具体化させた。次にそのメソッドを読者や受講生に教え、彼らにテストしてもらう。そう、この本で紹介されているスキルはすべて、何千人もの受講生たちが実生活で試し、その報告を基に磨き上げながら完成させたものなのだ。

メソッドは、次のステップを経て確立された。

第1段階――おもしろい研究を見つける
第2段階――実生活で応用できる戦略を練る
第3段階――テストし、調整し、仕上げる
（**第1段階から繰り返す**）

こうしてできた人間関係術を、私は「行動戦略」と呼んでいる。

この8年間、私はどんな人とでもうまくつきあう最良の方法、秘策、設計図を作ってきた。その成果はオンライン講座やワークショップを通して何百万人もの人が受講し、さらに、フォーチュン500に入る優良企業の研修でも取り入れられている。社員のコミュニケーション力を向上させるにとどまらず、独身者のために婚活パーティのワークショップも行なっている。起業家に科学的根拠に基づいた行動戦略を伝授して、他社に勝つ秘訣を教えることもある。一方で、「ハフィントンポスト」や『フォーブス』誌にコラムが掲載され、CNNでも取り上げられ、対人スキルを向上させたい世界中の人々に届けられている。

そうした研究成果のなかから、すぐれた発見だけを選んでノウハウ化し、まとめたのが本書だ。各章ごとに1つの行動戦略を紹介している。簡単ながらも強力な方法ばかりだ。あなたのキャリアや人間関係力を向上させ、ひいては収入を飛躍的にアップさせるだろう。

この本で学べること

本書では、人の心と行動の仕組みについて説明する。人を動かす方法がわかれば、それに合わせて自分の行動や会話や関係を変えることができる。枠組みなしで人とつきあおうとするのは、方程式を使わずに複雑な数学の問題を解くのと同じだ。難しいし、途中で何度も不必要な問題に悩まされるだろう。だが、この本を読めば、学校では絶対に教えてくれない**対人スキル**を学べる。

人間は外見こそ違うが、心の働きはみな同じようなもの――といっても、人の心が完璧に読めるようになるわけではないが。人間は隠れたルールに従って行動する。だから私たちは、それを見分ける方法を知る必要がある。

第1部は、人と出会ってから「最初の5分間」に何をすべきかを解説する――たとえば、どう会話を始めるか、会った瞬間に好かれるにはどうしたらいいか、など。これから教えるさまざまなノウハウのなかでも、第一印象の操作は基本スキルだ。

第2部では、人と出会って「最初の5時間」で相手をより深く知るためのスキルを解説する。人の性格や行動を解読する方法は、デートし始めの初期段階や、数回会っただけの人にも役立つだろう。私はこのメソッドを**「性格マップ」**と名づけた。立ち話するだけの関係から親しい関係へと距離を縮めたいときは、このシステムが参考になる。

第3部では、出会って「最初の5日間」に何をすべきかを説明する。他人を深く知るには、人を動かす方法、相手のなかのあなたの存在感を高める方法を学ぶ必要がある。第3部で扱うのは、最高のつながりを築く方法だ。人との関係構築においてもっとも高度なプロセスであり、これが最終段階となる。

最初に約束しておこう。対人スキルを習得すると人生が変わる。対人関係知能（ＰＱ）が発達すれば、もっと成功に近づける。この本を読み終わる頃には、印象的な会話を誰とでも交わせるようになるだろう。クライアントも、同僚も、友だちも、あなたの第一印象を心に刻み、一生忘れられなくなるはずだ。そして、あなたは誰と接するときも、自信に満ちあふれ、カリスマ性を発揮しながら、会話を思い通りにコントロールできるようになる。

- ＰＱが高い人は、ＰＱが平均レベルの人よりも、平均で年収が2万9000ドル高い
- トップクラスのビジネスマンの90％はＰＱが高い
- コミュニケーション能力に秀でた人は、そうでない人よりも幸福度が42％高く、人生の満足度も高い

私はよく冗談で「対人スキルは、生きるのに必要な社会的潤滑油だ」という。人間の行動には

法則がある。そのことがわかれば、すべてがうまくいくようになる。

仕事面ではこんな変化が起こる。

- 要領よく昇給を交渉できるようになる
- 同僚と良好な関係を築く
- 交流イベントで会った人と親しくなる
- スムーズに契約が取れるようになる

社交面ではこんな変化が起こる。

- 相手にいい第一印象を与えて忘れられない存在になる
- 人間関係のいざこざが減る
- 友人と信頼し合える強い関係を築く
- 誰とでもつきあえるようになる

恋愛面ではこんな変化が起こる。

- デートの相手に好印象を与える
- 関係を深める

・ナンパに成功する
・パートナーとの間で誤解が生じにくくなる

友だちを作るにせよ、人を動かすにせよ、科学的な方法がある。そしてそれを学べば、人との接し方が劇的に変わるだろう。

さあ、冒険の始まりだ。

CAPTIVATE

最強の人間関係術

目次

第2章

会話に「フック」をかける
——忘れられない人になる方法……59

第3章

第5章

的を射た「感謝」で関係は強くなる
――「感謝の言語」作戦

第6章

相手にとって「一番重要な価値」をあげよう！……205

第Ⅲ部
出会って「最初の5日間」で最高のチームやファン、親友を作る方法

第7章
「つながり」をパワーアップ！
――相手の脳内に入り込め

第8章

弱みは武器になる！「さらけ出し」で安心させる……271

第9章

「やっかいな人」だって味方につける
──「不安」の対処法……299

第10章

人気者の秘密をまねる ——「同調」でハートに火をつけろ！……329

第Ｉ部

出会って「最初の５分」で最高の印象を相手に残す！

新居のお披露目パーティ、交流イベント、最初のデートなど、どこへ行くにせよ、最初はこんな問題に頭を悩ませることになる。

- 相手にいい印象を与えるにはどうしたらいいか?
- 誰に話しかければいいか?
- 何を話せばいいか?

第1部では、出会って最初の5分間で何をすべきかについて学んでいく。人と出会ったときに、第一印象、最初の話題、自己紹介をどうすれば、効果的に人間関係を築けるか。人々を魅了し、イベントで一番印象に残る人になるための戦略を3つ紹介する。

第**1**章

「場所」を決める

――会話が弾む場所はどこ？

大統領選を勝ち抜いたトルーマンの意外な戦略とは？

昔、ハリーという少年がいた。びん底めがねをかけ、本ばかり読んでいるいじめられっ子だった。大学に進学すると、家計を支えるために、鉄道建設会社で時間記録係として、さらにドラッグストアでも清掃係として働いた。内気な少年は後にアメリカの第33代大統領になるが、当時は誰も予想していなかったに違いない。

ハリー・S・トルーマンが際立った存在なのは、大統領らしい華やかさとはかけ離れたその性格ゆえだろう。1944年7月19日、キャリアでもっとも重要な時期を迎えたとき、その内気な性格が仇となる。トルーマンは民主党全国大会で副大統領候補の指名を勝ち取ろうと奮闘していたが、形勢は不利。当時の大統領フランクリン・D・ルーズベルトは、すでに公の場で対立候補のヘンリー・ウォレスを支持すると表明。ウォレスは演説が突出してうまかったうえに、当時副大統領を務めてもいた。

トルーマンには際だった演説の才能はなかったし、それを自覚していた。指名を勝ち取るために、トルーマン陣営は正攻法で闘うことを断念。だが、一対一で信頼関係を築くのは得意だったので、その強みを活かすことにした。

民主党全国大会の期間中彼らは、代議員を次から次へと演壇の下にあるエアコンの効いた会議室（ルームH）へ連れて行った。会場は息苦しくなるほど暑かったが、ルームHは涼しかった。だから、代議員たちはほっと一息つくついでに、トルーマンの話を聞いた。その後、彼は何時間も廊下の端に立って、民主党員が通るたびに握手を交わした。投票結果を待つ場所も、ホテルの部屋ではなく（ヘンリー・ウォレスを始めとして、ほとんどの候補者はホテルで待った）、会場を選んだ。そして妻と共に聴衆に混ざり、ホットドッグを注文したという。

最初の投票では、ウォレスが429・5票、トルーマンが319・5票を獲得。すぐに再投票の実施が決まった。トルーマンは支持者を獲得しなければならなかった、しかもなるべく早く。彼は大勢の聴衆の前で演説するという手法は取らず、派閥のリーダー、代議員、影響力の強いメンバーを見つけては、一人ずつ熱心に話しかけた。党のキーマンに話しかけては信頼を獲得し、「派閥の人たちにも、私に投票するようお願いしてください」と説得してまわったのだ。

開票結果が発表されたのは午後8時14分。トルーマンは1031票を獲得し、105票しか獲得できなかったウォレスに勝利した。1日とかけずに712票も獲得したことになる。その数分後、彼は受諾演説を行なったが、それは史上もっとも短い指名受諾演説の1つに数えられる。聴衆が拍手喝采するなか、トルーマンはたくさん並んだマイクの前で拍手が鳴り止むのを待った。そしてようやく歓声が収まると、こういった。「みなさん、私にチャンスをください」(注1)。

トルーマンは自分の強みを把握し、それをうまく活用して闘った。人間関係を最大限に活用して成功へと結びつけたのだ。同じことはあなたにもできる。

感情は「隠せない」

仮にあなたの将来の夢が、バスケットボールの選手になることだとしよう。足が速く、ボールを自在に操ることができ、身長は1メートル88センチだとする。さて、あなたには選手としての選択肢が2つある。1つはセンターでプレーすること。ただしNBA、すなわち男子プロ・バスケットボール・リーグでは、センターの平均身長は2メートル10センチ。(注2)あなたがセンターでプレーするなら、練習後に何時間も垂直跳びの練習をし、試合では上げ底靴を履いて、たりない身長を補わなければならない。もう一つの選択肢はポイントガードでプレーすること。このポジションの選手の平均身長は1メートル88センチ。(注3)身長の低さを補おうと高くジャンプする必要はないため、プレーに集中できる。

明るい性格のふりをすることは、上げ底靴を履いてセンターでプレーするようなもの。社交的にふるまううちに社交的な性格になるだろうと期待しても、かなりのエネルギーを消耗するし、そううまくはいかない。不信感を抱かれるのが落ちだ。

「サイエンス・オブ・ピープル」では、1036人の会員を対象に以下の質問をした。(注4)

Q もっともいらいらする人はどれ？

A 一方的にしゃべる人
B ほとんどしゃべらない人
C 作り笑いをする人
D 自慢話をする人

一番多かった答えはどれだと思う？　圧倒的多数だったのは、63％を獲得した「C　作り笑いをする人」だ。はるかに得票数を落として2位につけたのは「D　自慢話をする人」（22％）。

作り笑いとは、明るい性格のふりをするだけではない。誰かのことを嫌いながらフレンドリーに接しても、相手は察知してしまう。イベントの最中にあなたがつまらないと思えば、人々はそれに気づく。どんなに取り繕って笑顔をふりまいても、うまくはいかない。

バーバラ・ワイルド博士とその共同研究者たちは、感情が伝染することを突き止めた。彼らはまず、被験者に笑顔の写真か悲しそうな顔の写真のどちらかを見せて、被験者の気分をテストした。その結果、写真に写しだされた感情が被験者に「伝染する」ことがわかったという。簡単にいうと、笑顔を見た被験者は気分が明るくなり、悲しそうな顔を見た被験者は気分が落ち込んだのだ。(注5)しかもそれだけではない。写真を見せた時間はわずか0・5秒だという。たった0・5秒では、顔だと認識するのがやっとだが、それでも被験者たちの感情は影響を受けたのである。

ワイルド博士はさらに、1人が笑みを浮かべると、無意識のうちにまわりの人も笑みを浮かべることも発見した。つまり人間は、**幸せな人のそばにいると幸せだと感じ、楽しそうな人のそばにいると楽しいと感じる**ということだ。(注6)あなたが行きたくもないイベントにしぶしぶ参加してみじめな思いをすると、そのみじめさはまわりにも伝染するのである。

「作り笑い」は9割バレる

社交的なふりをしていれば、そのうち社交的な性格になるって？　その考えは改めたほうがいい。作り笑いは、遠くにいる人にも見抜かれてしまう。以前私たちは、画像を使ったボディ・ランゲージ・クイズを出して非言語コミュニケーション能力を測る実験を行なった。回答者は4361人以上。その問いの1つで、4枚の画像（作り笑いを浮かべた写真が3枚、本物の笑顔の写真が1枚）を提示して、本物の笑顔を選んでもらったところ、回答者の86・9％以上が正解だった。

フィンランドのタンペレ大学の研究者たちは、1つの被験者グループに作り笑いを浮かべた写真を、別の被験者グループに本物の笑顔の写真を見せた。(注7)図表1－1のような写真だ。

どちらが本物の笑みで、どちらが作り笑いか、わかるだろうか？　写真Aが作り笑いで、写真Bが本物の笑みだ。

本物の笑みの写真を見たとき、被験者は気分が明るくなったという。だが、作り笑いの写真を

図表1－1　**本物の笑顔はどっち？**

A　　　　B

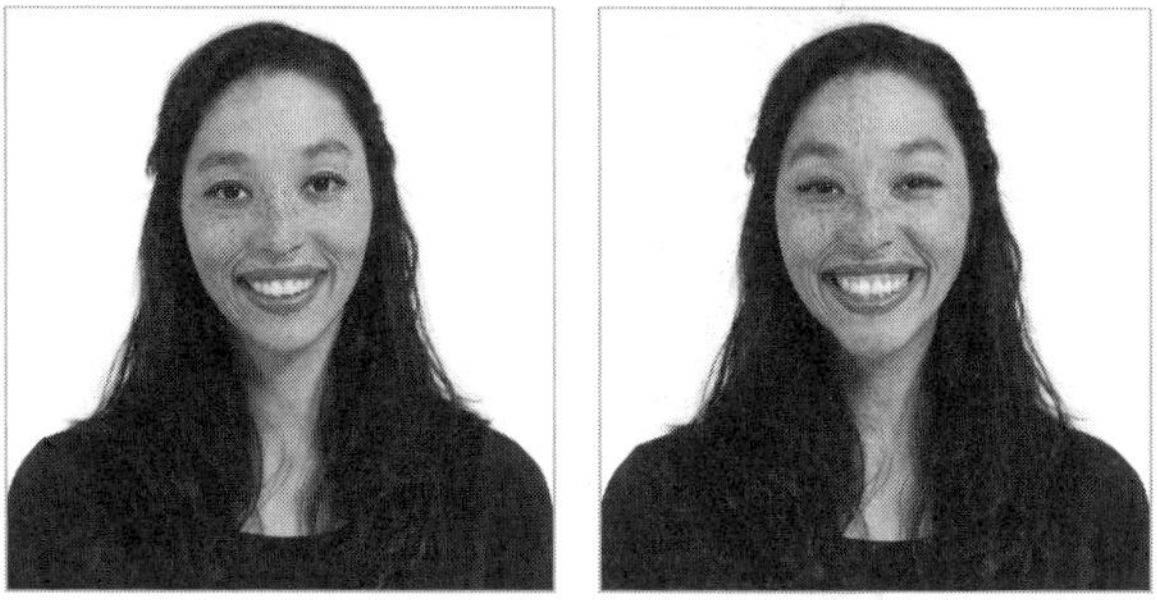

見たときは、気分に変化は見られなかった。

どんなに社交的なふりをしても、努力するだけ無駄だ。本当に幸せな人がいると、こちらも幸せになるが、[注8]幸せなふりをする人は、誰の記憶にも残らないからだ。まずは状況をコントロールすること。人に話しかけるなら、自分を偽る必要のない場所を選ぶこと。たくさん社交スキルを身につけても、みじめな気持ちでイベントに参加していては、顔と名前を覚えてもらうのがやっとだ。

あなたが心の底から楽しめば、人々はあなたに気づき、あなたと話したいと思う。だが、「顔を出さなければ」と無理やりイベントに参加しても、その場をしらけさせるだけだ。そしてイベントを台無しにする。

そこで必要なのが交流作戦だ。

「自信は伝染する。自信のなさもだ。おまけに顧客は両方とも見抜いてしまう」

——ヴィンス・ロンバルディ

やみくもに交流会に参加してもムダ！

私がこれまでにもらったアドバイスのなかで最悪のものを紹介しよう。

「誘われたら、何にでもイエスといいなさいよ。交流イベントはもちろん、初対面の人とお茶をして、カンファレンスにも片っ端から顔を出すの。だって、すごいチャンスに結びつくかもしれないじゃない」

だが、これは間違っていると科学的に証明された。

不幸にも、その事実に気づくまでに私は何年もかかった。ブログを開設した当初、私は記事を書く仕事がほしかった。平日の夜にはしょっちゅう作家の集まりに出向いた。交流イベントに参加するときは、まるで戦場に赴くみたいに、名刺の束、数本の万年筆、名札をいくつも持参。服装はいつも実用的な靴にオフィスカジュアルな服、それから香水とニュースキャスター顔負けの笑顔だ。

私は闘った。人々の注意を引くため、仕事をもらうため。そして同じような会話を何度も繰り返し、疲れては休み、また復帰した。このばかげた行為を3年続けたあと（おまけにソーセージロールの食べ過ぎで5キロも太った）、私はとうとう降参した。結局人脈はできず、仕事も得られず、おまけにちっとも楽しくなかった。

なぜうまくいかなかったのか？　強みを活かしていなかったからだ。トルーマンと同様、私は一対一で話すほうが得意だ。人が大勢集まる騒がしい部屋にいると萎縮してしまう。不安を隠そうと作り笑いを浮かべると、うさんくさい人だと思われてしまう――問題はそこだ。

私は次のような戦略を立てる必要があったのだ。

戦略❶「交流作戦」――話しやすい自分ルールを決めよう

他人のルールに従うのはやめにして、自分のルールを作る。

交流作戦を立てれば、あなたに最適なポジションが見つかる。つまり一番能力を発揮しやすくて、居心地がよくて、成功まちがいなしの状況を設定できるのだ。

ステップ❶ 得意なポジションを探す

ヒューマンスキルの指南書には、大抵「陽気で外向的な人になりなさい」と書かれている。外向的なふりをしていれば、そのうちに板についてくる、というわけだ。だが「会う人みんなに笑顔をふりまきなさい」といっても、そんなことは無理な話だ。

誰とでもうまくやっていくことは可能だろうが、そうする必要はない。交流作戦を立てるのは、自分に合った戦略を練るためだけではない。あなたの社交上の強みをうまく活用するためでもある。スポーツ選手はすべてのポジションをこなせとはいわれないのだから、あなたもすべての社交の場に顔を出す必要はない。自分のポジションでプレーしよう。そうすればこれまでに習得した社交術も試しやすくなる。

私の人間行動研究所では、次のテストを実施して、参加者に人と交流しやすい場所はどこかを尋ねる。テストの結果を説明する前に、あなたにも考えてみてほしい。

Q 誰かと一緒にいるときに、あなたがもっともくつろいで楽しめる場所はどこか？　あてはまる場所すべてにチェックを入れよう。該当する場所が次の選択肢にない場合は、余白に書き込む。チェックを入れた場所があなたの「絶好の場所」だ。

- □バー
- □プールパーティ
- □ホームパーティ
- □会議室
- □夜会
- □カンファレンス
- □テーマパーク
- □電子メール
- □スポーツイベント
- □自然の豊かな場所
- □レストラン
- □夜の映画鑑賞
- □コンサート
- □オフィスミーティング
- □自宅の庭でBBQ
- □電話
- □交流イベント
- □インスタントメッセンジャー
- □ナイトクラブ
- □ディナーパーティ
- □カジノ
- □ジム
- □カクテルパーティ
- □カフェ
- □祭り、フェスティバル
- □ビデオチャット

Q

誰かと一緒だと、居づらい場所はどこか？　あてはまる場所すべてにチェックを入れる。該当する場所が次の選択肢にない場合は、余白に書き込む。チェックを入れた場所が「試練の場所」だ。

□バー	□自然の豊かな場所	□ナイトクラブ
□プールパーティ	□レストラン	□ディナーパーティ
□ホームパーティ	□夜の映画鑑賞	□カジノ
□会議室	□コンサート	□ジム
□夜会	□オフィスミーティング	□カクテルパーティ
□カンファレンス	□自宅の庭でＢＢＱ	□カフェ
□テーマパーク	□電話	□祭り、フェスティバル
□電子メール	□交流イベント	□ビデオチャット
□スポーツイベント	□インスタントメッセンジャー	

どの回答が一番多いか、予想できるだろうか？

実をいうと、これはひっかけ問題だ。正解はない。回答は見事に分散されるため、統計的に明らかなパターンは出てこない。**得意分野は人それぞれ**、というわけだ。パーティ嫌いの人が、パーティでの社交術を習得するのが難しいのはそのためだ。カンファレンスと聞いただけで怖じ気づく人が、「カンファレンスで人々を魅了する方法」を学ぼうとするのはばかげている。「クオーターバックは、キッカーもラインバッカーもプレーできなければならない」というようなもの。やればできるかもしれないが、試合に勝つのは簡単ではない。

気がねなく行動できる場所（絶好の場所）と、試練だと感じる場所を明確にしよう。

・絶好の場所は？

1番目の問いで印をつけた場所はどこか。そのなかであなたが一番くつろげる場所を3～5つほど選び、次ページの「絶好の場所」欄に記入しよう。これらはあなたの好きな場所であり、なおかつベストな自分を出せる場所でもある。

・中立的な場所は？

社交の場といえども、あなたの気分や、誰が参加しているかによってうまくいったり、いかなかったりする。お気に入りの場所ではないが、不安にはならない場所はどこか？　2つの問いで選ばれなかった場所のなかで、あなたがたびたび行く場所を「中立的な場所」欄に記入しよう。

・試練の場所は？

右記以外の場所や状況で、あなたが居心地の悪い思いをする、退屈する、またはみじめな思いをすることが多い場所は？　2番目の問いで印をつけた場所のなかから3～5つ選んで、「試練の場所」欄に記入しよう。

絶好の場所（　　　）（　　　）（　　　）
中立的な場所（　　　）（　　　）（　　　）
試練の場所（　　　）（　　　）（　　　）

さて、これでどの誘いを受けて、どの誘いを断ればいいかが明らかになった。会場に到着する前に、ここならきっと大丈夫と自信が持てる場所を選ぼう。

絶好の場所でなら、どんな社交術を試してもうまくいきやすい。

中立的な場所や試練の場所に行かなければならない場合も、心配はいらない。次の2つのスキルで弱点をカバーしよう。

ステップ❷　会場での動き方を決める

イベントに行く前に、見取り図（図表1－2）を見て、自分がどのようなルート（動線）を描きながら人と交流するか想像しよう。ドアを開けて会場に入り、最初に会話を交わす場所、それから最後にいる場所はどこか。人は無意識のうちに毎回、似たようなルートを進む傾向がある。

「サイエンス・オブ・ピープル」では、イベント主催者に協力してもらい会場にカメラを設置して人々の動きを追跡した。参加者に番号をつけて、イベント中のそれぞれの交流パターンを観察

図表1−2　**会場内の見取り図**

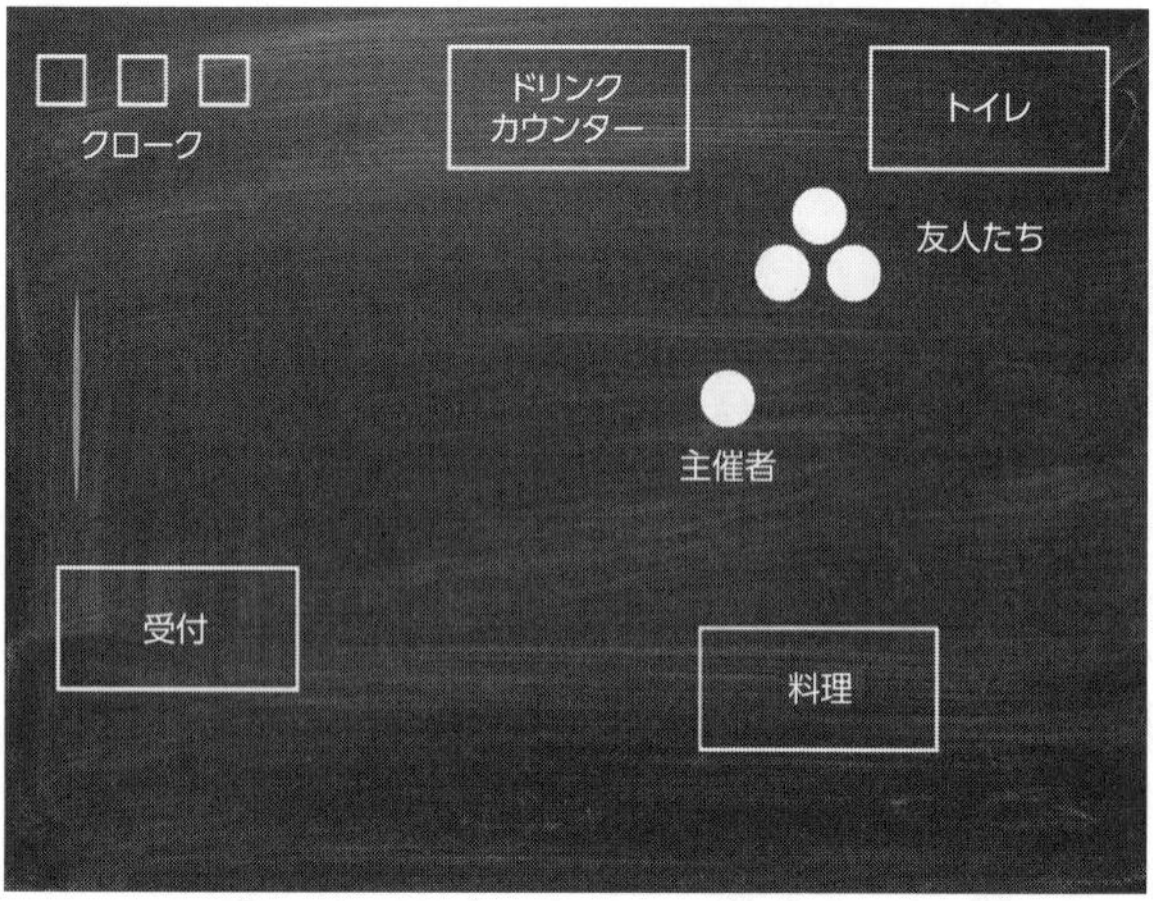

するのだ。そしてイベント後に、彼らが何人と交流したか、何枚名刺をもらったか、SNSのリンクトインで何人とつながっているかを調べた。その結果、**人脈作りがうまい人には、特定のパターンがある**ことがわかった。つまり、彼らと同じルートを進めば、人脈が作りやすくなるのである。

ごく一般的な交流イベントの見取り図を例に説明する。

交流イベントはもちろん、クリスマスパーティ、ウエディングパーティ、友人宅でのディナー、カンファレンスでの懇親会など、ほとんどのイベント会場はだいたい同じようにセッティングされている。まず受付、またはプレゼントを置くテーブルがある。トイレ、ドリンクカウンター、料理テーブルはすぐにわかるだろう。会場には見知った顔もちらほら見える——同僚、

図表1−3 **1944年の民主党全国大会の会場**

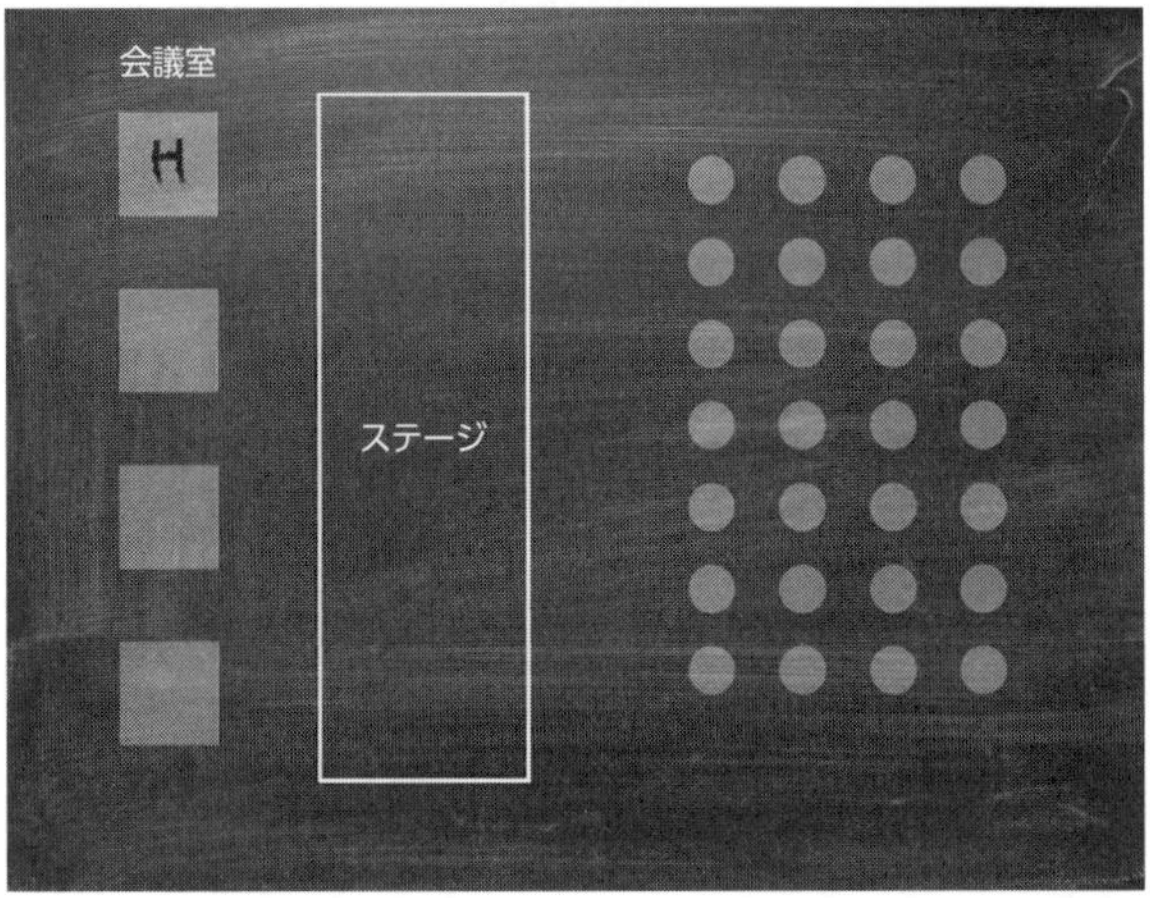

図表1−4 **トルーマン以外の人が通ったルート**

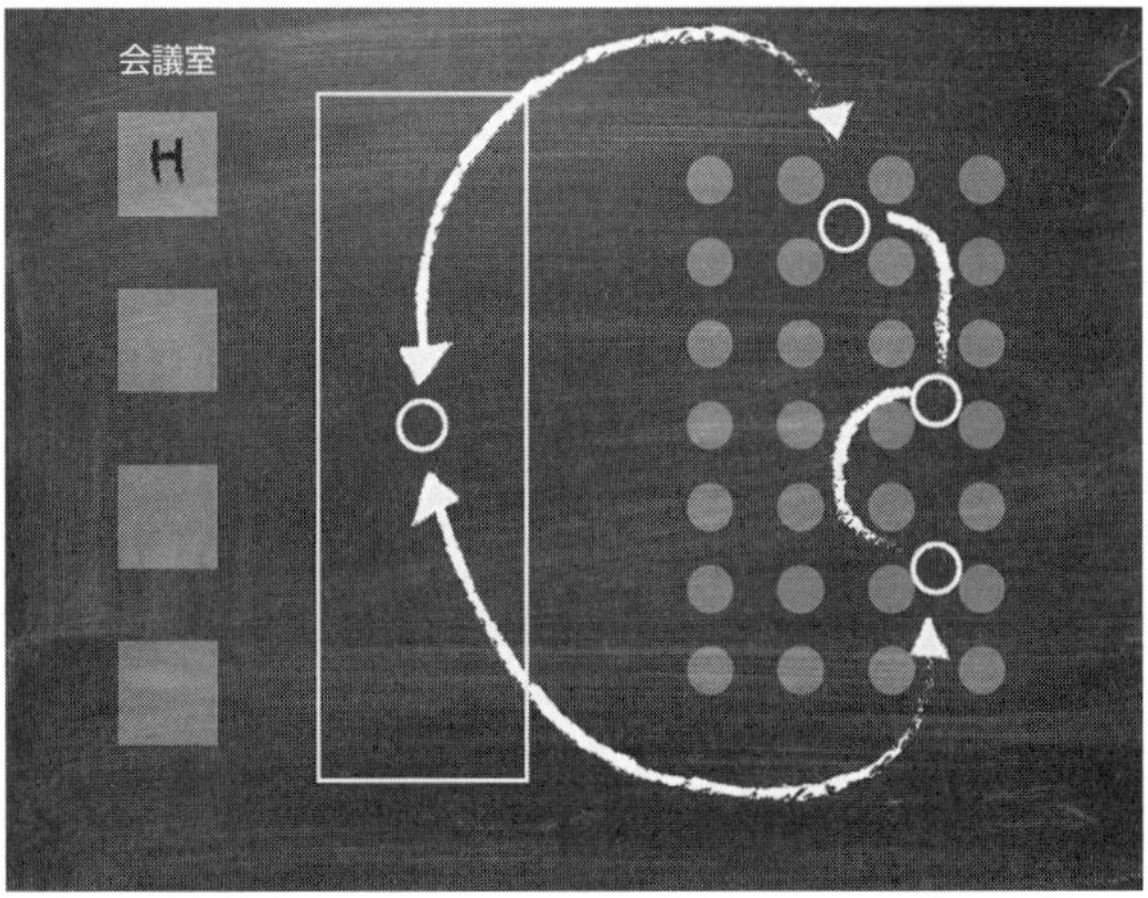

図表1−5　トルーマンの落とし穴はどこ？

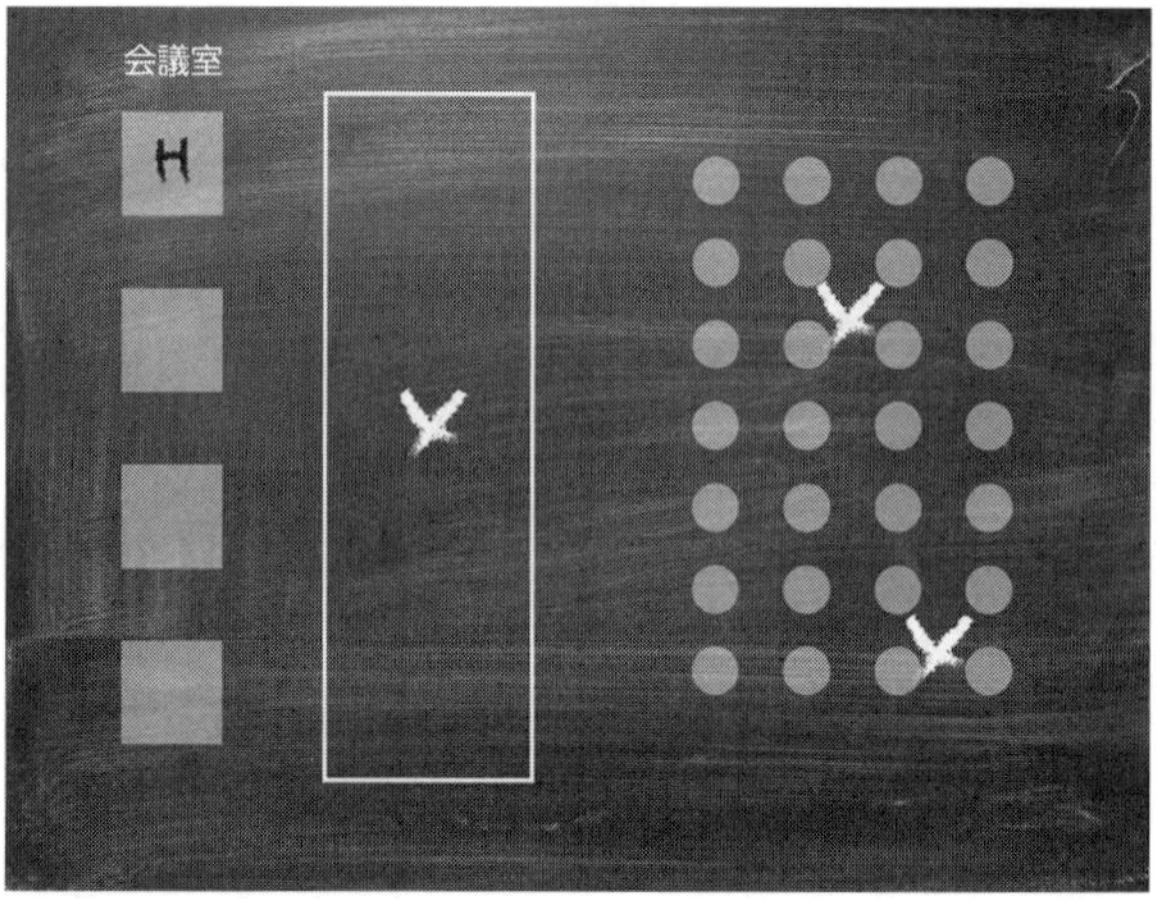

図表1−6　トルーマンが進んだルートと交流スポット

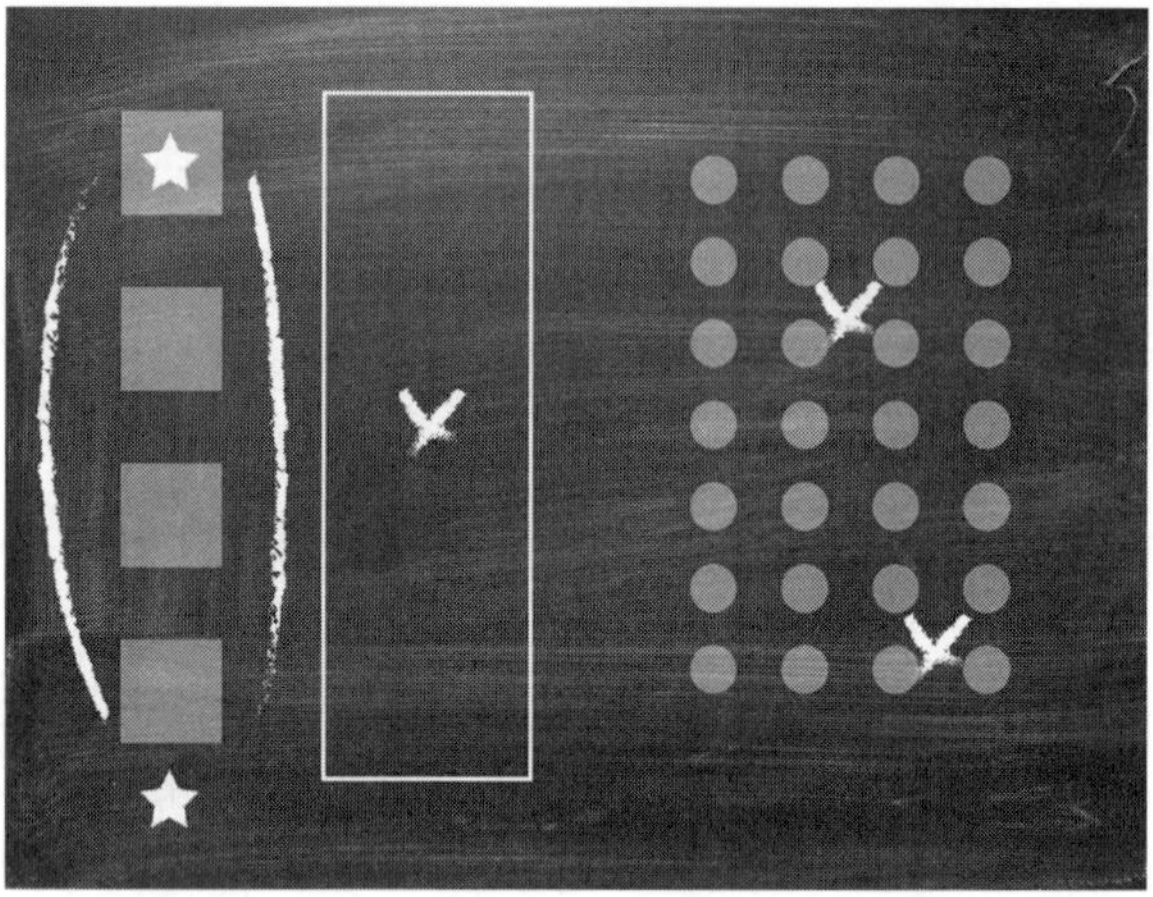

友だち、または知り合いが集まって近況を報告しあっている。主催者または世話人が室内を歩きまわっている。

さて、ここで一度立ち止まって、1944年の民主党全国大会におけるトルーマンのルートをイメージしてみる（図表1－3）。

ステージの前には聴衆が座っている。会議室はステージの後ろ側だ。

ほとんどの候補者は、ステージ上で全力でスピーチを行ない、その後は聴衆のなかを歩きまわって一人ひとりにあいさつする。彼らのルートは図1－4のようになる。

有権者に好印象を与えて投票してもらおうと、シャイなトルーマンが他の候補者たちと同じルートを歩くと、大勢の人に囲まれる場所、すなわち彼にとっての〝落とし穴〟が避けられない。

トルーマンにとっての落とし穴はXマークの地点だ（図表1－5）。

トルーマンはステージ後方にある廊下の端と、ルームH内でのプライベートな空間で有権者と交流した。ある人にとって社交しやすい場所を「交流スポット」と呼ぶことにしよう。図表1－6にある★印はトルーマンの交流スポットだ。

トルーマンは、この交流スポットを中心に、自身が得意とする方法で人々と交流するだけで勝利した。

あなたも同じことを心がけるといいのだ。

会場に隠された3つのゾーン

では、先ほどのごく一般的な会場の見取り図に戻ろう。私はいつもイベント会場を三つのゾーンに分ける——開始ゾーン、交流ゾーン、壁際ゾーンだ（図表1－7）。

・開始ゾーン——もっとも名刺交換をしづらい場所

このゾーンは、イベントのスタート地点となる場所だ。精神的にナーバスになりやすい場所でもある。会場に到着したばかりの人は、あれこれと考えて落ち着かない状態にある。あたふたと遅れて到着したり、受付を済ませたり、クロークにコートを預けたり、室内を見まわして知っている人がいないか探したり、身だしなみを気にしたり、携帯電話をマナーモードに切り替えたり、トイレに駆け込んだり、充実した時間が過ごせますようにと祈ったりする。

イベントではよく、開始ゾーンで出席者に話しかける人を見かけるが、それはやめたほうがいい。開始ゾーンは〝落とし穴〟だからだ。このゾーンで話しかけても、不安で落ち着かない人しかつかまらない。私たちの調査では、開始ゾーンで人々に話しかけていた人は、もらった名刺の数がもっとも少なかった。彼らは、自分が話しかけている相手が心を開いていないことに気づいていなかった。

図表1−7 **会場の3つのゾーン**

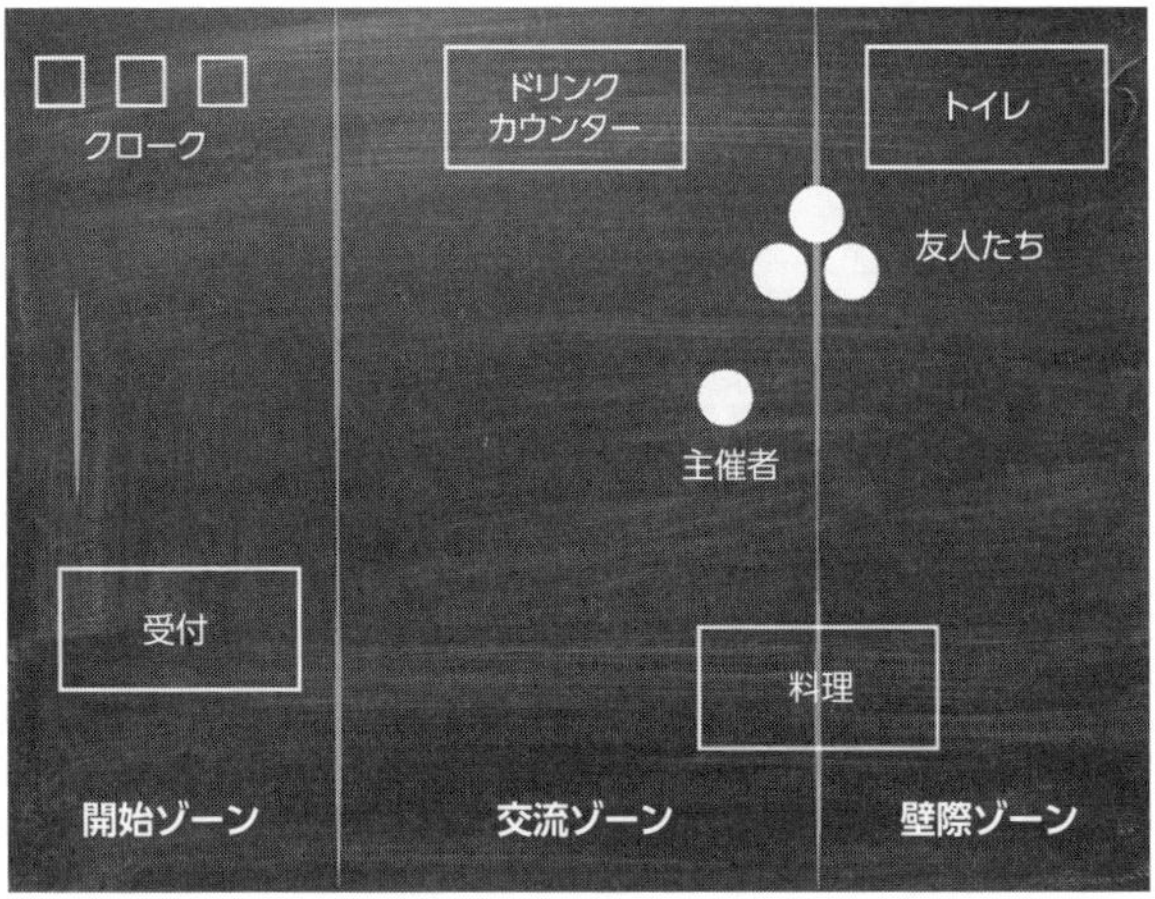

図表1−8 **落とし穴**

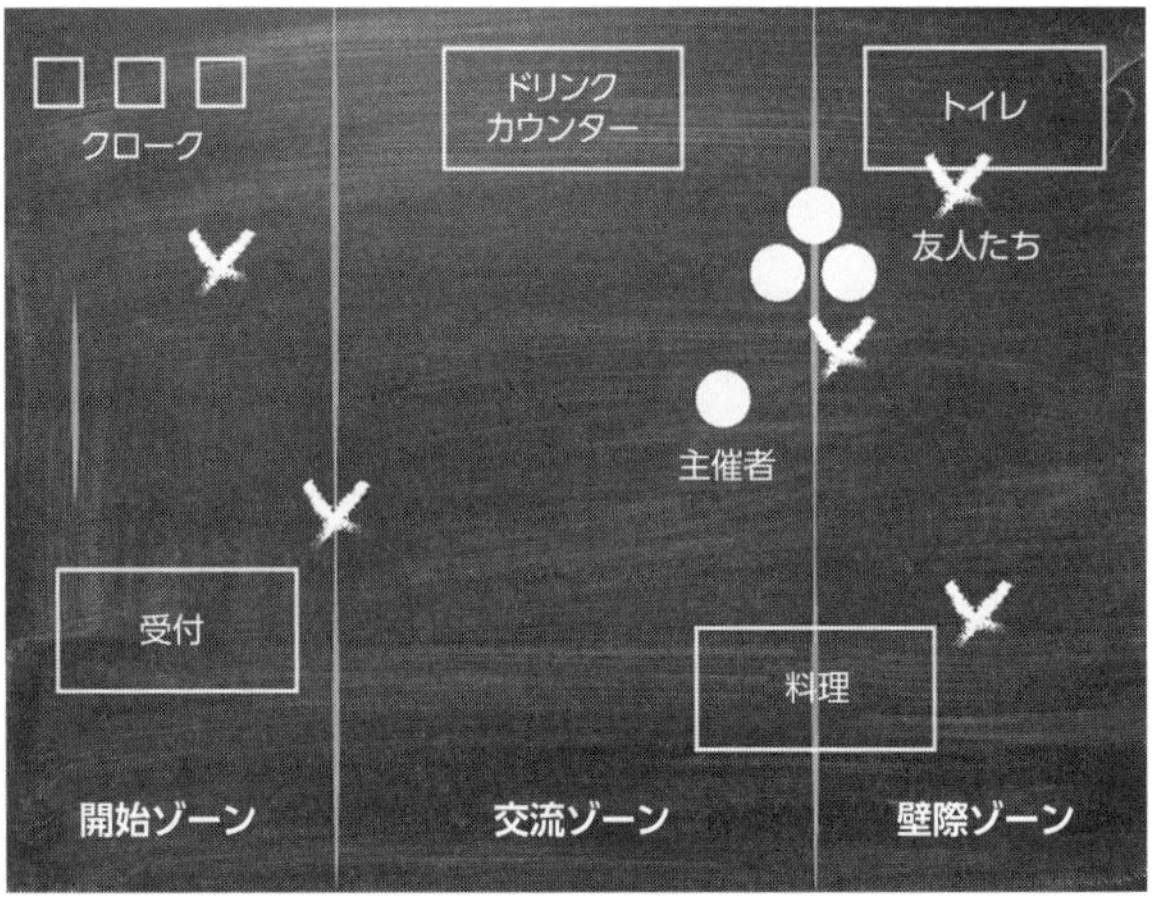

まだイベントにとけ込んでいない人に話しかけても、相手は気もそぞろだし、あなたの頭越しに会場を見まわして見知った顔を探そうとするだろう。そんな人が相手では、アイコンタクトを取るのも難しい。さらに彼らは話を切り上げて、飲み物や料理を取りに行ったり、主催者にあいさつしたり、トイレに行ったりする確率が高く、あなたの話を落ち着いて聞いていないかもしれない。

・壁際ゾーン――ほとんど人に話しかけられない

このゾーンにも隠れた落とし穴がたくさんある。ここを「壁際ゾーン」と名づけたのは、私たちの調査で、**ここに根を生やした人は傍観者となって大勢の人と接触せずに終わりやすいことが判明した**からだ。壁際ゾーンにある最初の罠はトイレだ。簡単なので覚えておいてほしい。もちろんトイレに行くのは構わないが、トイレの前でうろうろしてはいけない。変質者だと思われかねない。

壁際ゾーンにある2つめの落とし穴は、料理の列に並んだ後もずっと料理の近くでたむろすることだ。絶対に避けるべき場所とまではいわないが、落ち着いて話すのに最適とはいえない。食べすぎてお腹がパンパンになるうえに、料理を取って食べたい人の邪魔になるからだ。皿に料理を盛ろうとしている人と会話を始めるのは簡単ではないし、握手はできないし、食べ物を咀嚼《そしゃく》しながらのぎこちない会話になる。

壁際ゾーンの3つめの落とし穴は、真っ先に知り合いの所へ行くことだ。同僚や友人や知り合いの輪に加わってしまうと、そこから出て知らない人に話しかけるのが億劫《おっくう》になる。会場に到着したら、友人に手をふるかハグをして、「後で戻ってくるね」と言ってその場を離れよう。人の波が引いてからでもおしゃべりはできる。会場に到着したら、エネルギーがありあまっているうちに交流ゾーンへ行き、人々に話しかけよう。

以上、気をつけたい落とし穴をまとめた（図表1－8）。

すべての出会いは交流ゾーンから始まる

一方、チャンスにあふれた場所、それが交流ゾーンだ。まず、人と交流するのにうってつけの場所は、ドリンクを受け取る場所のあたり。開始ゾーンでは不安で顔を引きつらせていた人も、ここにたどり着く頃には落ち着いている。話しかけたい人でもいない限り、大抵はドリンクを片手に誰かと歓談する気満々だ。彼らがポツンと1人で飲んでいるところに話しかければ、あなたは救世主のように喜んで迎え入れられる。

ドリンクを注文する場所も受け取る場所も、ともに絶好の交流スポットといえる。私たちが主催した交流イベントでは、たくさん名刺をもらい、なおかつSNSのリンクトインでつながりの多い人は、これらの絶好の交流スポットにずっと立っていた（話し相手が尽きることはなかっ

図表1−9　イベントで効率的に人脈が作れるルート

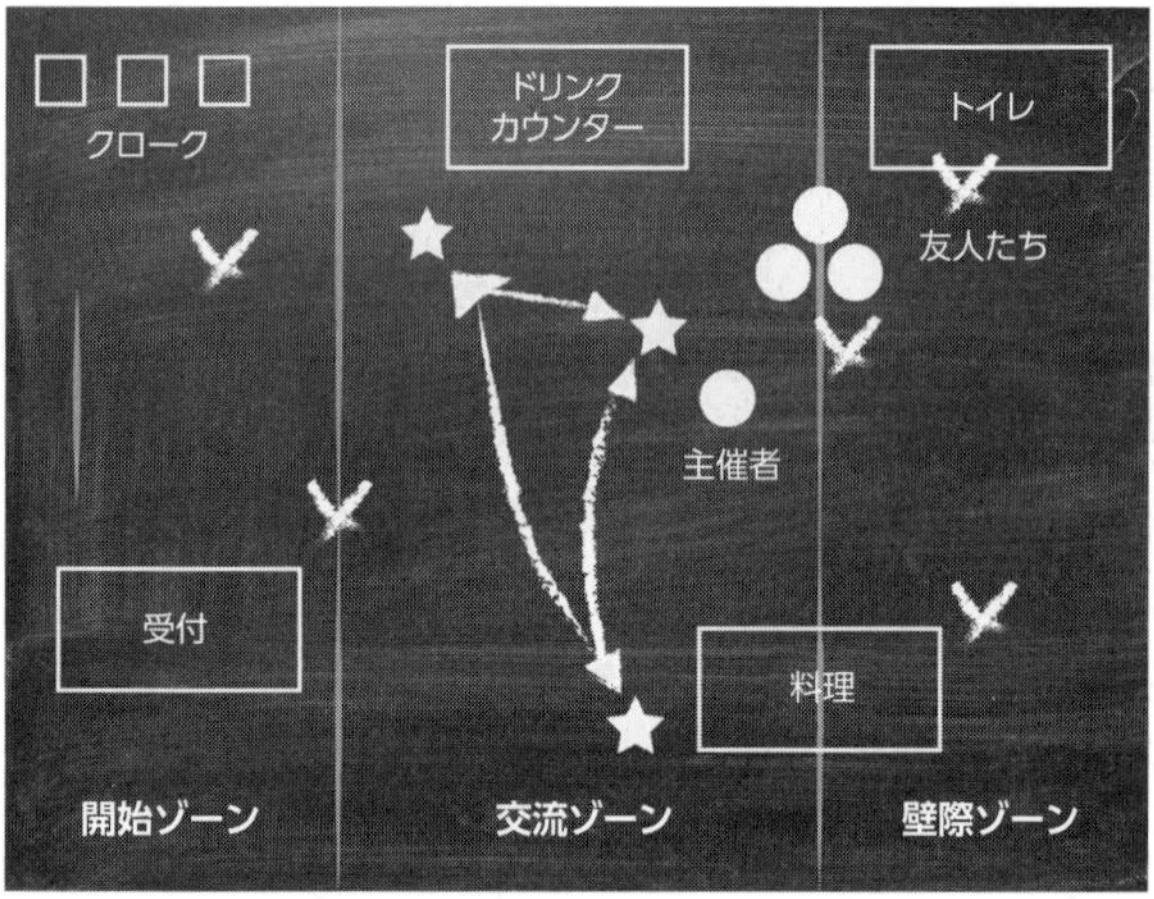

た)。「今夜のワインはどうですか?」と話しかけてもいいし、「どうも。×××といいます」でも構わない。状況を見て話しかけよう。

もう一つ、絶好の交流スポットがある。**主催者の近く**だ。飲み物を手にしたら、主催者に簡単にあいさつしてお礼を言おう。主催者が参加者にあいさつしてまわる前に、誰かに紹介してくださいと頼むといい。

「お招きいただきありがとうございます。素敵な方ばかりですね。私からごあいさつしたほうがいい人は、いらっしゃいますか?」

何人か紹介してもらった後は、主催者の邪魔をしないこと。だが、可能であれば、主催者の近く(視界)にとどまる。私も会場に知り合いが少ないときはこの手を使う。主催者が誰かと話している間も、その視野に私が見えていれば、「友だちのヴァネッサを紹介するわ。ヴァネッサ、こっちにいらっしゃいよ」と呼びかけてくれる可能性が高い。
料理テーブルの近くに立つことはお勧めしないといったものの、実をいうとソファやテーブルで食事している人も絶好のターゲットだ。食事中の人は、誰かが隣に皿を置いて話しかけてくれるのを期待していることがよくある。「隣に座ってもいいですか?」などと話しかけよう。

「小盛《こも》リスト」になって、いつでも話を中断できるようにする

集団に混じって話すのが苦手な内向型の人は、料理を皿に少しだけ盛る「小盛《こも》リスト」になろう。料理を一度にたくさん盛るのではなく、最初は前菜だけを皿に盛り、次はメインディッシュを1、2回、それからデザートを取りに行くのだ。この方法なら「料理を取ってきます」といって話を中断して一休みできるし、新しい人と一対一で会話を始めやすくなる。

かくいう私も「小盛リスト」だ。長めの休憩が取りたいときは、トイレに行って、ついでに新しいドリンクをもらう。こうやってエネルギーを維持しておけば、一晩で質の高い会話を何度も交わせる。

ここでのポイントは、落とし穴を避けながら、絶好の交流スポットに行って人に接することだ。イベントで効率よく人脈作りをするには、図表1－9を参考にしよう。

図表1－10

話しかけるチャンスの人	話しかけてはいけない人
料理を皿に取ったばかりの人	知り合いとしか話したくないというそぶりを見せる人
主催者のそばにいる人	会場に到着したばかりの人
手に新しいドリンクを持っている人	トイレを探している人

これはほんの冗談だが、次にイベントに行くときは、「サイエンス・オブ・ピープル」の調査員になったつもりで参加してみては？　落とし穴をうろつく人もいれば、絶好の交流スポットでてきぱき動く人もいることがわかるだろう。

もっと危ない落とし穴や、もっと効率のいい交流スポットが見つかるかもしれない。あなたの社交スキルや目的に合わせて、動線を修正しよう。というか、ぜひ修正してほしい。

ステップ❸ 自分のチームを把握する

ある日、私はオンラインでボディランゲージコースを行なった。その動画がネット上で拡散して2週間ほど経った頃、ある男性から電子メールが送られてきた。

「よけいなお世話かもしれませんが、アドバイスがあります。動画を撮るときはスーツを着たほうがいいですよ」

そう（やや不快な言葉で）書いてあった。動画のなかの私は「威厳がたりない」し、「ビジネススーツのほうが受講生が集まりやすい」からだという。男性はさらにジョークを交えながら、あの服装では「気が散って、講義に集中できない」ともアドバイスしてくれた。

私は真っ青になった。フォーマルな服を着て動画を撮り直さなくてはと焦った。動画を一から撮り直そうか？　それとも一部の場面をカットして編集しようか？　私はおろおろしながら、何人かにアドバイスを求めた。

事情を話すと、うち1人からこう聞かれた。

「ヴァネッサ、どうしてその人の意見を鵜呑みにするんだい？　その人はチームの一員なのか？」

私には「チーム」の意味がわからなかった。すると彼はこう言った。

「きみの目標は、やみくもにリーチすることじゃなくて、ふさわしい人にリーチすることじゃないのか。その人がきみの服装で気が散るっていうのなら、ふさわしい人、つまりチームの一員ではないってことだよ」

その言葉は、私と私のビジネスにとってターニングポイントとなった。私は教えたい生徒像をかなり具体的に定義し始めた。何度も調査や面談を行なった結果、私のコースの受講者は、すべてにおいて平均以上の人々だと判明した。平均以上の知能を持ち、超ハードなスケジュールをこなし、そこそこの成果を出している人たち。私の目標は、このような受講生の役に立つことだ。とにかく受講生を集めればいいというスタンスをやめて、ターゲットを私が教えたい受講生に絞ることにした。

この理想の受講生像をイメージしながら、実用的なアドバイスをたくさん詰め込んだ、短くてわかりやすい動画を作った。役立つ情報が少ない動画やくどい動画は、ネット上にアップしなかった。それから数カ月で、私たちの事業は雪だるま式に拡大。YouTubeのチャンネルの視聴者数は、900万人以上に膨れ上がった。ツイッターのフォロワー数は12倍になった。本書を執筆中の現時点で、オンラインコースには13万2000人以上の受講生がおり、オンラインコミュニティの会員も10万4000人以上にのぼる。こうして成功できたのは、私がターゲットを正確に絞り込んだからに他ならない。私のメッセージは「チーム」に届いたのだ。

理想的なクライアントを探すときだけでなく、最高のパートナーやベストな自分を引き出してくれる友だちを探すときも、適切な人を探すことが重要だ。落ち着かない状況を巧みに避けて、自分に最適な方法でスマートに交流することもできる。あるいは誰かとパートナーを組んでもいい。たとえばバットマンにはロビンが、アイアンマンにはジャービスが、『セサミストリート』のバートにはアーニーがいる。あるいは、『アベンジャーズ』みたいなチームに加わって、みんなにサポートしてもらってもいい。

アフリカにこんなことわざがある。

「速く行きたければ、1人で行きなさい。遠くまで行きたければ、みんなと行きなさい」

あなたに聞きたいことがある。あなたを支えてくれるサポートチームにはどんな人がいるか？みんなの強みを活かせば、あなたは効率的に物事を習得できるようになるだろう。生きていくうえでは、支えてくれる人たちが欠かせない。だから、サポートチームのメンバーはじっくり検討しよう。次の問いに、真っ先に頭に浮かんだ人の名前を書こう。

Q
あなたが一緒にいたいと思う人は誰か？
あなたを笑わせてくれる人は誰か？
自分は価値のある人間だと思わせてくれる人は誰か？
あなたが戦略を練るときに、相談する人は誰か？
会うのが楽しみな人は誰か？
危機的な状況に陥ったとき、あなたが連絡する人は誰か？
一緒にいると一番いい自分を出せる人は誰か？
あなたがもっと親しくなりたい人は誰か？

書き終わったら、その答えをもう一度よく見る。そのなかで次の条件にあてはまる人は誰？

・右腕

先の問いで、2回以上名前が挙がった人はいるだろうか？　一緒に社交術を究める冒険の旅に出てくれそうな人、気兼ねなく社交術を試せる人、成長したいというあなたの願いを共有できる人はいるだろうか？　その人を「あなたの右腕」と呼ぶことにする。さあ、その人の名前を書こう。

あなたの右腕（　　　　　　）

・あこがれの人

「このリストに載せられたら……」と思う人はいるだろうか？　誰にでも、もっと親しくなりたい人はいるものだ。それは会社の同僚かもしれないし、新しい友だちか、キャリアに変革をもたらしそうな仕事の関係者かもしれない。本書で紹介する戦略を試して、あこがれの人たちとの関係をより強固にしよう。

―あこがれの人（　　　　　　　　）

あなたが得意とする会話の流れ、居心地がいい場所、そして頼りにできるチームメイトを把握しておけば、労力も時間も節約できる。役に立ちそうなイベントだけに出席したければ、先の絶好の場所リストを参考にしよう。助けが必要なときは、あなたの価値をよく知り、支えてくれる人に連絡を取ろう。

覚えておいてほしいこと――みんなと同じである必要はない。あなたが心細くなる場所や、居心地が悪いと感じる場所では、人々と楽しく会話するのも、新しい戦略を試すのもずっと難しくなる。どこで、誰と、どんな方法で交流するかをコントロールすれば、交流しやすいよう自分でお膳立てできる。

「私はノーということにした。その仕事はやらない。あれはやりたくない。あの写真撮影はやらない。そのイベントには出ない。私の考えとは違うからそれは支持しない、ってね。ゆっくりと着実に、私は自分を取り戻していった。家に帰って鏡を見て、『ああそうよ。あなたとなら毎晩一緒に眠れるわ』と思う。だって鏡に映ったその人は私の知っている人だから。勇気があって、誠実で、自分の意見を持った人だから」

——レディー・ガガ(注9)

個性の活かし方次第で、どんな人でも活躍できる

慎重で口数が少ない人も、パーティで盛り上がるのが大好きな人も、自分の長所を活かせば、うまく人々と交流することができる。

たとえばトルーマン。まだ無名の上院議員だった頃、彼は出世するために奇抜なアイデアを思いつく。目立つ存在になるには上院本会議で意見を述べるのが手っ取り早いが、雄弁なスピーチをするよりもリサーチするほうが得意だった彼は、リサーチで勝負することにした。彼は回顧録のなかでこう語っている。

「公聴会で話を聞いているのは退屈でおもしろくないため、忍耐と粘り強さが必要になる。おかげで、間もなく私は小委員会のなかでも忍耐強さで際立つ存在となった」(注10)

彼は2段階からなる交流作戦を立てた。第1段階では、鉄道関係の会社で働いた経験を活かして、運輸分野について調べた。議会図書館で何時間もかけて難解な事柄を調べ尽くしたのだ。

第2段階では、自分と同じような関心と目標を持つ人との関係を築いた。トルーマンが「あこがれの人」として選んだのはバートン・K・ウィーラー上院議員。当時の州際通商委員会で議長を務めていた人物だ。

トルーマンは同委員会で運輸に関する自身の豊富な知識を披露するうちに、ウィーラー上院議員と強固な関係を築くことに成功した。地道に会合に出席するトルーマンを見て、ウィーラーはトルーマンを小委員会のメンバーに抜擢。それから間もなく、トルーマンは委員会の副議長に任命された。

他の上院議員たちは、トルーマンの労働観と独特の懐柔戦略に注目した――しかも彼はその戦略でホワイトハウスにまで上りつめたのだ。トルーマンには大統領らしいカリスマ性はなかったが、自分の強みを最大限に利用し、目標達成に向けて入念に準備し、協力を得たい有力者にアプローチした。

うまく人間関係を築くには、自分が得意とする戦略を見つけることだ。

やってみよう

1　行きたくないイベントに誘われたら、断る。

2 次に出席するイベントでは、交流作戦を活用し、2箇所以上の交流スポットを見つける。

3 あなたが親しくなりたい1段階上の人、つまり「あこがれの人」を見つける。本書で紹介する戦略を使って、あこがれの人たちとの距離を縮めよう。

4 あなたの右腕になってくれそうな人に、一緒に行動戦略の冒険に出ないかと誘う。この本を読ませて、あなたのチームに招待しよう。

［第1章のまとめ］

「カリスマ」の定義は1つではない。社会に影響を与える方法にはいろいろな形があるし、多様性があるのはいいことだと思う。外向的な人ばかりだったら、ひどくつまらない（そして騒々しい）世の中になっていただろう。世界はあなたを必要としている。交流作戦に従って、あなたの条件に合ったイベントに出席し、あなたが親しくなりたい人に話しかけよう。自信を持って接すれば、きっと相手に伝わる。

- 気疲れしそうな方法で人と交流するのをやめよう。
- あなたが楽しめる場所に行き、くじけそうになる場所には行かないこと。
- 気が乗らない誘いを断れば、おもしろそうな誘いをもっと受けられるようになる。

第2章

会話に「フック」をかける

——忘れられない人になる方法

落書きを見るだけなのに「大人気のツアー」とは？

コロンビアの首都ボゴタの中心地には、〝宝〟がたくさんある。私たちの宝探しを案内してくれるのはヘフェル・カリーヨ・トスカーノだ。コロンビアにあるもっとも古い地区、ラ・カンデラリア。この地区を形作る石畳の細道を、ヘフェルは縫うように歩き、そのあとを少人数グループの私たちが追う。

「よく見てくださいよ」

そう言うと、ヘフェルはスペインの植民地時代に建てられた家々の最上部や、今にも崩れそうなバロック様式のバルコニーを指さす。

「あちこちにありますからね」

うたた寝している子猫たちを起こさないよう注意しながら狭い階段を上ると、1つめの〝宝〟に行きついた。何を探しているのかって？　落書きだ。

板でふさがれた2つの窓の間には、見たこともないような美しい芸術が残されている。祈っているのか、雨の気配を探しているのかはわからないが、先住民の女性が空を見上げている絵だ。思わず息を呑む。

ヘフェルは通りから通りへと私たちを案内しながら、落書きを指さす。以前だったら気づきもしなかったものばかりだ。配水管に描かれた人物像とか、アールデコ調のドアに描かれたマッシュルームとか、中庭《パティオ》の脇に小さく描かれたハチドリとか。彼は歩いたり説明したりする間も、たえず興味深そうにグループのメンバーをチェックしている。私たちがいつどこで写真を撮ったか、誰が「わあ」と歓声を上げたか、誰が退屈そうにしているかメモしている。

次の通りへと移動する間に、ヘフェルは暗記ゲームと称して、グループの一人ひとりの名前と出身地を覚えていく。ツアーの終わりまでに、26人全員の名前を完璧に覚えた。それから、私たちに自分の話をしてくれと頼んでくる。私たちが落書きツアー——観光客にしてはマニアックなチョイスだ——に興味を抱いた理由を知りたいという。

ヘフェルは、ツアーのメンバーの話を参考に、それぞれに関係のありそうな落書きを教えてくれる。たとえば、ある女性は国際的な非営利組織で働き、南米の熱帯雨林の保護に尽力している。彼はコロンビアの熱帯雨林を描いた壁画へと彼女を案内し、彼女を喜ばせる、といったぐあいだ。

次に、ツアー客の一人がアメリカ人ジャーナリストだと判明する。ヘフェルは通りを何度も曲がったあと、彼にコンクリートの床板を見せる。政治にまつわる落書きで、エドワード・スノーデンの白黒の似顔絵と、大きなブロック体の文字で「ヒーロー、それとも裏切り者?」と目立つように描かれている。ジャーナリストはいたく感動し、会社に送る次の草稿をノートに書きつける。

ヘフェルは無意識のうちに、人間行動にまつわる基本法則を活用している。彼は会話のなかで**「きらめき」**を生み出す。彼の人々の注意を引きつける能力のおかげで、彼が案内するボゴタの落書きツアーは、トリップアドバイザー〈旅行の口コミサイト〉のアクティビティのなかで2位に選ばれている。さらに『ニューヨーク・タイムズ』紙でも、「ボゴタで36時間しか滞在時間がないときにぜひとも見てほしいスポット」として取り上げられた。

今すぐ雑談をやめなさい

幼い頃の私の輝かしい日々を、ひと言でいうと「スペース・マウンテン」だろうか。わが家では、毎夏にディズニーランドに遊びに行った。私にとっては1年間で一番楽しい日だ。わたあめの香りが漂う、完璧に手入れされたテーマパークで思い切り遊べる日を、兄妹たちと一緒に指折り数えて待ったものだ。

だが、問題が1つあった。毎年ディズニーランドに行くようになったころ、まだ小さかった私は身長制限にひっかかって、人気のアトラクションに乗れなかったのだ――その最たる例がスペース・マウンテンだ。

兄なんて、巻き毛が身長基準ラインに達したおかげでOKが出た。それも私の目の前でだ。両親は私に「妹たちを見ててね」といって、兄だけを連れて楽しそうにスペース・マウンテンの暗い入り口のなかへと消えていった。一方、私は「魅惑のチキルーム」止まりだった。ちなみにその日のハイライトは、くるくるまわるコーヒーカップに乗ったときに、私が妹に「持ち手をつかまずにいられる?」と挑発した結果、妹がコーヒーカップから投げ出されそうになったことだ(このことはママには絶対に内緒よ)。

ある輝かしい夏のこと。お下げ髪をしていた私の頭のてっぺんが、スペース・マウンテンの身長制限ラインに届いた。私はシートベルトを締めて、べたべたする安全バーを握りしめる。その後の2分間は私の人生観を変えるものだった。スペース・マウンテンは我を忘れるほど強烈だった。私の人生には何かが欠けていると感じていたが、それが何かわかった気がした。「空飛ぶダンボ」のゆっくりと単調な上下運動は、スペース・マウンテンの迫力満点の急降下や急カーブとは比べものにならない。ディズニーランドの外縁部を走る「ディズニーランド鉄道」は速いと思っていたが、スペース・マウンテンの度肝を抜く速さの前では失笑レベル。その日、兄と私は何度もスペース・マウンテンに乗り、私は子ども向けのアトラクションは二度と乗るまいと心に誓った。

会話でもまったく同じことが起きている。**雑談**《スモールトーク》のほとんどは、子ども用のアトラクション程度でしかない。話している当人は刺激も興奮も感じないものだから、何を話したか覚えてもいない。雑談しているときの私たちのエネルギーレベルはだいたいこんな感じになる（図表2－1）。

これが雑談だ。盛り上がりもわくわく感もなく、淡々と会話が進む。相手の名前を覚えていればマシなほうで、ましてや何を話したかなんて忘れてしまう。そこで私がオススメしたいのが**「ビッグトーク」**だ。

「ビッグトーク」はスペース・マウンテンのような会話だ。期待に胸をふくらませながら会話をスタートさせ、話題がどんどん展開し、盛り上がるにつれて笑いと興奮に包まれる。エネルギーレベルは図表2－2のような感じになる。

スリル満点のジェットコースターに乗ったときと同じように、最高の会話を交わしたあとはウキウキして、「雑談はもうご免だ」と思うだろう。

さて、雑談にさよならするには、努力しなければならない。効果的な対人戦略と同じで、ビッグトークとは会話の暗黙のルールを無視し、いつもとは違う会話にチャレンジし、社交辞令を避けることだからだ。ジェットコースターに乗るには身長基準を満たす必要があるが、ビッグトークにも基準がある。

図表2−1 **雑談はたんたんと進む**

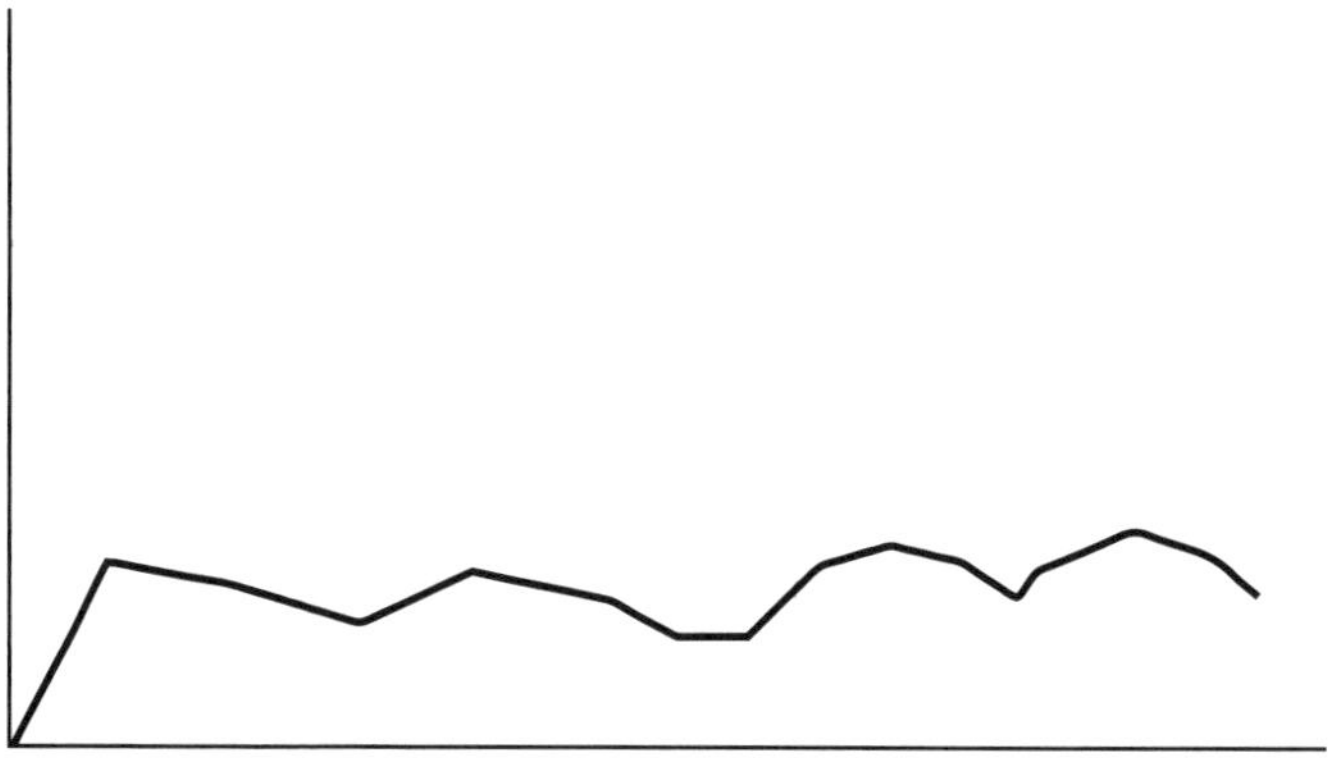

図表2−2 **ビッグトークの流れ**

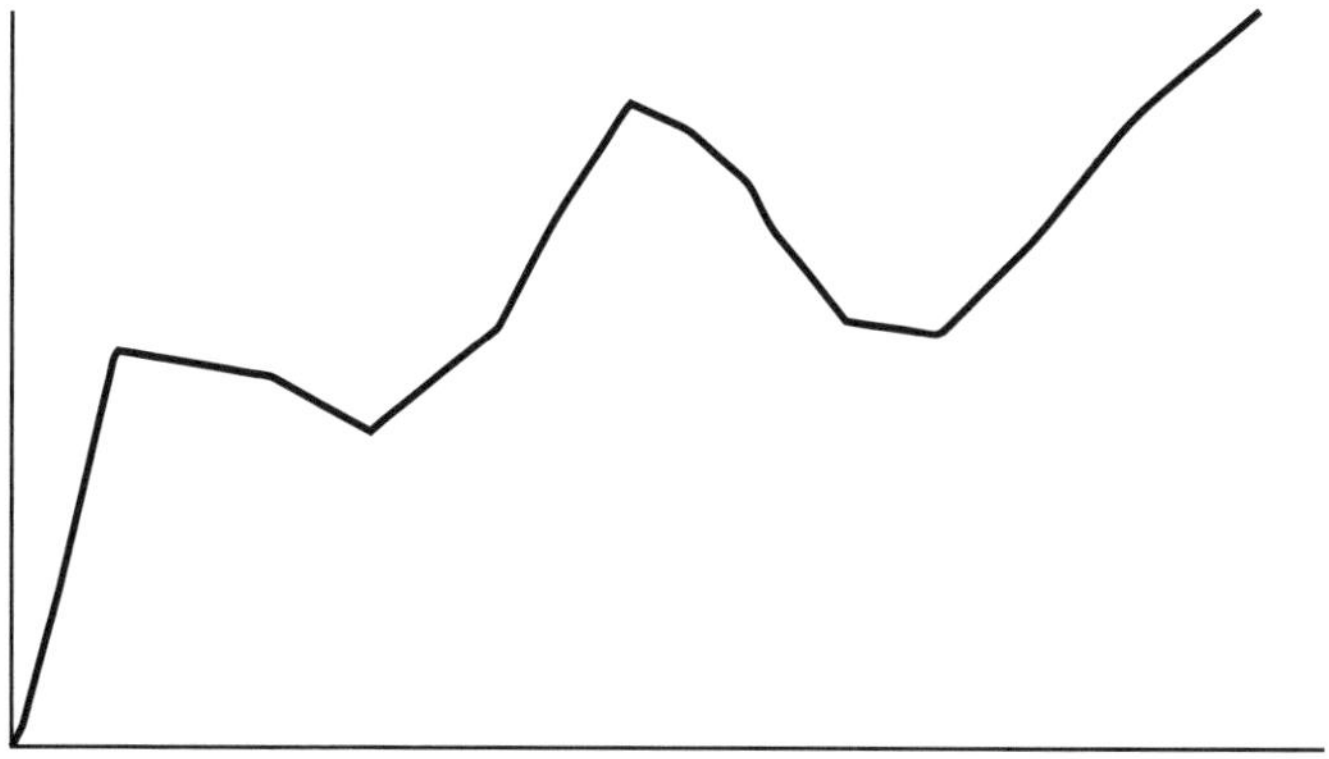

誰でも「楽しい会話」は作れる！

ジェットコースターの人気が高いのは、レールにいくつも起伏があるからだ。頂上にたどり着くたびに、私たちはスリル満点の展開を期待し、その瞬間が訪れるときに快感を覚える。ビッグトークも、心のなかに同じような快感を生み出す。いい会話には、感じ取れるほどのエネルギーと興奮が伴う——私はその輝く瞬間を「きらめき」と呼んでいる。

戦略2 「きらめきのある会話」作戦——思わずドーパミンが出る！

ビッグトークには、たくさんのきらめきが起きる——時々思い出したくなるような、小さな楽しい瞬間のことだ。あなたはすばらしい会話を交わしたことがあるだろうか？　会話のあとで、盛り上がった場面を思い出したり、ユーモラスな瞬間を頭のなかで何度も再現したりして、その余韻にひたったことは？　そんなことをするのは、きらめきのある会話を交わすと気分がよくなるからだ。

きらめきが起きると、脳内でドーパミンが分泌される。(注1) この神経伝達物質が分泌されると、私たちは喜びを感じる。誕生日プレゼントをもらったとき、上司からほめられたとき、ごほうびを

図表2-3　**会話にきらめきを起こす**

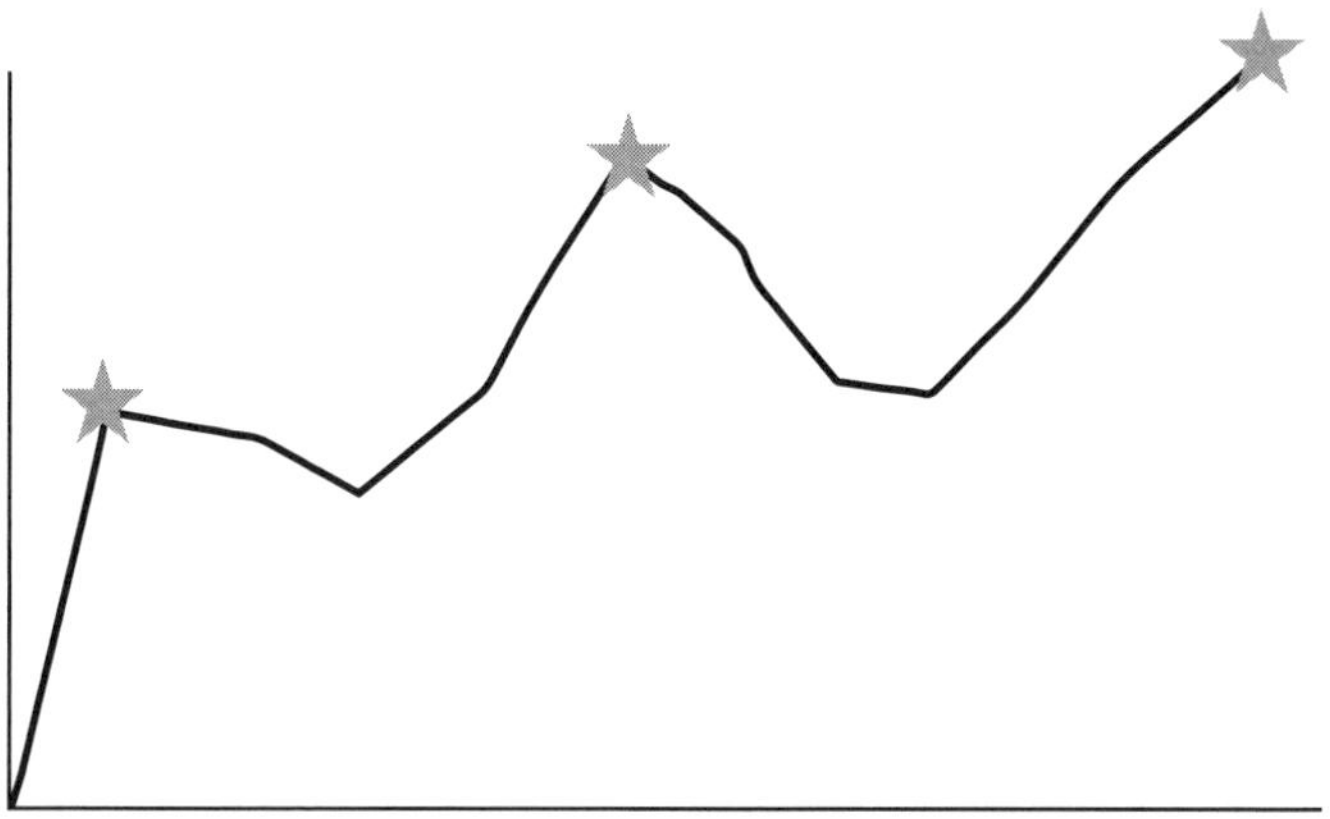

もらったとき、脳内ではドーパミンが大量に生成される。お店に入ったときに、店員から「無料サンプルです」と言われたときのことを思い出してみてほしい。それをうれしいと感じるのは、ドーパミンの働きに他ならない。

　おもしろいことにドーパミンには記憶を促す働きがある。分子生物学者のジョン・メディナ博士はドーパミンを〝**心のマーカー**〟にたとえる。「ドーパミンには記憶と情報処理を助ける働きがある。『忘れるな!』と書かれた付箋のようなものだと考えよう。ある情報に脳内付箋を貼れば、その情報は確実に処理されるだろう」と博士は言う。(注2) 言い換えると、相手の記憶に残りたければ、脳内麻薬を誘発せよ!　ということだ。会話中に相手の脳内でドーパミンが分泌されると、相手は会話が楽しいと感じるだけでなく、あなたを重要な人物とみなし、記憶に刻もうとする。

問題は、ドーパミンを誘発するようなきらめきを、いかにして会話で生み出すかだ。ポケットに小さなプレゼントを忍ばせて、マジシャンのようにパッと出したいところだが、ちょっと現実的ではない。おまけに多くのビジネススーツには、幅広のポケットはついていない。その代わりに、言葉で相手を楽しませよう。カラフルに包装されたものだけがプレゼントではない。ごほうびはお金でなくてもいいはず。身体的な快感でなくとも、人を喜ばせることはできる。

会話を楽しくかつ忘れられないものにする方法は3つある。それを実践して雑談《スモールトーク》をビッグトークへ変えよう。

ステップ❶「会話の着火剤」を使おう

ある日のこと。私は朝のニュース番組に出演するために、控え室で出番がくるのを緊張しながら待っていた。すると突然、私の大好きな作家のエリザベス・ギルバートが部屋に入ってきた。『食べて、祈って、恋をして――女が直面するあらゆること探究の書』（那波かおり訳、武田ランダムハウスジャパン）と『BIG MAGIC「夢中になる」ことからはじめよう。』（神奈川夏子訳、ディスカヴァー・トゥエンティワン）の著者だ。私はぼうぜんとしながらも、何か気の利いたことを言わなければと慌てた。

が、エリザベス・ギルバートと話したくて仕方がないのに、彼女が何に関心があるのか想像もつかない。大作家、ベストセラー作家、私のなかの英雄的存在に、何と話しかければいいのか。著書について聞こうか？――いや、それはあからさますぎる。「出身地はどこですか」と聞く？――いや、それはつまらない。「あなたの本が大好きなんです」とぶちまける？――いや、それだといかにもこびている感じだ。

私が勇気をふりしぼる前に、別の女性が私たちに笑みを浮かべて口を開いた。

「スープはお好き？」

なるほど。そんな会話の糸口があったとは！　おかげで助かった。その女性の勇敢さに舌を巻きながら、私は彼女を見つめた。エリザベス・ギルバートは何と答えるだろうか、私は思わず息を呑んだ。驚いたことに、彼女はうれしそうにぽんと手を打ち、お気に入りの冬のスープのレシピを教えてくれた（おまけにすぐに「リズって呼んで」と言ってくれた）。私たちはおばあちゃんの特製スープの思い出話をし、それから旅行中は健康的な食事を取るのが難しいと言って笑った。スープの話題から始まった会話が、これほど楽しく盛り上がるなんて、誰に想像できただろう？

後に、その女性はスープのレシピ本を出版したシェフで、エリザベス・ギルバートは西海岸で著書のキャンペーン中だったことが判明。この日私は、番組内で友情の科学についてコメントすることになっていた。３人とも、それぞれの出番まで30分あった。私たちに必要だったのは会話のきっかけだったのだ。

ほとんどの会話は、次のような流れで進む。

「ご職業は？」

「へぇ、それはすごいですね。ご出身は？」

「ああ、そこは行ったことがありません。では、どうしてこちらに越して来られたのですか？」

「なるほど。さてと。ちょっと飲み物を取ってきます」

何という退屈な会話！　こんな会話は、子ども用のアトラクションのようなもの。こちらがわくわくするような刺激も、きらめきも、盛り上がりもない。可もなく不可もない話をだらだらして、クライマックスもなく会話が終了し、何を話したか、記憶にも残らない。いいかげん、スペース・マウンテンにステップアップしようではないか。

もちろん、会話をするのが面倒だと感じるときや、新しい話題に挑戦するのが怖いときもある。とはいえ、誰かに話しかけるたびに同じ会話を繰り返すことに、一体何の意味があるだろう？　つまらない会話をしても相手の記憶に残らない。だとしたら、退屈な話題で話しかけても新規顧客はつかまらないのでは？　惰性で話しかけて何の意味があるの？

ビッグトークを実現するには、会話にきらめきが生じるような新鮮な質問をする必要がある。こうした質問を、会話の「糸口」と呼ぶ代わりに、「**会話の着火剤**」と呼ぶことにする。新しいアイデアをかき立て、考えたこともない斬新な話題を引き出し、深い議論へと導いてくれる質問、それが「会話の着火剤」だ。

なぜ新しい情報が会話を盛り上げるのか？

人間はなぜ目新しいものに喜びを感じるのか？

神経生物学者のニコ・ブンゼック博士とエムラ・デュゼル博士は、「オドボール実験」と呼ばれる実験を行なった。(注3)被験者たちに何枚もの画像を見せ、その間に機能的磁気共鳴画像（ｆＭＲＩ）装置を使って、彼らの脳内の活動をスキャンするのだ。ほとんどの画像は同じ顔写真や同じ場面の写真だったが、まれに目新しい（オドボール）画像が表示された。

さらに研究者たちは、被験者が画像を観察する間に、脳のさまざまな領域の血流量を測定した。その結果、目新しい画像を見ると、新しい情報を処理する脳の中枢部（黒質《こくしつ》と腹側被蓋野《ふくそくひがいや》）が活性化することがわかった。では、なぜ新しい情報は重要なのか？

•記憶と学習

その実験によると目新しい画像を見たとき、脳の学習・記憶中枢である海馬と密接に結びつく領域が活性化したという。目新しいものを見ると、私たちの脳は活発になり、注意力がアップし、会話が記憶に残りやすくなるのである。みんなにあなたの名前を覚えてもらいたい？　だったら目新しくてわくわくする会話を心がけよう。

・**快感**

新しい情報を処理する中枢部は、扁桃体――大脳基底核の近くにあるアーモンドの形をした神経繊維の束――のなかにあるドーパミンが分泌される経路とリンクしている。新しいアイデアや話題を耳にすると、この領域のドーパミンの分泌量が増えて、気分がよくなる。

・**関心**

ドーパミンが分泌されると、私たちはもっと〝報酬〟を求めるようになる。つまり、目新しい話を少しするだけで、聞き手はもっと聞きたい、話し手はもっと話したいと思えるようになる。

「人間は、新しいものを見ると、それが何らかの形で報酬をもたらすのではないかと期待します。新しいものに対するこの期待感があるからこそ、人間は新たな報酬はないかとあたりを探すのです」(注4)とデュゼル博士はいう。

「いつもの台本」を捨てて、意識的に会話の着火剤を使うようにすると、会話が弾みやすくなるし、話した内容も記憶に残りやすくなる。

会話をスムーズにする「会話の接着剤」

2016年、私たちはメルシー・コープス、ソサイエティ・フォー・インフォメーション・マネジメント、ガールズ・インクと連携して、数分間の会話実験を行なった。300人が参加したこの実験では、参加者どうしで無作為にペアを組んでもらって、会話の出だしの質問をテストしてもらうのだ。こちらで7種の紙を用意し、各用紙には出だしの質問と採点結果を記入するための空欄を設けた。それを各椅子に置き、参加者にその質問で会話を始めてもらい、採点してもらう、という段取りだ。

全員が着席したところで、短時間の交流セッションが始まった。出だしの質問1つにつき、3分間の会話セッションを行なう。3分が経過したらベルが鳴り、各参加者は会話のクオリティを評価する——退屈な会話なら1点、すごく盛り上がったら5点。こちらで指定した出だしの質問は、全部で7つある。さて、あなたはどの質問が一番高い得点を得たと思う?

出だしの質問

あなたのことを聞かせてください。
調子はどうですか?
今日は何かいいことありましたか?
ご職業は?
わくわくするイベントはありませんか?
今日はどうして参加することにしたのですか?
個人的に熱心に取り組んでいる活動はありますか?

勝敗ははっきりした。評価の高かった質問から順に並べると次のようになる。

高 ⟷ 低

1 今日は何かいいことありましたか？
2 個人的に熱心に取り組んでいる活動はありますか？
3 わくわくするイベントはありませんか？
4 あなたのことを聞かせてください。
5 今日はどうして参加することにしたのですか？
6 ご職業は？
7 調子はどうですか？

私たちは、折にふれて〝再活用セッション〟も行なった。参加者に、これまでに使った出だしの質問のなかで、好きな質問を選んで相手に質問してもらい、最後にどの質問をしたかを紙に書いてもらうのだ。再活用でよく使われる質問は、「個人的に熱心に取り組んでいる活動はありますか？」と「あなたのことを聞かせてください」だ。

ここで気になるのは、私たちがよく初対面の人に尋ねる質問――「ご職業は？」と「調子はどうですか？」――が、もっとも退屈な質問に選ばれている点だ。退屈なのに、なぜ私たちはこの質問をしてしまうのか？

私たちは、習慣からついいつもの台本を繰り返しがちだ。安心感があるせいか、同じ退屈な質問を繰り返し聞いてしまう。安心感のある会話からは、わくわくする会話は生まれない。そのこ

図表2−4 いつもの会話を会話の着火剤に変える

いつもの会話		会話の着火剤
仕事は順調ですか?	➡	最近、おもしろいプロジェクトをやりましたか?
調子はどうですか?	➡	今日は何かいいことありましたか?
ご職業は?	➡	個人的に熱心に取り組んでいる活動はありますか?
ご家族のみなさんは元気ですか?	➡	休暇のご予定は?
ご出身は?	➡	あなたのことを聞かせてください。
その後どうですか?	➡	今週末のご予定は?
忙しいですか?	➡	気分転換に何をしますか?

とにお気づきだろうか? いつもの台本にしがみつく限り、永久に雑談レベルを超えられないだろう。

読者にはぜひとも、もっとも評価が高かった出だしの質問(会話の着火剤)を試してほしい。

目新しい質問は、一対一での会話を活性化させるだけではない。オンライン上でのやり取りでも効果がある。OkCupid(オーケーキューピッド)は、350万人以上のアクティブユーザーを持つ出会い系サイトだ。同社が、出会いの成功パターンを特定しようとサイト上のユーザーの活動を分析したところ、おもしろい結果が得られた。(注5) いくつかのデータを紹介しよう。

同社の共同創業者サム・ヤーガンによると、最初のメッセージの冒頭で「どーもです」で始める男性は、「こんにちは」とか「はじめまして」で

図表2−5　もっとも効果的な最初のメッセージは？

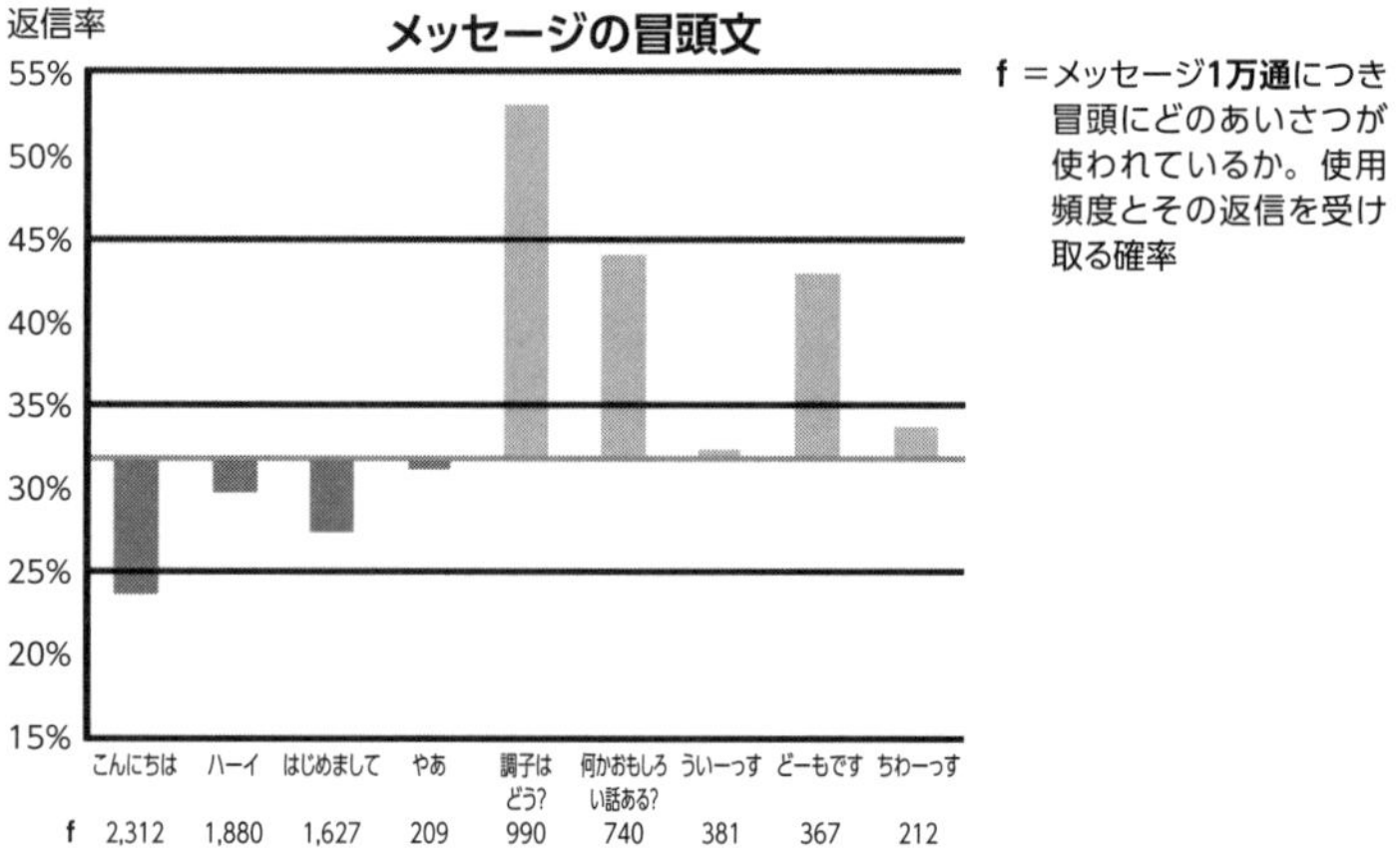

始める男性よりも、返信を受け取る確率が40％高かったという。ことメッセージの冒頭に関しては、ユニークなほうが効果が高いことになる。

あなたがいつも使うあいさつ――「こんにちは」、「はじめまして」、「ハーイ」――でダイレクトメッセージを送ると、返信を受け取れる確率はぐんと下がる。「どーもです」、「ちわーっす」、あるいは「ういーっす」のほうが返信を受け取る確率が高い。「調子はどう？」とか「何かおもしろい話ある？」は、くだけた軽い質問だが、うまくいきやすい。月並みな出だしよりも、何らかの「きらめき」を生み出すのである。(注6)

いつもと同じ退屈な質問はしないこと。相手がわくわくするような話題、興味を引きそうな話題、活気をもたらしそうな話題を探そう。

ちなみに、会話の着火剤を使うのがどうにもためらわれるとき、私は「今はありきたりな話題を控えているんです。ちょっと変わった質問をしてみてもいいですか？」と尋ねる。おもしろいことに、この質問だけで相手の脳内でドーパミンが分泌されるらしい。私がこのように尋ねると、相手はいつも前向きにＯＫしてくれる。実際、身を乗り出す人、興味深そうに目を見開く人、「あら、おもしろそう。何でも聞いて」と言ってくる人もいる。

ステップ❷ 相手の関心にフックをかけてドーパミンを出させる

会話の盛り上がりを演出するには、相手の関心を探し当てて**フック**をかけよう。フックとは、相手が目を輝かせるような話題、趣味、活動などのことだ。フックにかかると、相手は次のような反応を示すだろう。

- 「そうそう！」といわんばかりに、うんうんうなずき始める
- 「ふんふん」と小声で同意する
- もっと聞こうとして、前のめりになる
- 返信メールの文面がいつもより長くなる
- 「へぇ～」とか「なるほど～」など感嘆の声を上げる

図表2−6　**相手の興味を引く話題はどれ？**

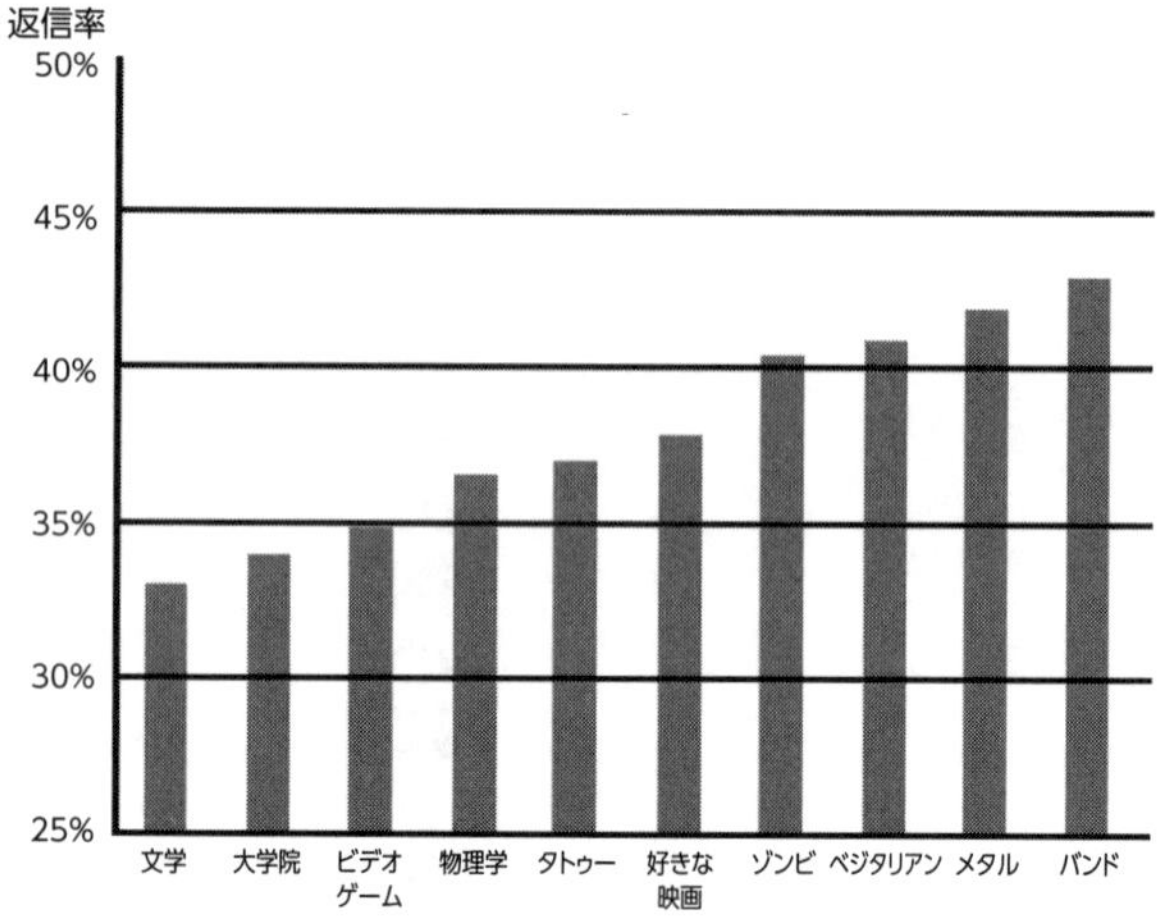

・「すごいなぁ」、「おもしろいなぁ」、「もっと話して」などという
・目を見開く。これは万国に共通の好奇心を示すサインだ
・頻繁にあいづちを打つ
・笑みを浮かべ、活発にジェスチャーをする

これらの反応の1つでも見受けられたら、相手があなたのフックにかかり、脳内でドーパミンが分泌されたと考えられる。

前述した落書きツアーのガイド、ヘフェルも、ツアー客からこうした反応がないか探している。落書きを指さしたり、エピソードを語ったりしながら、客が関心を示していないかチェックしているのだ。反応があると、さっそく詳しく話してくれる。

相手のフックを見つけるには、具体的な質問

図表2−7　**効果的なフック**

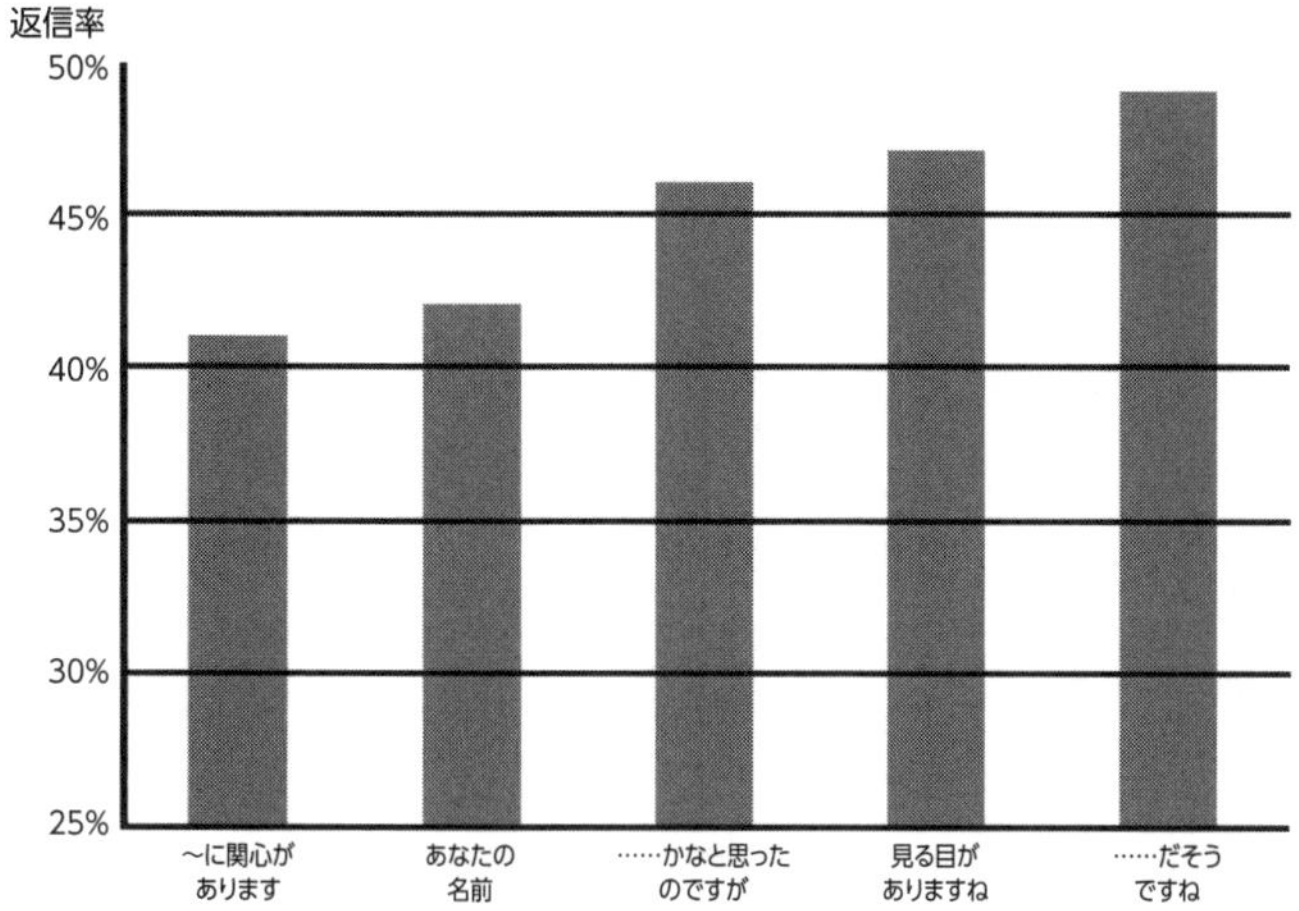

をして相手の関心を探ること。前述した出会い系サイト、OkCupidの調査では、ダイレクトメッセージでは具体的な話題を持ち出すことがもっとも効果的だと判明した。可もなく不可もない話題は退屈でしかない。具体的な話題に踏み込むほど、フックがかかりやすくなる。

相手からの返信率がもっとも高いメッセージには、「メタル」、「ベジタリアン」、「ゾンビ」などの言葉が含まれていたという。これはおもしろい。これらの言葉が相手のフックだった可能性もあるが、そうでなかったとしても、返信しやすかったと考えられる（図表2−6）。

もっとも返信率の高かったユーザーは、相手の興味を引きそうなテーマを自ら持ち出していた。彼らは相手のプロフィールを見て、相手が喜んで飛びつきそうな話題を予想してメールを書いていたのだ。「……だそうですね」、「見る目がありますね」、「……かなと思ったのですが」などのキーワードはすべて、高い返信率を記録している（図表2―7）。

フックは会話のなかで探しあてることもできる。私はフックを探すために、次のような質問をしている。

「ビッグブラザーズという非営利団体でボランティアをしているそうですね。長く活動されているんですか？」

「アルゼンチンワインをオーダーされましたね。ワインはよく飲むんですか？」

「そのハンドバッグは手織りかなと思ったんですが。ご自分でお作りになったんですか？」

「あなたのアクセントが気になってまして。ご出身はどちらですか？」

「ちょうどあなたの本棚を見ていたところです。本を見る目がおありですね」

「フェイスブックに新しい犬の画像をアップしてましたね。どうして犬を飼うことにしたんですか？」

相手の表情が輝いたら、フックがかかったということ。そうしたら、その話題の背景や詳細を尋ね、さらに会話を掘り下げる。そうすれば、より良い会話ができるし、ドーパミンもたくさん分泌されて、相手のなかであなたのことが記憶に残りやすくなる。対面でも、メールでも、電話でも、相手の興味を引いて盛り上がるにはフックを探すのが手っ取り早い。

ステップ❸ 思いがけない質問で、相手をハッとさせる

会話の着火剤とフックを使って、相手をハッとさせよう。

1994年、3人の研究者がある実験を行なった。俳優を雇って、道行く人々に物乞いをしてもらったのだ。俳優は3種類のセリフを使って通行人に話しかけた。

- 実験1「小銭をくれませんか？」
- 実験2「25セント硬貨《クオーター》をくれませんか？」
- 実験3「37セントくれませんか？」

どの頼み方が一番効果があったか、わかるだろうか？　ご名答。通行人がイエスと答えた割合が一番多かったのは、実験3だ。

- 実験1「小銭をくれませんか？」（44％の通行人が応じた）
- 実験2「25セント硬貨《クオーター》をくれませんか？」（64％の通行人が応じた）
- 実験3「37セントくれませんか？」（75％の通行人が応じた）

研究者たちは、**ちょっと変わった質問やとっぴな質問のほうが、人々の関心を引きやすい**と結論づけている。(注7)ユニークな質問、思いがけない話、めったにない出来事を耳にすると、私たちは集中して聞く。コーヒーを飲んだときみたいに、脳が目覚めるのだ。つまり、あなたが普通と違うことをすると、人はハッとするのである。

みんなと同じことをすれば、退屈な人間になる。型にはまろうとすれば、忘れられてしまう。「普通の人」のようにふるまえば、おもしろみがなくなる。だからありのままの自分でいよう。あなたと同じ人間は他にはいないのだから。ちょっと変わった性格の人は、その個性を大事にすること。変わっているがゆえに、あなたを好きになる人がいるはず。

これは必ずしも容易ではない。人とちょっと変わっていることは、ときに勇気がいるからだ。会話にユニークな話題を提供するようになる前に、私は自分のウェブサイトでこんな実験をしてみた。大抵のウェブサイトには「ここをクリック」とか「お申し込みはこちら」、「詳しくはこちら」などの文言がある。そこで私はアプローチを変えて、サイドバーに「ここはクリック禁止」と書かれたボタンを置いてみたのだ。

このあやしげな文言のおかげで、このページのアクセス数は爆発的に増え、今もアクセス数はトップクラスだ。ちなみに、このボタンをクリックしてくれた人は、そのお礼としてかわいい赤ちゃん動物の動画が見られるようになっている。

肩書きを変えるだけで、相手の反応がよくなる

対人スキルにちょっと自信がついてきたとき、私は自分を売り込むときの会話をもう少しおもしろくできないかと考え始めた。かつての私はこう自己紹介していた。

「作家です」

ああ、個性のカケラもない！　前述の実験にたとえるなら、「小銭をくれませんか？」という頼み方に等しいではないか。相手の耳には入っても、印象には残らない。「あっそ」と思われるだけで、素通りされてしまう。そこで私は先ほどの実験を、自分の名刺でやってみた。私の職業を次の3通りに言い換えて名刺に印刷し、それぞれの名刺に異なるメールアドレスを載せたのだ。

- 作家
- 人間に関する記事を執筆しています
- 人間ウォッチングの専門家

その後、数週間かけて、誰かに「ご職業は？」と聞かれるたびに、職業名をどれか一つ名乗り、相手から求められたら、名刺を渡すことにした。そしてみんながどの名刺を一番ほしがったか、

図表2−8　**ヴァネッサの名刺**

どのメールアドレスにもっとも多く連絡がきたかを調べた。

思ったとおり、「作家」と名乗ったときは、「名刺をください」と言われる回数も、イベント後に連絡が来た回数も少なかった。だが「人間に関する記事を執筆しています」と名乗ると、相手は笑って「名刺をください」と言ってくれた。私がさらに踏み込んで名刺にユニークな画像と肩書きを入れたところ、連絡がくる確率がさらに上がり、クライアントの獲得に役立つことがわかった。

私は会話の着火剤を使って効果的に自分を売り込んでいる。そしてふと、この方法が他の人にも効くのか気になった。そこで注目したのが私の好きなテレビ番組、ABCテレビの『シャーク・タンク』。この番組では、起業家が〝シャーク〟と呼ばれる投資家に事業のアイデアをプレゼンし、気に入ってもらえれば投資してもらえる。では、プレゼンには売り込みパターン

名刺と一緒に配るキャンディ

があるのか？　その疑問を解くために、私たちは『シャーク・タンク』の膨大なデータを使って分析することにした。

２０１６年１月現在、『シャーク・タンク』では４９５人の起業家がプレゼンを行ない、２５３人が出資を獲得、２４２人がアピールに失敗している。両者の違いは何か？　私たちは４９５人全員のプレゼンを視聴し、成功する起業家と失敗する起業家との間に明らかな違いがあることを突き止めた。まず、すぐれた起業家は会話の着火剤とフックを使っていることがわかった。ユニークな提案をつけたす起業家、ちょっと変わったことを試す起業家、対話しながらアイデアを売り込む起業家は、出資を獲得する確率がぐんと上がるのだ。

アピールに成功した起業家の多く——正確には63％——は、出資を得るためにユニークな方法を採った。「ミスター・トッドのパイ工場」の創業者トッド氏は、同社のマスコットを連れて登場。別の起業家は、『ザ・ソプラノズ 哀愁のマフィア』に出演しているヴィンセント・パストーレを連れて来て、ブロッコリーを束ねるゴムでお札を束ねて財布代わりに使うことを提案。キスをすると香りが変わるリップバーム「キスティックス」を売り込んだ起業家は、投資家のケヴィン・オレアリーとバーバラ・コーコランにキスさせて、香りを試してもらうという奇策に出た。

起業家たちは、このような手法を取ってプレゼンを活性化したり、盛り上げたりした。投資家《シャーク》は、毎シーズン何十ものプレゼンを聞く。だから、起業家が何か変わったことをするとドーパミンが分泌されて、はっと目が覚めるのである。

会話の着火剤は、人との交流を活性化してくれる。私はよく驚きの要素を取り入れて、相手の関心を引きつける。たとえば、パッケージに「人生はナメてはいけません」と書かれたキャンディを名刺と一緒に渡している。

事務所に来客があると、コーヒーではなくココアを出す。展示会では、テーブルの上にミントではなく、ボウルいっぱいの「ポップロックス」〈口のなかでパチパチはじけるキャンディ〉を置いている。自宅のゲスト用バスルームにはスター・ウォーズのR2-D2のペッツ・ディスペンサー〈頭部を開くと、ペパーミントキャンディが出てくる容器〉を置いている。洗面キャビネットのなかに本を置いておき、詮索好きの客がその本を見つけるとプレゼントしている。贈り物は花束ではなく、エアプランツ〈空中から水分や養分を取り入れる観葉植物〉だ。イースターの季節になると、ウェブサイトにイースターエッグを隠す（見つけにくいところにリンクを貼り、クリックした人は、くだらないジョークを言う私の動画が見られるしかけだ）。

すぐできるハッとさせる6つの方法

生活のあらゆる側面を刺激的にする方法を考えてみよう。あなたと出会った人々に、ドーパミンがドバッと分泌される瞬間を提供するのだ。繰り返すが、これにはちょっとした勇気がいるが、個性を少し発揮するだけで、会話、プレゼン、ミーティング、パーティ、SNSをパワーアップさせられる。

人々とのやり取りのなかで、会話にきらめきを生み出すアイデアをいくつか紹介する。

1 肩書きを工夫する

住宅ローンの販売会社、クイッケン・ローンズには、「雑務担当副社長」というポジションがある。雑用全般を手伝うスタッフのことだ。教科書の出版を手がけるホートン・ミフリン・ハーコートでは、受付係を「第一印象責任者」と呼んでいる。受付係は、来訪者に最初にあいさつする会社の顔だからだ。

2 インスタグラムに料理や夕日の画像をアップするのをやめる

代わりに、誰も見たことがないような画像をアップしよう。写真家で新米ママのローラ・イズミカワは、眠っている赤ん坊にジョン・スノウ、ピカチュウ、ビヨンセなどの格好をさせた（むちゃくちゃかわいい）画像をウェブサイトにアップしている。本書を執筆中の現在、イズミカワには40万人のフォロワーがいて、彼女のサイトはハフィントンポスト、バズフィード、テレビ番組『インサイド・エディション』でも取り上げられた。

3 メールの署名にユニークな文言を入れる

メールと分析ソフトの開発者であるノア・ケーガンは、メールの署名におもしろい文言を載せている。「Ps. Yu NO install the free SumoMe.com to get more e-mail subscribers?」（SumoMe.comを無料ダウンロードして、メルマガ読者を増やしませんか？）この意図的な誤字（SumoMe.comで検索すると、sumo.comにつながる）、流行語を使った言葉遊びが功を奏して、ケーガンのユニークなサイトへのアクセス数は増えた。

4 クライアントにはコーヒーを出さない

代わりに、バニラティー、レモネード、ケーキポップ（棒のついた一口サイズのケーキ。棒つきキャンディのような形をしている）を出そう——サンディエゴでかの有名なローベルジュ・デル・マール・ホテルにチェックインしたとき、ルームキーと一緒にスモアのカップケーキをもらった。ウェルカムギフトだそうだ。おかげでホテルに到着早々、私は至福のときを過ごすことができた。

5持ち寄りパーティにキャセロールを持参するのをやめる

誰も食べたことがないレシピを試そう——ピンタレストをチェックすれば、レインボーカップケーキ、ライスクリスピー・アイスクリーム、ピックル・ポテトチップスなど、インスピレーションがわきそうな料理がたくさん載っている。

6サンキューカードではなく、サンキュー・ステッカーを送る

他にもバッジ、棒つきキャンディ、ポップコーンでもいい。ウエディング関連企業向けの会議「ビー・セイジ・カンファレンス」では、出席者がセッションの合間や帰りの飛行機内で楽しめるよう、塗り絵本と色えんぴつを渡している。どちらも好評で、参加者は完成した塗り絵の写真を何枚も撮って、カンファレンスのハッシュタグをつけてSNSにアップしている。

不安がらずに、新しいジョーク、くだらない話、会話にきらめきを生み出すちょっと変わった話題をどんどん試そう。夜のイベントを刺激的に演出し、人々を粋に楽しませられれば、彼らに

とってあなたとの会話は忘れられないものとなるだろう。

「顧客には、あなたのことを覚えておく義務はない。
あなたのことを記憶にとどめてもらうようにするのは、
あなたの義務であり、責任でもある」

――パトリシア・フリップ

人の「名前」を確実に覚える4つの方法

「会話の最中に相手の名前を何度か呼ぶと、良い印象を抱かれやすい」という話を聞いたことがあるのでは？　あなたも、私も、誰であれ、自分の名前の響きが好きだ。

デニス・カモーディとマイケル・ルイスは、人間は他人の名前を呼ばれたときよりも、自分の名前を呼ばれたときのほうが中前頭回《ちゅうぜんとうかい》と上側頭回《じょうそくとうかい》――扁桃体や海馬がある脳回――が活性化することを突き止めた。(注8)

前述した落書きツアーのガイドであるヘフェルは、ツアー客とすぐに仲良くなるが、その理由もここにある。彼はツアー客一人ひとりの名前をすぐに覚えようとするのだ。

名前を覚えるのが苦手だって？　大丈夫。私がやっている**名前暗記の4ステップ**を紹介する。誰かと会うたびに試してみよう。

1名前を繰り返す

相手の名前を耳にしたら、すぐに名前を呼んで確認しよう。「はじめまして、イライザ」とか「イライザ、こちらは私の同僚のジェナです」など。名前を繰り返し口に出すことで、その音の記憶が残りやすくなるし、相手の名前を自分の声で耳に入れることができる。おまけに名前を呼ばれた相手の脳内では、ドーパミンが分泌される。

2頭のなかで名前をつづる

次はその名前を視覚的に取り込もう。記憶力に関する専門家、ゲイリー・スモール博士は、覚えたい名前があれば、頭のなかでそれをつづることを推奨している。(注9)頭のなかで、その文字をつづった画像をイメージしてもいい。

3他の人の名前と関連づける

その人の名前を同じ名前の知り合いと関連づけるのもいい。有名人でも構わないが、知り合いと関連づけると名前を覚えやすくなる。たとえば私は、初対面の人が「マットです」と自己紹介するたびに、マットという名の友人たちと同じカテゴリーに入れている。

4 他の言葉に関連付けする

変わった名前や、初めて聞く名前の場合は、その名前に似ている言葉と関連づけよう。たとえば、以前にサイダーという名の人に出会ったとき、私はグラスのなかでシュワーと泡立つサイダーをイメージした。その晩の別れ際に私がその人の名前を呼ぶと、相手は私が名前を覚えていたことにびっくりしていた。

ちょっと頭を働かせる必要はあるが、これならゲームのように楽しく名前を覚えられる。この名前暗記ゲームを友だちや同僚にも教えれば、誰かに会ったときに、その人の名前を何に関連づければいいか相談できる。

仲間と打ち合わせておく——誰かの名前を忘れたときに備えて、同伴者と決まりを作っておこう。名前を忘れた人を同伴者に紹介するときには、同伴者に名前を尋ねてもらう、とか。たとえば、夫が「これが私の妻です」と、相手の名前をいわずに紹介したら、名前を忘れたのだというシグナルだと解釈する。そこであなたは「はじめまして。お名前は?」と尋ねるのだ。実に簡単ではないか。

退屈な会話は今すぐやめよう

時が経つのも忘れるような充実した会話を交わしたいなら、あなたから会話にきらめきを注入しよう。相手の名前を覚え、会話の着火剤を使い、フックをかけて会話を盛り上げよう。いつもの会話のパターンをやめよう。相手の話ばかり聞いていないで、フックをかけよう。会話をコントロールして、クライマックスを演出しよう。出会った人たちのことをしっかり記憶に刻もう。名前や趣味など、相手のことをしっかり覚えれば、あなた自身ももっと覚えてもらえるようになる。人との固い絆は、ありきたりな雑談をやめるところから始まる。

やってみよう

1 今週中に71ページで紹介した会話の着火剤を1つ使ってみて、人とのやり取りががらりと変わるか確認しよう。

2 プレゼン、メールの署名、次に誰かと会話するときに、フックをかけてみよう。

3 テレビをつけて、普段は見ない番組を探そう。新しい人が登場するたびに、名前暗記ゲームを試す。これならリスクなしで気楽に名前を覚える練習ができる。

【第2章のまとめ】

退屈な人を好きな人はいないし、一緒にいても楽しくはないし、そもそも記憶にも残らない。刺激的な会話へと誘導して記憶に残る関係を築くには、会話の着火剤に火をつけるのが一番。私たちが好きなのは、精神的な喜びを与えてくれる人、フックをかけてくれる人、ワクワク感がある人、自分の名前を覚えていてくれる人だ。

- いつもの会話をやめて、雑談からビッグトークへと飛躍しよう。
- 相手がくいつきそうな話題を探し出す。
- 相手の名前を呼び、ユニークな質問をし、目新しい話題を持ち出すなどして、会話にきらめきを生み出そう。

第3章

「共通点」を見つければ、誰からも好かれる人になる！

「3つの共通点」があれば好感度はうなぎ登り!

2007年、ルイス・ハウズは人生の絶頂期にあった。1メートル93センチの高身長で、大学時代はアメフトと十種競技の選手として活躍。その後はアリーナ・フットボール・リーグの加盟チームでワイドレシーバーとしてプレーし、ゆくゆくはNFLの選手になるつもりだった。

ところがある日、ハウズはダイビングキャッチしたときに手首の骨を折り、プロのアメフト選手になる夢が一瞬でついえてしまう。「みじめだったよ。24歳にして夢を絶たれ、お金はなく、ギプスで片手を固定したまま姉のソファで眠り、山のようにたまったクレジットカードの請求書を前に途方に暮れて」とハウズは語る。(注1)

キャリアを一から構築し直すことになったハウズだが、偶然にも人脈を築く強力な方法を見つけた。2008年当時、リンクトインはまだビジネス向けのマイナーなSNSに過ぎなかったが、ハウズはアスリートたちとの関係を維持するチャンスだと考えた――アメフトはもうプレーできなくても、スポーツへの情熱は消えていなかったのだ。

ハウズはコンタクトリストをゼロから築き始めた。次に、勧誘するにはどんなメッセージが効果的かをテストし始めた。「受信箱に届く返信メールをチェックすれば、効果のあったメッセージと効果のなかったメッセージは、すぐに見分けがつくからね」とハウズは言う。(注2)そして、**送信**

先の人に対して3つ以上共通点を述べたメールは、好感触な返信を受け取る確率が高いことがわかったという。

「今では、相手との共通点を3つ以上、言うようにしているんだ。共通の知人、共通の趣味、共通の組織、たとえば学校やリーグやスポーツチームとかだね」メッセージは短くして要点を押える。ハウズは、この方法を使って私あてのサンプルメッセージを作ってくれた。

「はじめまして、ヴァネッサ！　ぼくの名前はルイスといいます。あなたのコンタクトリストにニック・オンケンが入っているのを見て、メッセージを送らせていただきました。彼と同じNGO組織でボランティアをしています。ぼくはロサンゼルス在住ですが、あなたもここの出身みたいですね。こっちに帰って来ることはありますか？　これを機に親しくおつきあいいただけるとうれしいです」

さらにハウズは、メッセージの最後にひと言付け加えるようにしている。「相手の仕事をほめて、ぼくにも教えてほしいと伝えるんだ。『あなたの技術と成功から学びたいです』と率直にいうんだ」とハウズ。また、相手から返信をもらうために、最後に具体的な質問を1つするのだそうだ。

驚いたことに、こうしてネットワークを築いた結果、ハウズはスポーツ分野の大物たちと電話で話したり、直接会ったり、助言をもらったりするようになった。真剣に書いたメールが功を奏して、スポーツ専門チャンネル、ESPNの共同創業者、ビル・ラスムッセンと会う機会も手に入れた。「ぼくは仕事もお金もない若造だったけど、ビルにコンタクトを取ったところ、直接会っていろいろと質問することができたんだ」とハウズは当時を振り返る。

築いた人脈が5億円ビジネスに変わった！

スポーツ界の主要な人物に連絡を取って、彼らに教えを請い始めて1年が経過した頃、ハウズは転換期を迎える。これだけでは不十分だと思ったのだ。

「もらってばかりじゃだめだ、自分も人に何かを与えないと、と思った。でも、ビル・ラスムッセンみたいな大物に何ができるだろうか？」

リンクトインのコンタクトリストの数が増えるにつれて、ハウズはようやく気づいた――ぼくにはせっせと築いてきた人脈があるじゃないか、と。

「人を手助けするのが好きだし、マルコム・グラッドウェルが呼ぶところの〝コネクター〟となって人々の架け橋になろうと思ったら、わくわくしてね[注3]」

かくしてハウズは、大物の知り合いに会いたい人がいるか尋ね、出会えるよう尽力した。

「ぼくはよく『今、何か大きな問題を抱えていませんか？』と聞いたあと、その問題を解決するのに知恵を貸してくれそうな人を3人は紹介したんだ。カフェで話している途中に、誰かに電話をかけ、そのまま電話を渡して2人で直接話してもらったことが何度あったことか」

さらにハウズは、

「相手に、あなたの話をちゃんと聞いてますよと態度で示したんだ。相手の目をじっと見て、話をきちんと理解し、他のことにはまったく注意を払わなかった」。

2010年1月には、彼の会社の売り上げは500万ドルを超え、のちに同社を数百万ドルで売却。現在、ハウズはライフスタイルをつづったブログと、「偉大な人々から学ぶ教室」と題するポッドキャストで人気を博している。彼のポッドキャストには、幅広い分野の大物や専門家、著名人へのインタビュー動画や音声がアップされている。ハウズはそのネットワーク力を駆使して、話がうまくて魅力的で突出した人々を見つけ出す――実を言うと、私もそのなかの一人だったりする(フッと自嘲ぎみに笑ってみたりして)。そうとも、彼は先ほど紹介したサンプルメッセージを私に送ってきて、のちに「ポッドキャストに出てほしい」と依頼してきたのだ。

ハウズは、なぜこれほどの人気者になったのか?――本章では、その根底にある強力な人間行動の原則について考える。

人間は無意識に自分に似た人を探している

ある晩、数人の友人たちとディナーを取っていたときのこと。1人がバッグからパイロットの

G－2ペンを取り出して、メモを取った。友人のタイラーはすぐに気づき、「それって0・7ミリのG－2ペンですか?」と尋ねた。

相手の女性はペンを確認すらしなかった。

「もちろんよ。パイロットのG－2といえば0・7ミリがベストチョイスですからね」

タイラーはやっぱりといわんばかりに笑みを浮かべる。「友だちになれそうだ」

私はペンに詳しくないものの、彼はこのペンは最強だと主張する。事実、あまりに使い心地がいいからか、彼はペンを貸し渋るだけでなく、**このペンを基準に人を選ぶ**とまでいう。「G－2をもっている人とは馬が合いそうだからね」とタイラー。

一体どういうことか? 人間はいつも、自分に似た人を探し求める。「類は友を呼ぶ」ということわざは、「正反対どうしはひかれ合う」よりもずっと正確に事実を言い当てている。「似た者どうしはひかれ合う」とも言う。つまり「人間は、自分と異質な人よりも、似た人に魅力を感じて好きになる」ということだ。(注4)

研究者のエレン・バーシャイド博士とエレイン・ウォルスター博士は、人間は自分と同じような人と一緒に過ごすことを好むと主張する。それは次の理由によるものだという。

- 活動や話題が共通する人のほうが、つきあいやすい。無作為に選ばれたペアよりも、夫婦や友だちどうしの方が、性格が似ている可能性が高い。

・自分の意見に他人が同意すると、孤独感が緩和し、自分の意見が正しいと自信を持てるようになる。
・人との結びつきが強くなると、その人の行動や決断を予測しやすくなるため、相手に安心感を覚えやすい。
・この人は自分に似ているから、自分に好意を抱きそうだと期待する――やはり、似た者どうしはひかれ合うからだ。(注5)

フェイスブックの「いいね」、インスタグラムのハートマーク、ツイッターのリツイートなどもすべて、デジタル版の「似た者どうしはひかれ合う現象」に基づく行動といえる。SNSで好意的な行動を示すことで、「私もこれを気に入ったわ」と伝えることができる。私たちがSNSをチェックせずにはいられないのはこのためだ――友人やフォロワーが自分に好意を抱き、自分の考えに共感することを確認したくて仕方がないのだ。


人間は無意識のうちに、同調したり、共感したり、「私も！」といったりする機会を探している。活発なミーティングやカフェでの楽しそうなデートからは、こんな会話が聞こえてくる。

「あら。あなたも『オレンジ・イズ・ニュー・ブラック』が好きなの？　私もあのドラマは欠かさず見てるわ」

「あなたってグルテンフリー派なの？　私もよ！」

「ああ、タイはいい国だよね。もしかしたらぼくたち、同じ時期にタイにいたかも？」

「冗談だろ？　ぼくもフォーティーナイナー（ハイスピードヨット）の大ファンだよ」

「ロッククライミングにはまってるの？　私もよ」


他方で、相手と親しくなりたいのに、誤って相手との違いを主張する人を目にする。「私は違う」と口にするたびに、初対面の人との距離を縮めるのは難しくなる。たとえばこんな表現に注意しよう。


「うーん、あのドラマにははまったことないなぁ。退屈なドラマだと思うけど」

「へ～、あなたもグルテンフリーを実践してるんだ。あれって一時的な流行りでしょ？」

「あんまり旅行しないからなぁ」

「スポーツ？　ぼくはいいや。本を読むか、ニュースを見る方が楽しいよ」

「ロッククライミングに夢中なの？　私はちょっと……。高所恐怖症だから」

この種の**「私は違う」発言は、相手を遠ざけるし、会話が続きにくくなりがち**だ。だったら、とりあえず何でもいいから同調したほうがいいのだろうか？　もちろん、そこまでする必要はない。そうではなくて、共通点や共通の趣味がないか積極的に探したほうがいいということだ。

ＳＮＳで誰かがあなたと無関係なことを投稿したら、あなたはそれを読まずにスクロールするだろう。「全然興味ないです！」などと相手を怒らせるようなコメントはしないはず。にもかかわらず、私たちはついそんなニュアンスのことを口にしがちだ。だから、誰かが「私学に通っていた」と話したら、「ああ、私学のお坊ちゃんか。ぼくは伝統的な公立学校に通ったからね」などと言ってはいけない。私学に通っていたことを記憶にとどめたら、自分との共通点を探そう（または「すごいね。スポーツやってたの？」とか「へぇ！　それは知らなかった。私学ってどうなの？」などとコメントしてもいい）。

うっかり「私は違う」と主張しないよう注意しよう。「私も」といえる共通点を探すことだ。

「服装が似ている」だけで、手助けしたくなる心理

友人のアロン・フレイマンは、スポーツの試合会場で慈善目的の富くじを販売している。ある日、アロンがメッセージでおもしろい質問をしてきた。

「やあ、ヴァネッサ！　今ちょっと迷っていることがあって、きみの人間行動学の知識を見込んでアドバイスがほしいんだ。試合開催日に富くじを売るとき、ぼくはよく信頼度を上げるためにスーツを着ている。でも、チームカラーの服——またはネクタイか何かでも——を着た方がいいんじゃないかと思い始めたんだ。そのほうがいいと思う？　またはそのほうがいいことを裏づける科学的根拠はないかな？」

アロンの直感は正しい。**人間は自分と似た服装の人を好む。**ある調査でも、人は自分と同じような格好をした人を助ける傾向があることが判明したという。(注6) カジュアルな服装の人は、スーツを着た人よりも、カジュアルな服を着た人を手助けしようとするのだ。まさか！　と思った読者もいるだろう。確かにスーツを着た人の方が助けてもらえそうな気がする。だが、現実はそうとも限らない。

私はアロンに、チームカラーの服を着るのはもちろん、できれば会場に来るファンと同じ格好をするよう勧めた——ジーンズ、ユニフォーム、スニーカー、キャップなど。で、どうなったと思う？　富くじは飛ぶように売れ始めたという。「似た者どうしはひかれ合う」の法則はここでも有効なのである。

人間は、自分と同じ格好の人に好意を抱くだけではない。自分と同じ考え方の人にも引きつけられるという。私が「人間の行動を観察するために」見るテレビ番組がある。「仕事の参考に……」と言いながら、実は死ぬほどドはまりしている番組だ。

それは、リアリティ番組の「Are You the One?」(運命の人を探せ)だ。10人の男性と10人の女性が一軒家に招かれ、そこで運命の人を探し出す。もちろん、そこには仕掛けがある。出場者はみな事前にいくつかの性格診断テストを受け、「恋愛専門家」がその結果を基に相性ぴったりのペアを10組選んでいることだ。かくして出場者は、10人の独身者のなかから運命の人を探し出さなければならない。
この番組のシーズン3では、コナー・スミスとケイラ・ブラケットという2人の独身者が、互いの相性を探ろうとする。そのときの2人の会話を見てみよう（共通点を探り合う2人に注目！）。

ケイラ「私は家族仲がいい人が好きかな」
コナー「ぼくはママと大の仲良しだよ。きみは恋人を楽しませるタイプかな？」
ケイラ「もちろんよ。私ってまさにそういうタイプ。ちなみに、彼氏には体を鍛えてもらうわよ。筋肉質の人が好みだから」
コナー「へぇ～。それってまさにぼくのことじゃないか！」
ケイラ「私、たくましくて強い人が好きなの。だって守ってくれそうじゃない」（コナーは1メートル96センチを超える高身長で、自分を「心やさしい巨人」と呼ぶ）
コナー「ホテルに泊まるときは、ドア寄りのベッドで寝るのが好きだな」
ケイラ「あら、完璧。私は壁側のベッドの方が好きよ」
（結論）あなたは私に似ている。私たちの好みは一致している。だから私はあなたが好き。

私たちは恋愛関係でなくても、この2人とまったく同じようなやり取りをする。見込み顧客の場合は、互いの関心や仕事の進め方が一致するかを見きわめ、新しい友人の場合は、音楽の好みや週末に何をして過ごすかで相性を見きわめる。おまけに、長い行列に並んでいるときも、見知らぬ人どうしで不平をこぼしあったりする。
次に紹介する戦略は、この「似た者どうしはひかれ合う現象」を対人スキルに応用したものだ。

戦略❸「糸理論」──どんな人とも仲良くなる方法

誰と話すにせよ、自分と共通する〝糸〟を探そう。どんな糸であれ、相手との距離を縮めるのに役立つからだ。持っている糸の種類が多いほど、あなたの魅力もアップする。初対面の人とすぐに打ち解けたいときは、次のように糸理論を活用しよう。

ステップ❶ 共通の糸を探す

糸理論は、会話を始めるための究極のツールだ。勧誘の電話をかけるとき、新規顧客にメールするとき、初対面の人と言葉を交わすとき、糸理論を押えておけば会話の扉を開けやすくなる。想像してみてほしい。

私たちはみな、複雑にからまった大きな糸玉を持っている。糸玉は考えごと、アイデア、意見などでできている。私たちはよく思考を整理したいと考えるが、当の思考ときたらいつも乱雑にからみあっている──イベント会場に足を踏み入れた瞬間は特にそうだ。

やるべきことで頭がいっぱいだったり、駐車場のメーターが気になったり、夕食は何を食べようかなとか、部屋の向こう側にいるイケメンをちらちら見たり、首が痛いとか、コートをどこに

図表3−1　**共通の糸で距離を縮める糸理論**

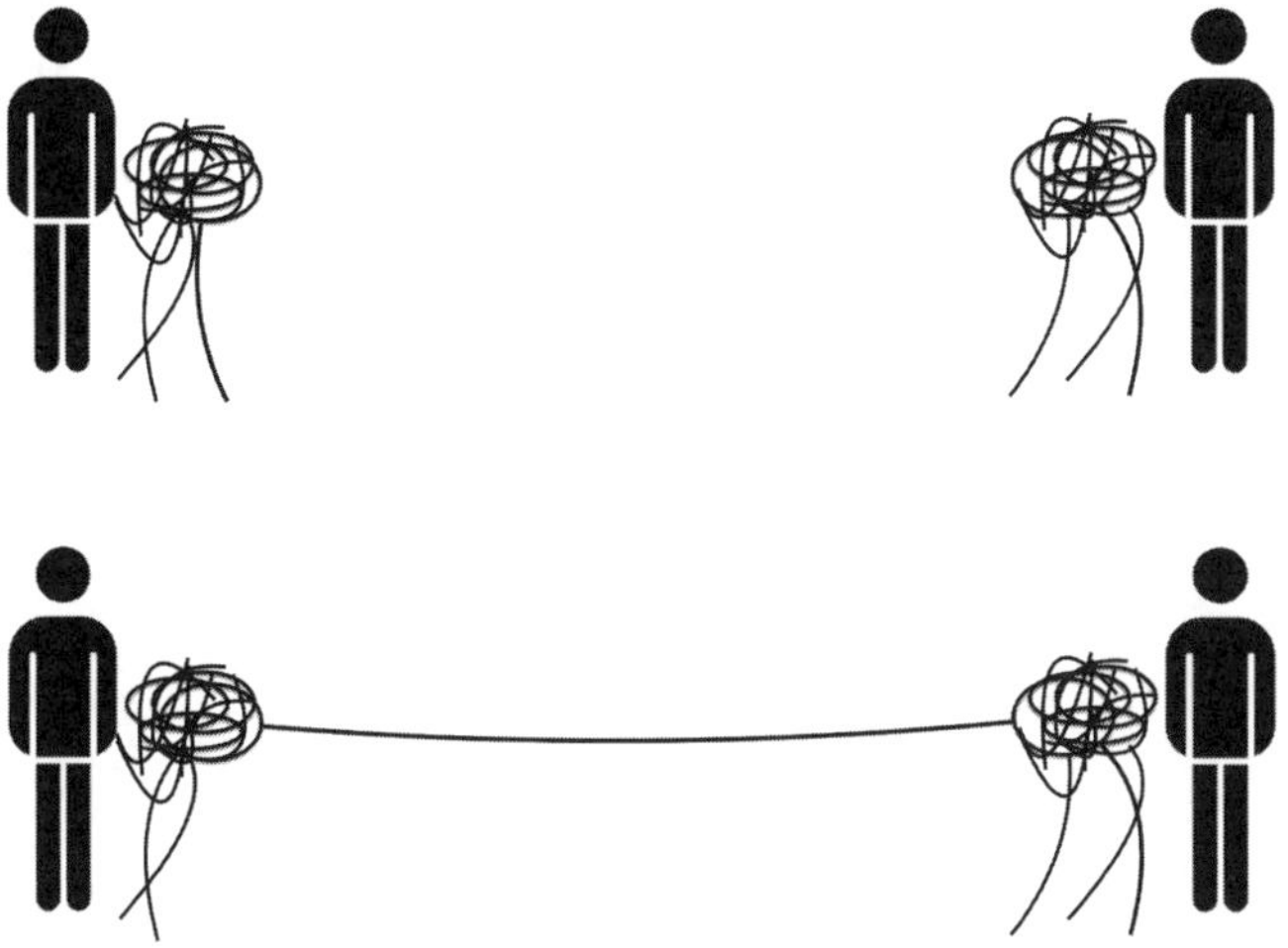

かけようかとか。

もうおわかりだろうか。私たちはいつも〝巨大な思考の塊〟を持ち歩いているのである。

糸理論を使えば、ずっと容易に会話を始められるようになるし、話題が尽きて困ることもない。誰かに話しかけるときは、双方の共通点を探ってみてほしい。共通の糸がたくさん見つかれば、それだけ話しやすくなる。と同時にあなたの好感度も格段にアップする。

大まかにいうと、相手との共通点は次の3つのカテゴリーに分かれる。どんな状況でも探せるものばかりだ。

1共通の知り合い――共通の糸を探すには、共通の知り合いを見つけるのが手っ取り早い。また、共通の友だちが見つかると、会話も盛り上がりやすくなる。

2共通の状況——共通点が見つかりそうにないって？　では、その人と出会った状況に目を向けよう。リンクトインで知り合った場合もあれば、カンファレンスで出会った場合もあるだろう。その状況に関する質問をして、会話が途切れないようにするだけでいい。

3共通の趣味——共通の糸のなかでも最強なのが、共通の趣味だ。双方がよく知っている話題が見つかりやすいし、すごいエピソードを思い出すことも、深い話へと展開することもある。

以上のカテゴリーごとに、会話につなげるための質問やアイデアを紹介しよう（図表3－2）。糸理論は、同じグループの人や初対面の人はもちろん、メールや営業でも使える。**共通の糸が見つかるたびに、あなたと相手のつながりは強くなる。**

表の質問の一部は、私のお気に入りの会話の着火剤だ。しかしこれはただの偶然ではない。ごく単純な質問でも、それを戦略的に尋ねて、相手の答えをよく聞いてうまくフォローすれば、おもしろい議論につながる可能性があるのだ。

もし、この種の質問をして共通点が見つからなくても、大丈夫。

たとえば相手が「うーん、その人は知らないなぁ」とか「いいえ、行ったことありません」と答えたとしても心配はいらない。そこから会話を広げればいい。

「まぁ、大きい学校ですからね。彼女の専攻は政治だったけど、あなたの専攻は？」

図表3−2 使える質問を覚えておこう

カテゴリー	最初の質問	共通の糸を探る質問
共通の知り合い	主催者とはどうやって知り合ったんですか?	(　　　　)にお勤めということは、(　　　)さんをご存じですか?
	(　　　　　)さんのお知り合いのようですね。	(　　　　　)学校に通われたそうですが、(　　)さんをご存じですか?
	さっき(　　　　)さんと話してましたよね。知り合って長いんですか?	新婦(または新郎)のご友人ですか?(またはAさんのルームメイト/Aさんの上司/部下ですか?)
共通の状況	このグループに入会して何年ぐらいですか?	この種のイベントにいつも参加されるんですか?
	すてきな場所ですよね?	このカンファレンス/レストラン/イベントに行ったことがありますか?
	こちらにはもう何年お住まいですか?	確かリンクトインの(　　　)グループに入ってらっしゃいますよね?
共通の趣味	いいですね、そのペン/キーホルダー/バンパーステッカー/シャツ/帽子。私も(　　　)が大好きなんですよ。	何年ぐらい前から(　　　)を愛用されているんですか?
	私も(　　　　)の会員です。あなたが入会したのは何年前ですか?	今週末のご予定は?
	確かあなたも(　　　　　)に通った/(　　　　)で勉強した/(　　　　　)のメンバーでしたよね?	あの講演者/プレゼン/ゲームは、なかなかおもしろいと思いませんか?

図表3−3　**糸理論で新たな関係が生まれる**

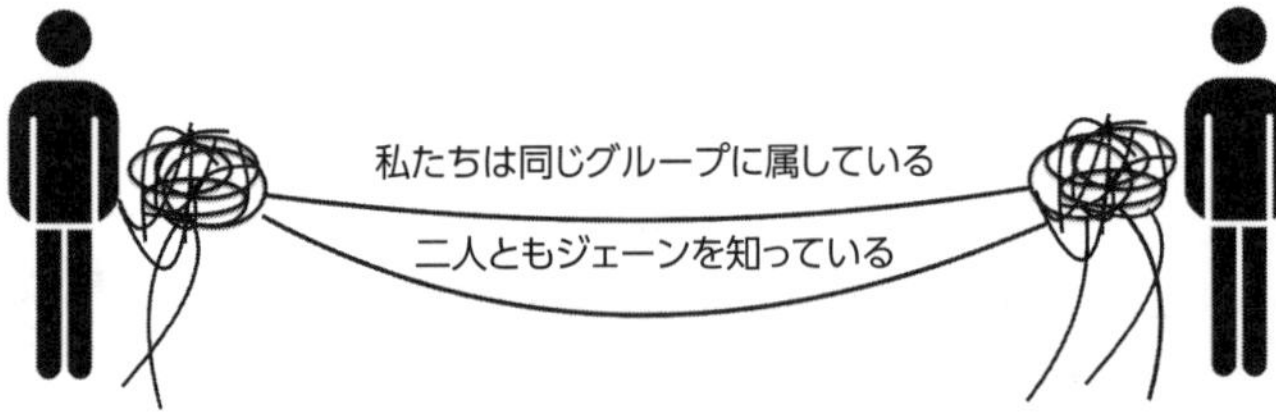
私たちは同じグループに属している
二人ともジェーンを知っている

「実は私も行ったことがないんですよ。ところで、この辺にお勧めのバーはありますか？」

どんな返事であれ、それは相手を知り、会話を発展させるための手がかりになる。共通点がないからと途方に暮れてはいけない。それをバネにしよう。

外見から共通点が見つかることもある。

たとえば、誰かが南カリフォルニア大学のキーホルダーを持っていたら、「USCといえば、トロージャンズ〈同大学の男子スポーツチームの愛称〉だね」と言えばいい。または、相手があなたの好きな車に乗っていたら、「同じ車を買おうと思ってるんですよ。乗り心地はどうですか？」と聞けばいい。もしくは、相手が手にしているドリンクを見て、「その赤ワイン、悪くないですよね？」と聞いてもいい。

実に簡単に会話を交わせるようになるだろう。

ステップ❷ 糸をたぐり寄せる

糸理論は、共通点を見つけて終わりというものではない。重要なのは、そこから話を展開することだ。共通点が見つかったら、それをたぐり寄せて糸をさらに太くしよう。

共通の糸をたぐり寄せるにはどうしたらいいか？　簡単だ。「なぜ？」と聞いてみよう。

豊田佐吉は日本の革新的な発明家であり、トヨタグループの創始者でもある。佐吉はまた、**「5回のなぜ」**という革新的な管理方法を考案したことでも知られている。

トヨタの従業員は、5回「なぜ？」を繰り返して、問題の根本原因を突き止める。問題のソリューションや根本原因が速くかつ効率よく見つかるため、今では「5回のなぜ」は自動車業界の枠を超えて幅広い業界で使われている。たとえば、同僚のプロジェクト進行に遅れが生じているとき、「5回のなぜ」を使えば、次のように遅れが生じた原因を突き止められる。

（1回目のなぜ？）期日までにデータがそろわないからだ。
（2回目のなぜ？）誰に頼めば速くデータをもらえるのかがわからないからだ。
（3回目のなぜ？）この部署と連携して働いたのはこのプロジェクトが初めてだからだ。
（4回目のなぜ？）いつもマネージャーからデータをもらうからだ。

(5回目のなぜ？) 部署間の連絡はいつもマネージャー経由で行なう。つまりマネージャーが進行の妨げになっているのだ（根本原因）。

もちろん、日常の会話で「なぜ？」をしつこく繰り返すわけにはいかない。だが、「5回のなぜ」を念頭においておけば、すばやく会話を深められるようになる。

共通点が見つかったら、「ふ〜ん」とぼんやりしてないで、相手がそのことを重要視する理由を尋ねよう。あなたとの共通点が見つかったら、話題を変えてはいけない。その話題に一歩踏み込んで、それを始めたきっかけを尋ねよう。共通の糸があることがわかったら、黙ってないで、そのテーマをたぐり寄せてみよう。

仮に、糸理論を応用した結果、相手があなたと同じ起業家だと判明したとしよう。その糸をたぐり寄せれば、もっと有意義な会話へと発展させることができる。

あなた「**どうして**起業家になろうと思ったんですか？」
相手「ずっと自分の会社を作りたいと思ってたんです」
あなた「それはすごい。起業に魅力を感じる**理由**は何ですか？」
相手「働く時間も働き方も柔軟に変えられますからね。上司がいると思い通りにはいきませんし」
あなた「同感です！ ですが、**なぜ**柔軟に働きたいと思ったんですか？」

相手「ああ。旅行が好きなもので、旅先でも仕事ができたらいいなと思って」

あなた「確かに！　私も旅行好きでしてね。チリから帰って来たばかりです。でも、**どうして**旅行にこだわるんですか？」

相手「チリか、一度は行ってみたいですね。旅行のいいところは、いつもの安全な場所から出て、世界中の人々から学べるからです」

あなた「ああ、確かにそうですね。私も旅先で実に魅力的な人々に会いましたよ。でも、いつもの安全な場所から出ることが重要だと感じる**理由**は何ですか？」

相手「ふうむ。いい質問ですね。そうですね、新しいことにチャレンジしたり、目新しい光景を見たり、未知のことを体験したりすると、幸せだと実感できるからです。あなたはどうですか？　どんなときに『ああ、幸せだ』と感じますか？」

このように、「なぜ？」を繰り返すと、深みのある活発な議論へと発展しやすくなる。「なぜ？」と聞くことで、雑談の範囲を超えて、相手のモチベーション、夢、関心事まで探り出せるからだ。さらに「なぜ質問」は、共通の糸を見つけ出すのにも役立つ。

このように、糸理論を押えておけば話題が尽きることはない。話すネタがないと途方に暮れることもなくなるだろう。共通点を探し出し、「なぜ？」を繰り返して糸をたぐり寄せよう。

ステップ❸ サポーターになって「究極の共通点」を作る

これが糸理論の最終段階だ。このステップは、相手と特別な関係を築きたいときに使うことをお勧めする。誰かと充実した会話を交わし、「この人だ！」とひらめいたら、共通の糸に結び目を作って、その関係を次のレベルに引き上げよう。前述したルイス・ハウズは何をしたか、見てみよう。

ハウズは、リンクトインで知り合った人たちとの共通の糸を探し出し、それをたぐり寄せたあと、「何か困ったことはない？　ぼくに手助けできることはない？」と尋ねた。つまり彼は、自分の能力とみんなのニーズを結びつけようとしたのだ。「問題があるんだね。それを解決できるよう手伝うよ」と提案すれば、究極の共通点を作ることができる。

誰かに手助け、サポート、アドバイスを申し出るたびに、あなたはその人との絆を深め、生涯につながる共通点を築くことができる。

大抵の場合、困っている人に手助けを申し出る機会は、会話の自然な流れのなかで生じる。相手が困っていそうだと気づいて、自分に何かできるかもと思いつく、という流れだ。たとえばこんな場合がある。

「この町に引っ越してきたばかりですもんね。オススメの地元のレストランをリストにまとめて

図表3−4　**サポートを申し出ると絆が深まる**

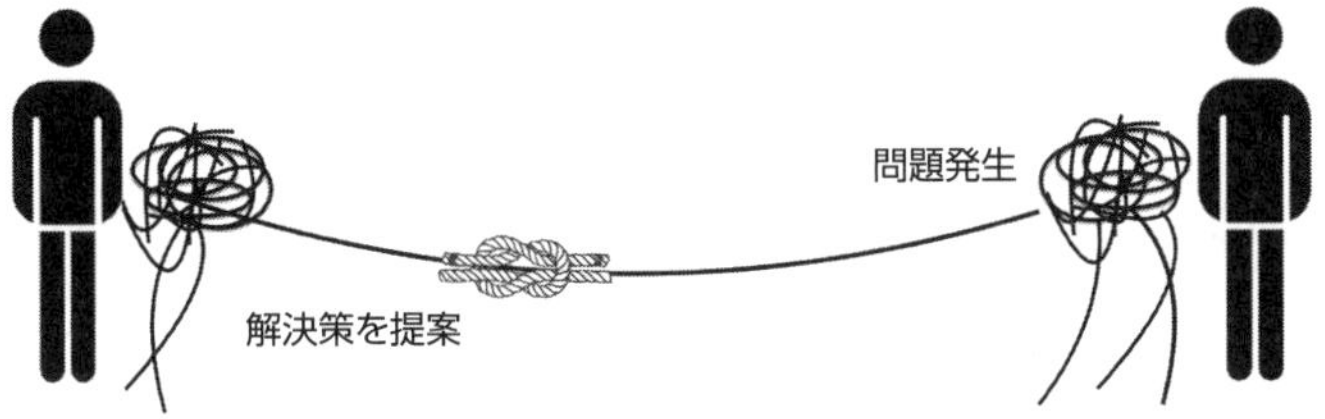

メールしますよ」

「その業界には、私の知り合いもいます。リンクトインで私とつながっていただければ、何人か紹介しますよ」

「私はよく試合のチケットを多めに取るんです。次回チケットが余ったら、メールでお知らせしますね」

「深刻な問題のようですね。その状況を何とかできないか、会社に相談してみましょう」

「完全菜食主義《ヴィーガン》を実践するのは並大抵ではないですよね。菜食レシピをいくつかメールで送りましょうか？」

会話中に共通の糸が見つからなかったときでも、結び目を作ることはできる。私はよく、すばらしい人と出会ったときに、最後にこんな質問をする。

「何か、私にお役に立てることはありますか？」

これは個人的に好きな質問でもある。この質問なら、結び目を作るチャンスになるし、相手について新しい発見があることが多いからだ。ちょっとした質問だが重宝する。

実際、糸理論はどの段階でも相手に自分について語らせるため、話している間に相手の問題が明らかになることがある。たとえば、友人に「なぜ」を繰り返し尋ねるうちに、その友人が仕事でうまくいかない理由が見えてくるかもしれない。パートナーと共通点を話し合ううちに、休暇をどう過ごすか良いアイデアが浮かぶこともある。

ただし、糸理論のステップ3に進むか否かはあなたの判断次第だ。この段階を実践するときは、本気で申し出ること。できそうもないのに、手助けしますといわないこと。いいかげんな約束はしないこと。結び目を作る相手は、親交を深めたい人だけにとどめよう。

「教えてもらう」は強力な糸になる！

では、共通の糸が見つからないときはどうする？　「私も」と言えないときは？

ルイス・ハウズはさまざまな分野の専門家にインタビューしては、その動画をポッドキャストにアップしている。「ぼくも」と同意できないとき、彼は「教えてください」と言う。ハウズがそう言うと、聞かれた方は気分が良くなるし、双方の関係も深まる。相手があなたのよく知らない話題を持ち出したら、もっと知りたいと訴えよう。「教えてください」でも共通の糸となり得るのである。

「教えてください」を共通の糸にする方法をいくつか紹介しよう。

「そのタイトルは初めて聞きました。どういう内容の本ですか?」

「すごい職業ですね。その業界の人とは、話したことないです。いろいろ聞かせてください」

「実は私、海外に行ったことがないんですが、もっと旅行がしたいなぁ。海外旅行の初心者向けのアドバイスはありますか?」

「私も」と「教えてください」は、どちらも強力な言葉なのに、あまり有効活用されていない。できるだけ使うようにしよう。

やってみよう

1 次に人と話すときは、最初の3分間で共通点を3つ探してみよう。
2 「なぜ?」と5回尋ねて、新たな発見がないかみてみよう。
3 同僚か友人に「私に手伝えることはない?」と尋ねて結び目を作ろう。

［第３章のまとめ］

相手との共通点が多いほど、あなたの好感度は上がる。人間は、自分と似た人が好きだからだ。誰かの注意を引きたければ、共通の趣味を尋ねる→理由を尋ねる→手助けを申し出るの３ステップからなる糸理論を応用すると簡単に済む。また、「私も」と同意する機会も探そう。

- 何を話そうかと考えすぎないこと。共通点を探せば何とかなる。
- 「５回のなぜ」を繰り返して、話題を掘り下げよう。
- 相手の問題を共有することで、その人との結び目を作ろう。

第Ⅱ部

出会って「最初の5時間」で驚くほど関係は深められる！

人をうまく操る方法とは？

マンハッタンにあるオール・セインツ病院の緊急治療室には、マイク・クルス医師という新しい室長がいる。頑固ではっきりとものをいう、やや威嚇的な人物だ。

クルスはこの病院の緊急治療室を一流の外傷センターに変えたいと思っているが、それにはスタッフの助けが必要だ。だが、彼がシステムを再編成し、治療プログラムも変えようとした結果、古株の医師や看護師たちと全面的に衝突してしまった。

見かねた心優しい看護師のゾーイが、ピンクのノートを手にクルスのオフィスにやって来た。

「これはパスポートのようなものです。あなたの下で働くスタッフを知るためのデータです」

けげんそうな表情を浮かべるクルスを前に、ゾーイは話を続けた。

「スタッフの誕生日、記念日、悲しい出来事、楽しい出来事などの情報が入っています。患者が亡くなったときに泣いた人のデータもあれば、人前で明るくふるまいながらも、陰でこっそり泣く人のデータもあります。あなたが知っておいたほうがいい情報が詰まっています」

クルス医師は無表情でノートをパラパラとめくって、そして最後にこう尋ねた。

「なぜこれをぼくに？」

ゾーイは答えた。

「先生は、私たちにきちんと仕事をすることを期待しますよね。私たちも先生に同じことを期待しているからです」


これは、『ナース・ジャッキー』シーズン4の第10話、「オハラの出産」での一場面だ。ゾーイはクルスにスタッフに関する情報を渡すが、本書の第2部ではそれと同じような、**人をうまく操るためのガイド**を提供する。そう。他人の感情を読み取り、理解し、行動を予測するための手引きだ。ゾーイはそれをパスポートにたとえたが、私は「性格マップ」と呼んでいる。第2部では、次のような問題を解決するためのアイデアを提供する。

- 人の感情をすばやく読み取るにはどうしたらいいか？
- どうすれば人の行動を予測できるか？
- 誤解されないようにするにはどうしたらいいか？

第1部では、出会って最初の5分間に何をすべきかを学んだが、第2部では関係をさらに深めるためのアドバイスを提供する。

次のデートの約束を取り付けるにはどうしたらいい？

次に会う約束をするにはどうしたらいい？

次に会ったときに、関係を深めるには？

このセクションでは、出会って最初の5時間で関係を強化するのに役立つアイデアを紹介しよう。

第4章

相手の「性格」を見極める

——「性格マップ」を武器にする！

P&Gの利益を大幅回復させた秘策とは？

かつてプロクター・アンド・ギャンブル（P&G）は、石けん、ペーパータオル、植物油などといった日用品の代表的なメーカーだった。ところが1984年、同社はライバルメーカーの追い上げによって危機的状況に陥る。(注1) 何かを変えなければならない時期が来たのだ。

ある日、P&Gのシフト監督だったリチャード・ニコローシは、同社のマーケティング部の幹部社員から「うちの部署に来ないか」と勧誘される。「当時の私は、マーケティングのマの字も知らなかったんだ」とニコローシは言う。だが、その幹部社員たちは彼ならではの能力に目をつけていた。彼の技術屋らしい発想が、同社の重大な問題を解決してくれることを期待したのだ。

ニコローシは、化学工学系の技術者という強みを活かすことにした──ジグソーパズルのように断片を組み合わせるのである。そして、この体系的な考え方を人事にあてはめた。「人間のベストを引き出すことは、ジグソーパズルを完成させるのに似ている」とニコローシは私に語った。

巨大な組織改革を主導する権限を得たニコローシは、部署を解体して、新しいリーダーたちを抜擢することにした。といっても紙データだけを頼りにゼロから新チームを作ることはできない。重要なのは適材適所、つまり適切な人材を適切な分野の適切なチームに入れることだと彼は確信していた。

ニコローシがすべきことは、できるだけ早くそれを見抜くことだった。そして、そのための精密なプロセスを練り上げ、今もそのプロセスを実行している。第1段階では、各社員と面談して、鋭い質問で相手の性格を見抜き、相手を理解する。相手が答える間、彼はきちんと耳を傾けながらよく観察して、相手のボディランゲージ、表情、行動の特徴を読み取る。

第2段階では、彼らと一緒に過ごす。彼らのそばにいて、彼らの仕事ぶりを直接その目で観察する。「人間は、言うこととやることが全然違ったりするからね」とニコローシは言う。

第3段階では、彼らの言葉遣いをまねて、同じ言葉を使って彼らに話しかける。自分が成し遂げたい目標を彼らの言葉で話すと、相手はその目標に感情移入しやすくなるからだ。

こうして集めた各社員の情報を基に、ニコローシは機能的なチームと新しいワークフローを作った。彼の戦略はあたり、P&Gは1984年のスランプを脱しただけでなく、その後も、何度も危機を乗り越えた。1988年末には、利益は68%もアップしたそうだ。

ニコローシは、そのやり方を他の主要部門にも伝えた――石けん、台所用洗剤、衣料用洗剤、清涼飲料水などの部署だ。彼は史上最年少の部長、史上最年少のグループ副社長を経て、史上最年少のコーポレート・バイスプレジデントへと昇進。やがて、大手製紙会社スコット・ペーパーの再編を託されると、2年と経たないうちに同社の営業利益は2倍の7億ドルに達し、投資利益率も23%にアップした。

秘訣は何かと尋ねたところ、ニコローシはこう答えた。

「世の中にはいろんな人がいる。人の上に立って彼らのやる気を引き出すには、それぞれの個性――それから彼らが何に関心をもっているか――を知る必要があるんだよ」

こうしてニコローシは人間版ジグソーパズルを完成させた。あなたもやってみよう。

人間パズルを解いて、苦手な人をゼロにする

私はかつて人を恐れた時期があった。性格の違いがよくわからなかったのだ。相手の行動を理解できなかったし、ましてや何を求めているかなど皆目見当がつかなかった。たとえば、おしゃべり好きな友だちもいれば、電話をかけ直してくれない友だちもいた。従業員に自由に意見を言うよう促す上司もいれば、間に秘書を置いて身構える上司もいた。彼らの違いは一体何なのか？

ある日、私は「**5因子モデル**」（ビッグ・ファイブ）という概念に出合った。人はみな5つの性格特性――経験への開放性、良識性、外向性、協調性、神経症傾向――を持っていると仮定する心理学的原理だ。人間は5つの特性を等しく備えているわけではなく、ばらつきがあるという。簡単に説明しよう。(注2)

1経験への開放性（Openness—O）

新しい概念を受け入れる素地がどれだけあるかを表す特性。好奇心の強さ、創造性の高さ、多様性や独創性をどれだけ評価するかといった特性にも関わる。

経験への開放性が高い人：斬新なもの、変化、冒険を楽しむ傾向がある
経験への開放性が低い人：伝統、代わり映えのしない日常生活、習慣を好む

2良識性（Conscientionsness—C）

物事を成し遂げるときの特性を表す。自己鍛錬、計画性、信頼性の高さにも表れる。

良識性が高い人：ＴｏＤｏリスト、順序を考えて行動すること、計画を立てることを好む。詳細をつめ、物事を「完璧」に仕上げることに喜びを感じる
良識性が低い人：非現実的で壮大なアイデアや戦略を好む。ＴｏＤｏリストやスケジュールに息苦しさを覚え、当惑する

3外向性（Extroversion—E）

人と接するときの特性を表す。人と交流すると元気が出るか？　それとも疲れるか？　おしゃ

べりの度合いや楽観主義といった特性にも影響する。

外向性が高い人：人と一緒にいると元気が出る。明るい性格で、人と交流したがる

外向性が低い人：1人で過ごすことを好み、他人と一緒にいると疲れやすい

4協調性（Agreeableness―A）

他者との協力や、一緒に働くことに対する特性。共感力や寛容性の高さ、他人の感情にどれだけ注意を払うかにも関係する。

協調性が高い人：人づきあいがうまく、共感力が高く、人の世話をやきたがる

協調性が低い人：分析的かつ現実的で、疑い深い。感情抜きで意思決定を下したがる

5神経症傾向（Neuroticism―N）

不安への向き合い方を表す。自分の状況にどれだけ感情的に反応するかにも表れる。

神経症傾向が高い人：心配性。気分の波が激しい

神経症傾向が低い人：穏やかで冷静。気分の変動が少ない

図表4－1
性格マップ

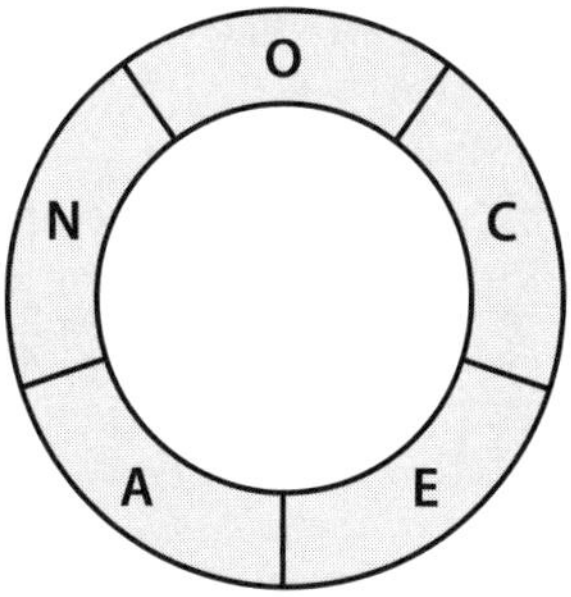

図表4－2
当時の上司の性格マップ

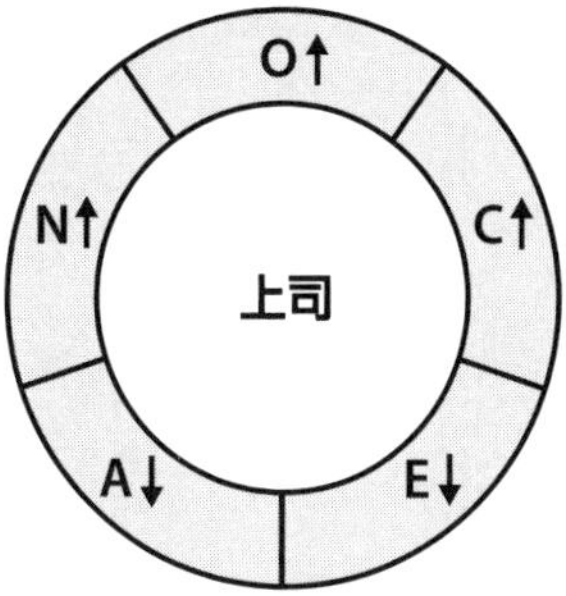

私はこれらの特性をもとに性格を研究した。身近な人の行動パターンを分析して、彼らの「ジグソーパズルを完成させる」ことにしたのだ。わかりやすくするために、図表4－1のようなリングを作った。

そして、人々の物事の判断基準、態度、行動パターンをもとに、各特性の高さを推測した。当時の上司について、私はリングにその特性が高ければ↑、低ければ↓と書き込みを加えた（図表4－2）。

私はこのリングを「**性格マップ**」と名づけた。数週間かけて身近な人たちの性格マップを完成させたあと、おもしろい変化が起きた。**人間関係や会話の流れが変わり始めた**のだ。

まず、**以前よりもスムーズに会話できる**ようになった。相手の性格マップを完成させるために質問するだけで、軽い冗談を交わせるようになった。

たとえば上司。休憩場所でばったり上司と遭遇しても、身構えなくなった。上司に、この間の休暇で何をしたかとか、これまでのキャリアについて尋ねて、経験への開放性の高さ（新しいことを試したがる傾向）を突き止めたこともある。こうして信頼関係が出来上がると、やがて上司は「楽しい会話を続けたくて」ランチに行こうと誘ってくれるようになった。

次に、**人を正確に深く理解できる**ようになった。上司は外向性が低い（1人で考え、仕事をしたがる）ことがわかってからは、ミーティングの前にメールで提案事項を送るようにした。こうすれば、ミーティング前に上司が私の提案を検討できるからだ。おかげで上司はいつも最初に私の提案を取り上げてくれたし、私の意見を優先してくれた。

さらに私は、初対面でもその人の性格をすばやく解読できるようになった。数分言葉を交わすだけで、相手の性格的傾向が予測できる。上司の奥さんと会ったときも、お気に入りのレストランを聞いたのをきっかけに、すぐに打ち解けた。奥さんの返事を参考に、私は彼女がどんな話題が好きそうかを予測し、ドリンクを片手に盛り上がることができた。

私は知らず知らずのうちに、ニコローシの人間分析を実践していた。目的をもって質問していたし、相手の話をきちんと聞き、ボディランゲージが発するメッセージも見落とさなかった。相手の性格マップを完成させて、彼らの行動を予測し、それを最大限に利用した。

こうした努力のおかげで、私は強力な戦略を手に入れた――性格の速読術だ。だが、速読術をマスターする前に、まずは人格が形成される過程について考えよう。

「性格」が、意思決定、人間関係、目標設定を支配する

長年、研究者たちは性格について関心を抱いてきたが、性格の特性に関して最初に突破口を開いたのは、1980年代のルイス・ゴールドバーグ博士の研究だ。ゴールドバーグは、人間の性格には5つの因子モデルがあることを突き止め、「ビッグ・ファイブ」と名づけた。「ビッグ・ファイブ」はもっとも精度が高いとされ、(注3) 研究分野で標準的に使われると共に、マイヤーズ・ブリッグス・タイプ・インディケーター（MBTI）、DiSCモデル、エニアグラム性格診断よりも信頼性が高いことが判明している。

意思決定を下すとき、目標を定めるとき、仕事と人間関係のバランスを取るとき、性格は大きく関わる。おまけに性格は、自分ではなかなかコントロールできない。性格の35～50％は遺伝子によって決まる。個人ではどうにもならない要因、すなわち親のしつけも性格の形成に大きく影響する。

同僚に計画性を身につけさせたいと思ったことはないだろうか？　パートナーの出不精《でぶしょう》を何とかしようとしたことは？　友人の心配性を直そうとしたことは？　どれもうまくはいかないだろう。**人の性格は変えられない**からだ。彼らを変えるのではなく、あなたが彼らの性格を読み取り、その理解を最大限に活かして相手の行動を予測できるようになろう。

まずはあなた自身についてだ。自分を知るために、(注4) 次の問いに正直に答えてほしい。

・経験への開放性（O）

好奇心の強さ、新しい概念を受け入れるかといった特性を表す。自分にあてはまる項目にチェックを入れよう。

経験への開放性が高い人

好奇心が強い（ ）
新しいことを試したがる（ ）
冒険心に富み、ちょっと夢見がちな面がある（ ）
非現実的だとか、不注意だと言われることがある（ ）

経験への開放性が低い人

習慣、慣習、代わり映えのしない日常生活を好む（ ）
伝統を重んじ、そして従う（ ）
実用主義的で、データを重視する（ ）
閉鎖的だとか、柔軟性に欠けると言われることがある（ ）

回答から、あなたの経験への開放性はどの程度か、このあたりと思う所に印をつけよう。

高い ←┼┼┼┼┼┼┼┼┼┼┼→ 低い

良識性（C）

物事をやり遂げる際に関わる特性だ。自分にあてはまる項目にチェックを入れよう。

良識性が高い人

きちんとしていて、細部まで気を配るタイプ（　）
ToDoリスト、計画、スケジュールなど準備をいとわない（　）
完璧主義者（　）
支配的だとか、厳しいと言われることがある（　）

良識性が低い人

おおざっぱなアイデアを好み、詳細まで掘り下げない（　）
柔軟である（　）
計画やスケジュールをがっちりかためることを嫌う（　）
だらしがないとか、いいかげんだと言われることがある（　）

回答から、あなたの良識性はどの程度か、このあたりと思う所に印をつけよう。

高い↔低い

外向性（E）

人との関わり方に関わる特性だ。自分にあてはまる項目にチェックを入れよう。

外向性が高い人

おしゃべりで、自分から人に話しかけることが多い（　）
自分の意見をはっきり言う（　）
人と一緒にいると元気が出て活発になる（　）
頑固だとか、人の注意を引きたがると言われることがある（　）

外向性が低い人

シャイで内気な性格だ（　）
1人でいるほうが気が楽。大勢の人に囲まれると疲れてしまう（　）
プライバシーを守りたい。個人的な話をするのが苦手だ（　）
よそよそしいと言われることがある（　）

回答から、あなたの外向性はどの程度か、このあたりと思う所に印をつけよう。

高い ←――――――――→ 低い

協調性（A）

チームワークや意思決定に対するあなたの姿勢に関わる特性。自分にあてはまる項目にチェックを入れよう。

協調性の高い人

人づきあいが得意（　）
人を信頼し、集団に属したがる（　）
頼みごとをされると、つい引き受けてしまう（　）
人のいいなりになりやすいとか、消極的だと言われることがある（　）

協調性の低い人

集団行動が苦手だ（　）
他人の行動には裏があるのではないかと疑ってしまう（　）
頼みごとをされると、つい断ってしまう（　）
負けず嫌いとか、チャレンジャーだと言われることがある（　）

回答から、あなたの協調性はどの程度か、このあたりと思う所に印をつけよう。

高い ←――――――――――→ 低い

神経症傾向（N）

感情の起伏や不安の度合いに関わる特性。自分にあてはまる項目にチェックを入れよう。

神経症傾向の高い人

心配性である（　）

感情の起伏が激しい（　）
繊細だ（　）
感情的だとか、精神的に不安定だといわれることがある（　）

神経症傾向の低い人

精神的に安定して、落ち着いている（　）
おおむね穏やかだ（　）
物事は「最後には何とかなる」と信じている（　）
冷静すぎるとか、冷たいと言われることがある（　）

回答から、あなたの神経症傾向はどの程度か、このあたりと思う所に印をつけよう。

高い ↔ 低い

特徴的な傾向があまりなかった人へ

印をつけた箇所が中間点ばかり、という人はいるだろうか？

心配はいらない。ある特性が状況によって高くなったり低くなったりする場合、その特性を中間ぐらいとみなして構わない。たとえば、ある状況では社交的だが、別の状況ではシャイになる人は、外向性の尺度で中間ぐらいにくるだろう。このような人は「両向型」といわれる（絶好の場所か試練の場所かでも特性は変わってくる）。

自分の性格のおおまかな傾向で特性を判断してほしい。あるいはこの本を手に取ったときのあなたの目標に合わせて、職場または社交の場での自分の性格について判断してもいい。

戦略❹ 「性格マップ」で相手の性格を一瞬で読み解く

2014年の後半のことだ。すでに大きく成長していたうちの研究所では、新しいプロジェクトが目白押しで、私の講演予定もぎっしり埋まっていたし、オンライン講座に4万人以上の受講生が登録したばかりでもあった。つまり、人手が足りない状況だった。

そこへ、3人のインターンがいいタイミングで研究所で働き始めた。新しい助っ人が来るのが待ちきれないほどだった。彼らの着任と共に状況は改善。4日目には、インターンたちは私たちの活発なSNSサイトの管理を手伝っていた。

2週間ほど経ったとき、問題が起きた。インターンの1人――ここではエヴァと呼ぶ――が作業に手間取るようになったのだ。何とかなるだろうと私は考えた。詳しいマニュアルを渡しておけばいいだろう、と。

しかし、翌週になっても彼女のプロジェクトは遅れぎみで、そのせいで全員の仕事が滞るようになった。「何とかなるだろう。エヴァと話し合って、どんな仕事をしたいか尋ねよう」と私は思った。そして2人でランチを取りながら、彼女の気に入りそうなプロジェクトを提案してみた。

彼女は乗り気で、これで万事がうまくいくと思われた。

その1週間後、エヴァがその新しいプロジェクトに着手すらしていないことが判明。「何とかなるだろう、ベテラン社員に彼女とペアを組ませ、指導してもらおう」と私は思った。

1週間後、エヴァから「会社を辞めさせてください」とのメールを受け取った。私は呆然《ぼうぜん》とした。何がまちがっていたのか？

原因はすぐにわかった。エヴァの性格マップを作っていなかったのだ。私は、彼女の性格を顧みることなく、自分の性格を基準にエヴァに接していた。それ以来、私は他人の性格マップを一瞬で完成させるためのシステムを作った。

性格解読は3つのステップからなる――まずは自分の性格を読み解き、次に身近な人の性格を速く見抜けるようになり、最後に、性格が合わない場合の解決策として「一方がもう一方に合わせる」か、「双方が歩み寄る」かを決める。

この方法を世界中の受講生たち、1万2500人以上に教えた。うちの研究所の性格診断テストを受けた受講生は1万8000人以上に上る。私が教える戦略のなかでも、受講生たちが大絶賛メールを送ってくれるのがこの戦略だ。

性格解読を習得すると、人間関係ががらりと変わる。正しく使えば、誤解や口論を避けられるし、雑談が楽しくなり、人との結びつきも強まる。

私の戦略のなかでも性格解読は最強の武器だ。とても高度な技術でもある。このセクションを一度読んだだけでは飲み込めない人は、数回読み直そう。なかなか習得できない場合は、時間をかけて消化しよう。ちょっと背伸びする必要があると思ったら、軽くダンスして元気を出して、もうひと踏ん張りする。約束しよう、これは人間関係を変えてくれる戦略だ。

ステップ❶ 自分を解読する

性格解読の第1段階は、自分の性格を知ることだ。

本章の前半で行なった自己診断結果を基に、自分の性格マップを埋めよう。各特性について、低いと評価したものには下矢印（↓）を、高いと評価したものには上矢印を（↑）、中ぐらいと判断したものにはイコール（＝）を付ける。

注意点がある。プライベートな場と職場とでは、性格が若干異なる人がいる。その場合は、仕事、プライベート、または状況ごとに自分の性格特性を色分けする。

私の性格マップと性格描写を紹介する（図表4－3）。これを見れば、自己解読とは何かイメージしやすくなるだろう。私の性格マップの横に、あなたの診断結果を書こう。

私の性格マップは、インターンのエヴァのもの（図表4－4）とは真逆だった。これも意思疎通がうまくいかなかった理由の一つだ。私は自分の性格をエヴァに押しつけようとしたが、そんなやり方ではうまくいくはずがない。

・私は経験への開放性（O）が高く、好奇心旺盛で、新しいことを試したがる性格だ。私は、エヴァも新しい仕事をやりたいだろう、新しいスキルを身につけたいだろうと、勝手に思い込んだ。そして彼女の気持ちなどお構いなしに、自分がやりたいプロジェクトを彼女に割り振ってしまった。

・細部にうるさい（C）私は、ついディテールにこだわり、計画表やToDoリストを多用しがちだ。そしてエヴァを安心させよう、これを参考にしてもらおうと、こまかい指示書を何度もメールで送ってしまった。

・私は神経症傾向（N）が強く、チームのみんなを満足させなければと気負いがちだ。私が何度もエヴァに「大丈夫？」と尋ねたことが、彼女にはかえってプレッシャーになった。

・協調性（A）も外向性（E）も中間ぐらいの私は、居心地のいい場所――つまり私の絶好の場所――で人に接するほうが話しやすい。エヴァはどうかを顧みなかった。

図表4−3
私の性格マップ

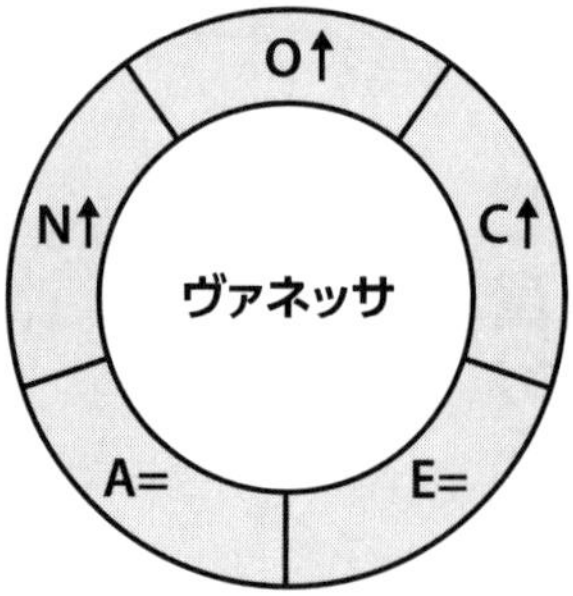

こんな接し方ではうまくいかない。実際に、これは自己中心的な接し方だ。私はエヴァに合わせる代わりに、彼女に自分の性格を押しつけていたのだから。

ステップ❷ 他人の性格を分析する

私の場合は、エヴァの性格マップを作っていないことに気づくのがちょっと遅かった。退社告知メールを受け取ったあと、私はすぐに紙を取り出して彼女の性格を読み解いたが、インターン採用したときにすぐにやるべきだったと思う。

- エヴァは経験への開放性（O）が低い。そのため私からプロジェクトをたくさん提案されて圧倒されてしまった。
- エヴァは良識性（C）が低い。そのため、私からこまかい指示が書かれた長文メールが送られてきて、怯えてしまった。何から手をつければいいのかわからず、結局放置した。
- エヴァは協調性（A）が高かったため、私の頼みやプロジェクトにやや尻込みしながらも、すべて引き受けてしまった。チームの作業フローを乱したくない、上司である私をがっかりさせたくないと思ったが、どうすればいいのかわからなかったのだ。
- エヴァは外向性（E）が低い。先輩社員とペアを組み、さらに3人のインターンとチームを組むのは精神的にきつかった。おまけに人に相談するのが苦手だった。

- エヴァの神経症傾向（N）は中ぐらいだ。そのため私の心配性を理解できず、絶え間なくお節介を焼く私に、イライラしていた。

エヴァがあんな行動を取り、仕事がはかどらなかったのも無理はない。エヴァと私の性格マップを見比べると、うまくいかなかった理由がわかる。次の反省材料にもなった。

初対面の人の性格を推測する練習をしよう。一番のお勧めは本人に直接尋ねることだ。私はよく新しい友人、新入社員、新しい同僚に、それぞれの性格について尋ねる。この方法なら、手っ取り早く簡単に他人の性格マップを完成させられるからだ。その際のコツをいくつか紹介しておこう。

- 会話の取っかかりで――「今読んでる本に『ビッグ・ファイブ』という性格診断の話が出てくるんですよ。聞いたことありますか?」。相手が知っていれば、しめたもの。相手の性格について尋ねよう。相手が知らないと答えたら、5つの特性を説明して、相手にどの特性があてはまるか自己診断してもらう。

図表4－4
エヴァの性格マップ

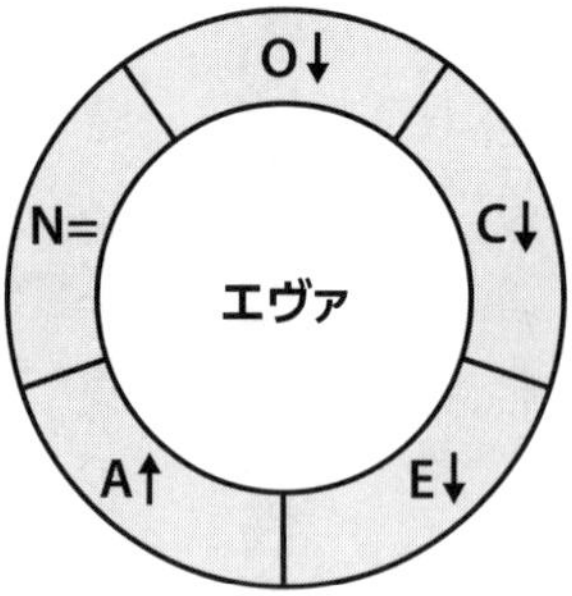

• ゲーム感覚で――「ねえ、××さん。私ちょうど『サイエンス・オブ・ピープル』のサイトにある性格診断テストをやったところなの。これが私の診断結果。あなたもやってみない？」この誘い方は、新入社員やパートナーでも試せる。性格診断が嫌いな人などいないからだ。

• 仕事の一環として――うちのインターンには、入社1週目に公式的な形で性格診断を受けてもらっている。このテストをきっかけにオフィスの会話が弾むこともある。

• バーチャルプロセスとして――人の性格を判断するのに役立つツールは、インターネット上にたくさんある。ケンブリッジ大学は、「アプライ・マジック・ソース」という無料ツールを開発。このツールを使えば、あなたがフェイスブックで投稿した文章、画像、友だち、交流パターンなどを分析して、あなたの性格を診断してくれる〈英語のみのサービスです〉。

• コミュニケーションプロセスとして――「クリスタル」と呼ばれるツールは、あなたの過去のメールや、リンクトインのコンタクトのプロフィールを分析して、相手の性格特性（ビッグ・ファイブ）を読み取り、効果的に連絡を取るためのアイデアをくれる。たとえば、私が同僚のダニエルにメールを送るとする。その場合このツールは、ダニエルの性格をベースにお勧めのメッセージ文章をテンプレートにしてくれるうえに、うまくつきあうためのアイデアもくれる〈英語のみのサービスです〉。

人に直接性格について尋ねる時間がないときや、聞くのがためらわれるときは、相手のボディランゲージ、言葉遣い、行動パターンなどを分析して、性格を解読する。その際には、本書で紹介したどの戦略も役に立つ。人と話すときは、相手の発言からヒントをひろい、ボディランゲージが発するメッセージにも注意しよう。たとえばこんなところだ。

- 内向型の人は、「この会場に知り合いはいますか?」と聞かれると、神経質になって一瞬怯《おび》えたような表情を浮かべる。
- 経験への開放性が低い人は、新しいレストランや変わった料理を勧められると、イラッとして一瞬怒ったような表情を浮かべる。
- 良識性が低いクライアントは、商品について長々と詳しく説明されると尻込みしてしまうだろう。分厚い資料を渡されると、一瞬軽蔑するような表情を浮かべる。

または、心理学者のサム・ゴズリングが呼ぶところの「行動のかす」を手がかりに性格診断を行なうこともできる。ゴズリングは、被験者の持ち物、部屋、バスルームを分析して、持ち主の性格を診断する実験をいくつか行なった。(注5) その研究結果をベースにして、相手の性格特性を測るには、どんな質問をすればいいか、行動のどこを見ればいいかを解説しよう。

経験への開放性（O）の見極め方

たとえばこんな質問をする。

「休暇のご予定は？」
「この間、初めて×××に挑戦したんですよ。やったことありますか？」
「最近、新しいレストランを開拓しましたか？」

行動パターン

- 経験への開放性が高い人――新しい場所や新しいレストランに行く。旅行好き。新しいことにチャレンジしたがる傾向がある
- 経験への開放性が低い人――毎年同じ観光地に行く。同じレストランに通う。家で過ごすのを好む傾向がある

手がかり

- 経験への開放性が高い人は、家のあちこちに旅行先で買ってきた小物があったり、ＳＮＳに珍しい料理の写真をアップしたりしている
- 経験への開放性が高い人は、本や音楽の好みが独特
- 経験への開放性が高い人は詮索好き
- 経験への開放性が低い人は、習慣にこだわり毎日同じような生活を送る
- 経験への開放性が低い人は、お気に入りのレストランのウェイターと顔なじみで、毎回同じ料理を頼む

良識性（C）の見極め方

たとえばこんな質問をする。

「大きなプロジェクトをやる予定はありますか」
「今後のご予定は？」
「今年の目標は？　または、新年の抱負を立てましたか？」

行動パターン

- 良識性が高い人――今後の予定を正確に把握している。これから取り組むプロジェクトについて、メモを読み上げるみたいに詳しく説明できる
- 良識性が低い人――おおらかな性格。計画を立てるのが苦手。「ぶっつけ本番」、「なりゆきに任せる」、「流れに身を任せる」のを好む

手がかり

- 良識性が高い人は、外見に注意を払い、持ち物を丁寧に扱う
- 良識性が高い人は、本棚の本をアルファベット順に並べ、自分仕様でファイル管理をし、ダイアリーにこまかく書き込む
- おもしろいことに、サム・ゴズリングの発見によると、良識性が高い人は部屋に明るい照明を使う傾向があるという
- 良識性が低い人は、ペンを人から借りたり、携帯を充電し忘れたり、少し遅刻してきたりする。だが「物事は、最後にはうまくいくだろう」と意に介さない
- 良識性が低い人は、替えの下着が1枚になるまで洗濯物を放置する傾向がある

・良識性が低い人は、お菓子の袋や未開封の手紙で机の上が散乱していても気にならない

外向性（E）の見極め方

たとえばこんな質問をする。

「この会場に知っている人はいますか？」

「今週末のご予定は？」

「あなたが思い描く理想的な一日とは？」

行動パターン

・外向性が高い人と低い人とでは、知り合いの数が同じだとしても、外向性が高い人の方が身近な人に関心をもち、イベントでも積極的に人と話す傾向がある

・外向性が高い人――人と一緒に過ごしたがり、イベントの合間に休みがなくても大丈夫。1人の時間を必要としない人もいる

・外向性が低い人――イベントの予定が少なめ。主に1人で活動し、ごくたまに人と交流する

手がかり

・外向性が高い人はにこにこしていて、声を上げて笑う。楽観的な人が多い

・外向性が高い人は集団のなかでもくつろいでみんなと話す。自信に満ちた態度で、いろいろなボディランゲージを使いこなす

・外向性が高い人は、過去の出来事や成功談について詳しく話したがる。頻繁にメッセージを送ってくる。メールも長文が多い

・外向性が低い人は一対一での対話を好む
・外向性が低い人は、静かな環境で人と過ごすのを好む。または、あまりしゃべらなくて済む活動を好む
・サム・ゴズリングによると、外向性が高い人は人が来やすい環境にしようと、オフィスやバスルームに装飾品をたくさん置く傾向があるという。要するに、人に来てほしくて小物やゲームやキャンディを用意しているということだ。が、おもしろいことに、寝室はそうでもないらしい！

協調性（A）の見極め方

たとえばこんな質問をする。

「夕食は何を食べたいですか？」
「仲裁役をやることが多いですか？」（たとえば、兄弟姉妹の話をしているときに、「兄弟のなかで、だだっ子か、ドジか、仲裁役か、どのタイプでしたか？」と聞いてもいい。友だちとのいざこざの話をしているときは、「あなたは板挟みになるタイプでは？」と聞いてみよう）
「後で私たちに合流しない？」（この問いは相手の外向性を測ることもできる）

行動パターン

・協調性の高い人――誘いや頼みに応じることが多い。「いいよ。みんながやるんだったら私も」とか「あなたは何がしたい？」などと返答することが多い
・協調性の低い人――誘いや頼みを断ることが多い。あなたが何かを提案しても、相手はその善し悪しを推しはかりもせずに断ることがある

手がかり

- サム・ゴズリングによると、協調性の高い人は腕をふってリラックスして歩く傾向があるという
- 協調性の高い人は、他国の問題も自分のことのように胸を痛める。身近な人たちを助けたい、悩みを解決してあげたい、世話を焼きたいと思う。そうこうする間に、我が身を顧みるのを怠ることがある
- 協調性の低い人は、感情よりも事実を優先させる。協力することよりも正しさを重要視するか、とりあえず正しい答えを知ろうとする
- 協調性の低い人は、あなたの感情を知りたいと思わない。だが、グーグル検索の結果には興味をもつ

神経症傾向（N）の見極め方

たとえばこんな質問をする。

「週末はどうでしたか？」
「今の時期は忙しいですか？」
「他に私が知っておいたほうがいいことはありますか？」

行動パターン

- 神経症傾向の高い人——大抵の場合、いらいらして忙しそうにしている（こういっては何だが、心配症の人は、ストレスを感じるぐらいでないと物たりない——私自身が神経症傾向が高いので、よくわかる）
- 神経症傾向の低い人——ストレスや困難な状況に対して忍耐強い。たとえ忙しくてやるべきことがたくさんあっても、あまり気にしない

手がかり

- ゴズリングによると、神経症傾向の高い人は、オフィスや自宅に癒しになる名言や士気を高めるメッセージを掲げる傾向がある。心を落ち着かせ、自制心を働かせるためだという
- 神経症傾向の高い人は、「あ、注意事項がもう一つありました」と付け加えることが多い。彼らは万が一に備えて計画して準備をするからだ
- ゴズリングによると、神経症傾向の高い人は暗い色の服を着る傾向があるという
- 神経症傾向の高い人は、危機を回避するのがうまい。万が一のシナリオを描き、最悪の事態に備えているからだ
- 神経症傾向の低い人は、最悪の事態のときに頼りになる。冷静さを失わずに、落ち着いて物事を考え、みんなの支えになる
- 神経症傾向の低い人は、問題よりも、うまくいっていることに目がいきがちだ。そのため、不安でやきもきしている人の気持ちをなかなか理解できない

相手の性格はこうした質問からだけでなく、相手からの質問からも解読できる。たとえば、数日前に友だちのセーラから、次の短いメールを受け取った。私が主催するパーティに関する内容だ。

> ハーイ、ヴァネッサ!
> 土曜日のパーティがとっても楽しみ! 私はチキン料理を持っていくけど、初めて作る料理

だから、イザとなったらピザを注文してもらうかも（笑）。
招待状にパーティの終了時間が書いてなかったけど、終わりは何時ぐらい？
シッターさんに伝えておきたいので。
じゃあね、

P.S. 前にもっと椅子がほしいって言ってたわよね。折りたたみ椅子をもっていけるので、必要なら遠慮なく相談してね

このメールの文面から、セーラの性格を推測できるだろうか？

性格マップは、いろいろ質問したあとで完成させるほうがいいが、セーラの性格をすぐに解読しなければならないとしたら？ 私なら、セーラの文面から彼女の性格を次のように推測する。文章の塊ごとに分析したのが図表4－6だ。

繰り返すが、この推測が100％正しいとは限らない。だが、確たる知識を基に推測しているし、このような推測は返信メールを書くときにも役に立つ。

- セーラは良識性（A）が高いため、私は終了時間と、もってきてほしい椅子の数を正確に伝えたほうがいいだろう。

図表4−6　セーラのメールから読み取れる特性

文面	推測	手がかり
ハーイ、ヴァネッサ! 土曜日のパーティが とっても楽しみ!	外向性が高い	•イベントに参加したくて仕方がない様子がうかがえる •「!」マークを多用していて、エネルギッシュで楽観的な性格がうかがえる
私はチキン料理を持っていくけど、初めて作る料理だから、イザとなったらピザを注文してもらうかも（笑)。	経験への開放性が高い	•新しい料理を作りたがっている •「失敗してもいいや」と思っている（ポジティブにとらえている)
招待状にパーティの終了時間が書いてなかったけど、終わりは何時ぐらい?　シッターさんに伝えておきたいので。	神経症傾向が高い 良識性が高い	•ベビーシッターのことを気にかけている •細部に注意を払い、終了時間を知りたがる •コントロールしようとする
じゃあね、 P.S.前にもっと椅子がほしいって言ってたわよね。折りたたみ椅子をもっていけるので、必要なら遠慮なく相談してね。	協調性が高い 良識性が高い	•他人が困っていたことを覚えている •自ら手助けを申し出る •前もって計画しようとする

・神経症傾向（N）が高い人なので、なるべく早く知らせたほうがいいだろう。
・経験への開放性（O）が高い人なので、「新しい料理をぜひ作って」と言って励まそう（それから、ピザ屋の電話番号を短縮ダイヤルに登録しておこう）。
・協調性（A）も外向性（E）も高い人なので、何が起ころうともパーティを楽しんでくれるはずだ。

人の性格をすばやく正確に分析できるようになるためには、何度も練習する必要がある。第一印象も非常に重要だ。(注6)

幸いにも、私たちが受ける第一印象の76％は正しい。(注7) なぜか？ 『トレンズ・イン・コグニティブ・サイエンス』誌の2014年11月号に掲載されている論文によると、人間は顔の特徴や形から、その人の性格や傾向を予測できるという。(注8)

たとえば、私たちのなかにある外向型の人のイメージと内向型の人のイメージは違う。前述の論文から、性格を表す特徴をいくつか紹介しよう。次の性格描写は、図表4－7のどの画像列と合致していると思う？ 画像はコンピューターで作成されたものだが、性格の特徴の変化が見事に再現されている。

Q 内向型の人→外向型の人（　）

図表4−7　**人の特性は顔から予測できる**

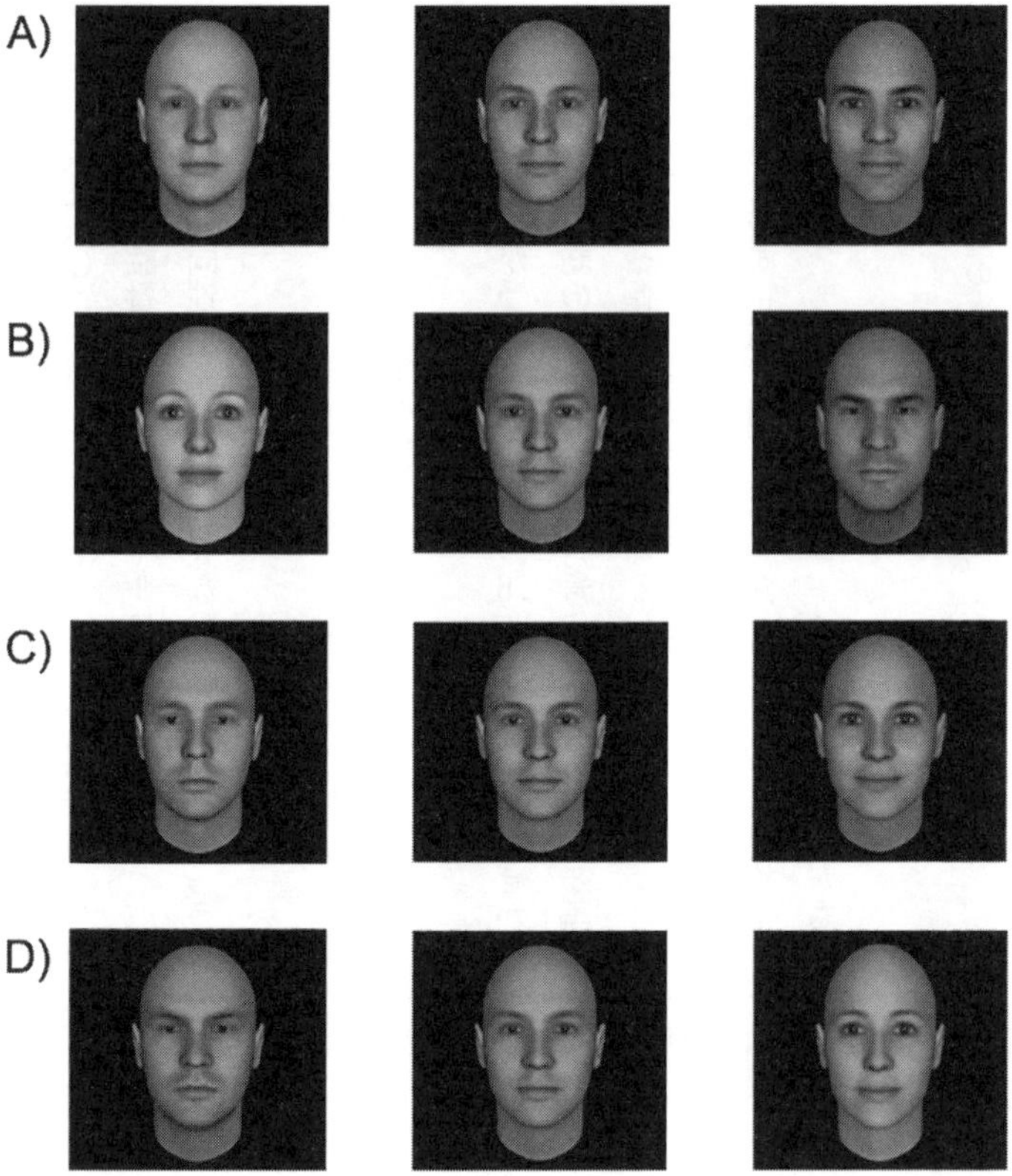

信頼できない人→信頼できる人（　）
無能な人→有能な人（　）
従順な人→支配的な人（　）

【解答】
内向型の人→外向型の人（C）
信頼できない人→信頼できる人（D）
無能な人→有能な人（A）
従順な人→支配的な人（B）

どういうわけか、人間の脳は顔の特徴から性格を見抜いてしまう。論文のなかには、人間は無意識のうちに顔の形や骨の構造から性格を判断すると指摘するものもある。初対面の人と会ったとき、私たちの頭のなかではこんなことが起きている。

- 直感チェック——外向性（E）、良識性（C）、協調性（A）は、すばやく正確に見抜きやすい。初対面の人と会ったときには、相手の第一印象から判断してみよう。(注9) 経験への開放性（O）は、他人との距離の置き方や顔の形から識別できる。
- 言葉のチェック——神経症傾向（N）の判断は見誤りやすい。神経症傾向を見抜くには、相手に質問したり、よく観察したりすることがとても重要になる。
- SNSのチェック——ネット上にアップされている写真や投稿からも、個人の性格を判断できる。心理学者のシミン・ヴァジールは、フェイスブックの投稿には、彼らの理想像だけでなく、実際の性格も反映されていることを発見した。(注10)

いざ解読を始めてみても、2、3の特性しか推測できないだろう。まぁ、最初はそんなものだ。次に友人が遊びに来たときは、「フェイスブックからあなたの兄弟姉妹か旧友の画像を見せて」と頼んでみよう。そして、友人が彼らの特徴を説明し始める前に、彼らの性格を想像してみよう。練習がてら、あなたが欠かさず見るテレビ番組の出演者たちの性格を診断してみよう。

性格を解読するときの3つの注意点

解読するときに、注意しておきたいポイントが3つある。

1相手に共感する

相手の性格を解読しようとするだけでも、相手よりも優位に立てる。他人の性格マップを完成させるには、性格を引き出すような質問をし、相手の話をきちんと聞き、相手と同じ目線でつながる必要がある。人はみな自分の性格を理解してほしいと思っている——自分の話を聞いてもらって受け入れてもらえたと感じられるからだ。

2性格には「よい」も「普通」もない

人の性格を見きわめるときは、「正しい」とか「まちがっている」などのレッテルを貼らないこと。人の生まれながらの性向を判断したら、それを尊重してほしい。相手の性格を変えようとしたり、批判したりせず、その人となりを受け入れ、それに合わせてほしい。あなたの理想を押しつけてはいけない。そうすれば、人間関係はずっと深まり、スムーズに会話できるようになり、相手の行動を予測しやすくなるだろう。

3ステレオタイプに惑わされない

性別、人種、年齢に対する思い込みによって、相手の性格を見誤らないよう気をつけよう。人とつきあうにせよ、人の性格を判断するにせよ、偏見は役に立たない。

ステップ❸ 「合う人」と「合わない人」を見分けよう

他人の性格を解読できるようになったら、今度はあなたの性格と合う人と、合わない人について考えよう。

性格の合う人と出会えば、これ以上いうことはない。なごやかに打ち解けて会話が弾むだろう。

性格が合わない人と出会った場合は、2つの選択肢がある。片方に合わせるか、双方が歩み寄るかだ。

私は毎日のように異なる性格の人を相手に、双方が歩み寄る（歩み寄り戦略）か、片方に合わせる（合わせる戦略）かの選択に迫られる。たとえば、良識性（C）が高い私に対して、夫はその反対で良識性が低い。クローゼットの引き出しは、私が靴下を色、形、場面別に整理していた。夫は、違う靴下を履いても気にしないタイプだ。ニンジャタートルの靴下と盆栽の絵柄の靴下を片方ずつ履いていたこともある。そこで夫にも私のやり方で靴下を整理してもらうことにした。私は上級者向けの靴下の整理方法を夫に伝授しようと、丸2日かけて特訓。だが、努力は無駄に終わり、結局今は別々の引き出しに靴下を入れている。おかげでストレスが大幅に減った。

では、前述のインターン、エヴァはどうすれば良かったのか？ 歩み寄り戦略と合わせる戦略を使い分ける例を紹介しよう。

経験への開放性（O）

エヴァと私は正反対。エヴァは経験への開放性が低く、私は高い。
合わせる戦略——エヴァには新しいプロジェクトを任せるのではなく、彼女の職歴を見て、スキルに即したプロジェクトを割り当てるべきだった。彼女にとって未知の仕事に着手させるべきではなかった。

図表4－8　歩み寄るか片方に合わせるか？

選択肢	説明	自問しよう
双方が歩み寄る	お互いの性格特性は変えられないことを受け入れ、妥協点を探る。	お互いの欲求を踏まえつつ、双方が互いに少し歩み寄ることでうまくいく方法はないか？
片方に合わせる	良好な関係を築くために、いつもの自分のやり方を変えること。本来の性格を抑えて、相手をサポートすることもある。難しいプロジェクト、パートナーとの議論、長いつきあいの友人との間では、相手を立てなければならないときがある。	2人の境界線はどこか？ 状況を変えるために、他にできることはないか？ 相手の境界線はどこか？ 相手はどこまで譲歩できるか？

良識性（C）

これも正反対。エヴァは良識性が低く、私は高い。

歩み寄り戦略——エヴァは良識性が低いのだから、私はプロジェクトごとにやるべきことを大まかに伝えたあと、彼女に自由にやらせてあげるべきだった。手順を詳しく説明するのはあとでもよかったのだ。

外向性（E）

外向性が低いエヴァは、1人で働くことを好む。ミーティングは荷が重すぎたのだ。私はミーティングの前に作業割り当てを紙に書いてエヴァに渡しておくべきだった。

合わせる戦略——エヴァにとっては、他のインターンと一緒に働くよりも、1人でプロジェクトに取り組むほうが気が楽だった。さらに私は、彼女を研修に参加させる前に、「サイエンス・オブ・ピープル」の個人指導を受けてもらうべきだった。エヴァには質問を準備する時間が必要だったし、自分のペースで仕事を習得する必要があった。

協調性（A）

エヴァは協調性が高いため、メールでもっと連絡を取り、ミーティングの回数を減らすべきだった。彼女はマネージャーと同僚を喜ばせようと気負ってもいた。

合わせる戦略——毎週彼女と顔を合わせて進捗を確認するのではなく、文書にまとめ、彼女に意見を言う機会を与えるべきだった。エヴァには、自分の欲求を伝えたり、境界線を守ったりできる安全な場所が必要だった。

神経症傾向（N）

神経症傾向が高い私は、あれこれ口出ししてエヴァを悩ませた。エヴァはそれを個人攻撃と受け止め、私に逐一管理されていると感じた。

歩み寄り戦略——私の心配症は直らないだろうが（直ってほしいけど！）、私の口出しは個人攻撃ではないとエヴァに知らせておくべきだった。私が全員に同じことをするとは、思わなかったのだろう。さらにフォローアップ・ミーティングの日を決めておけば（毎週金曜の午後とか）、エヴァは事前に備えることができて、イライラも最小限に抑えられただろう。

結局のところ、エヴァとの意思疎通の問題は避けられたと思う。今後はこのような問題が起きないよう注意したい。

性格別の説得方法

人の性格を知っておくと、格段に相手を説得しやすくなる。クライアントにアイデアを売り込むときも、あなたのお気に入りのレストランに夕食を食べに行こうとパートナーを誘うときも、相手の性格に合わせて説得できるからだ。**物事があなたの思惑通りに進む確率が高くなるし、相手を誘導する過程も楽しくなる**だろう。

経験への開放性（O）を基にアプローチする場合

・経験への開放性が高い人

経験への開放性が高い人を説得するときは、目新しくてわくわくする利点をすべてあげて、その提案をあれこれ考える時間を与えよう。

・プライベート――「このインド系の多国籍レストランでは、私たちが食べたことがない珍しい材料を使った料理を出してくれるそうよ」

・仕事――「この新しい給水システムを使えば、ちょうどいい水圧の水が出て、水道料金も安くなります。おまけに新品のシャワーヘッドも無料でおつけします」

・経験への開放性が低い人

経験への開放性が低い人にアイデアを売り込むときは、最初にこれまでと変わらない機能を説明する。それから、新しいものに対する彼らの不安を取り除くために、新しいアイデアについて、事例をあげながら論理的に説明する。

・プライベート――「そのインド料理レストランでは、私たちがよく頼むナンやほうれん草のカレーもあるわ。おまけにチキンティッカの味付けが変わってて、おいしそう。レビューサイトでも高評価されてるし」

・仕事――「この給水システムは簡単に設置できますし、水道会社を変える必要もなく、水道メーターもそのままご使用できます。お客さまは、水圧がよくなったけれど、他に特に変化はないとおっしゃいます」

良識性（C）を基にアプローチする場合

・良識性が高い人

良識性が高い人は、時間をかけて詳しい説明を聞きたがる。ディテールを知りたがるため、質問攻めにあうかもしれない。

・プライベート――「ハワイに行くのはどう？　直行便があるし、近場にアクティビティもそろってるし。実はハワイ島でできるアクティビティを調べてリストにまとめておいたの。これが旅行計画のサンプルと、あれこれ節約した場合のだいたいの予算」

・仕事――「各フェーズの要点をまとめて20ページの書類を作成しました。一緒に見ていきましょう。ご質問があれば遠慮なく聞いてください」

・良識性が低い人

良識性が低い人はエグゼクティブサマリーや概要に関心を示す。短くてメリハリのある概要を作成しよう。こまかく説明しても、相手を退屈させるだけだ。

・プライベート――「ハワイは、子ども向けのアクティビティに関しては一番コスパがいいのよ。×××ドル程度で済むわ」

・仕事――「この提案について重要な要点を三つ紹介します。それが済んだら、次の話題に移りましょう」

外向性（E）を基にアプローチする場合

・外向性が高い人

外向性が高い人は、他のメンバーはどう思っているかといった、社会的根拠を知りたがる。予告なしに「ブレインストーミングをやろう」と言われても気にしない。

・プライベート――「ねえ、元日に何がしたい？　やりたいことはない？　クリスタル・ボールルームにピンク・マルティーニの演奏を聴きに行くって人が何人かいるんだけど？」

・仕事――「次の社員旅行で何をするか、いくつか案を板書します。何か思いついたら言ってください。最後に多数決を取りましょう」

・**外向性が低い人**

内向型の人は、突然質問されるのを嫌う。提案をよく吟味してから意思決定を下したがる。

・プライベート――「元日に何がしたい？　メールで意見を出し合おうか？　何か思いついたら連絡して」

・仕事――「夏の社員旅行の計画を立てましょうか。意見をメールで送ってください。メール投票で決めましょう」

協調性（A）を基にアプローチする場合

・**協調性が高い人**

協調性が高い人は、あなたの前ではイエスと言っても、あとで断ってくることがある。波風を立てたくない、みんなの気持ちに応えたいと思うあまり、本当の問題をなかなか言えない。

・プライベート――「本当に大丈夫なの？　言いにくいかもしれないけど、私はあなたがどう思っているかを

知りたいの。だから本当のことを話して」

・仕事――「セクションごとに説明を止めて、みなさんの意見を聞きます。私は気にしませんから、何でもおっしゃってください。心配なことがあれば、何でも聞いてください。この段階では、全員の意見を検討することが何よりも大事ですから」

・**協調性が低い人**

協調性が低い人は、エビデンスを確認するまで、あなたの意見に懐疑的な態度を取るかもしれない。難しい質問をしてくることもある。

・プライベート――「あなたの意見を聞く前に、私の側から見た話と、何が起きたのかを説明させてほしい。事情をわかってもらえると思う」

・仕事――「まずはプレゼン内容をすべてお話ししますので、ご質問は最後までお待ちください。すべてを説明したあとは、質疑応答の時間がたっぷりありますから」

神経症傾向（N）を基にアプローチする場合

・**神経症傾向が高い人**

神経症傾向が高い人は、あなたがあらゆる点を考慮していると知ると安心する。要するに、あらゆる可能性を考慮しているから大丈夫だと相手を納得させて、安心させよう。これで信頼感が生まれる。プロコンリスト〈問題を解決するための方法を検討するために、それぞれの良い点と悪い点をリスト化したもの〉を見せると、あなたがじっくり検討したことを示せる。

・プライベート――「どうすべきか悩んでるんでしょ。私は引っ越すべきだと思う。とにかく、座ってプロコンリストを作ろう。バックアップ計画も練らないとね」
・仕事――「まずは、この提案に予防策を入れましょう。遅れが生じた場合や、うまく作動しない場合は、契約期間を延長して、追加のスタッフを用意します」

・神経症傾向が低い人

神経症傾向が低い人は、万が一のことをあまり考えない。突然、不安要素を持ち出されると、不必要に心配しかねない。パニックにはならないが、あなたの言葉を真に受けてしまう。そのため、きちんと調査・分析を行なってそれを報告し、あとは相手の判断にゆだねよう。

・プライベート――「じっくり考えた結果、引っ越した方がいいと確信したよ。きみがＯＫなら、不動産屋に相談してみる。物件が見つかったら連絡するよ」
・仕事――「想定外の障害が起きる可能性もあります。当社のスタッフは、いかなる故障にも対応できるよう訓練されておりますから、ご安心ください」

性格が違えば、相手に合わせてアプローチを変える必要がある。しかしそれはチャンスでもあ

る。相手に合わせてアプローチすれば、他の人よりも断然優位に立てるからだ。

性格解読は練習すれば上達する！

読み方を習得するのに勉強しなければならないのと同じで、性格解読も一晩ではできるようにならない。的確に性格解読できるようになりたければ、知り合いの性格特性を解読する練習をし、過去の経験を振り返ることをお勧めする。

次の課題をやってみよう。

- 身近な人たちの性格特性を明らかにする。特性ごとにイコール（＝）、上矢印（↑）、下矢印（↓）を書き込もう。わからない場合は、空欄のままにしておく。
- 自分の特性と重なるところは、蛍光ペンで目立たせるか、丸で囲む。
- 関係がぎくしゃくする人や、うまく意思疎通できない人を何人かあげる。原因は性格の違いだと思う？
- 問題の相手に対して、合わせる戦略か、歩み寄り戦略を試す

こうして身近な人たちの性格が明らかになると、おもしろいパターンがあることに気づく。

・地域ごとに同じ性格の人が偏りやすい
住む地域によっては、似たような性格の人が大勢いるかもしれない。性格は遺伝的要素が強いため、地域ごとに同じ特性が偏りやすい。さらに、文化的背景も性格に大きく影響することがわかっている。

たとえば、南カリフォルニアとニューヨーク市は、起業や冒険を象徴する地域であり、今を楽しもうという風土がある。そのため、これらの地域に住む人も、引っ越して来る人も、経験への開放性が高い人が多い。

・同じタイプの人と固まりがち
私の場合は、良識性が高い友だちのほうがうまくいく。彼らは遅刻してこないし、計画を立てやすいからだ。私はこのようにして友だちを選ぶし、特定の性格の人を好む。性格的に相性がいいほうが、つきあいやすくて理解もしやすいため、あなたと上司と友人は性格特性が似ている可能性が高い。身近な人の性格マップがあなたとよく似ていても、驚くことはない。

・同じような性格の人が採用されやすい
以前に私がインテルでプレゼンをしたとき、1人の出席者が「インテルでは同じような性格特性の人たちが入社を希望し、同じような特性の人が採用されます」と教えてくれた。具体的には、

図表4−9　**身近な人で表を埋めてみよう**

	O	C	E	A	N	一番やっかいな問題は？	合わせる戦略か歩み寄り戦略か？
あこがれの人							
性格が合わない人							
親友							
パートナー（または前のパートナー）							
上司（または前の上司）							
同僚							
両親							

内向的で良識性が高い人だそうだ。

一部の企業には、ある特徴的な性格の人たちが集まりやすくなる。広告代理店には、広告業界を描いたドラマ『マッドメン』に出てくるような、経験への開放性と外向性が高い人が採用されやすいだろう。専門知識を重視する上司は、良識性と協調性が高い従業員を採用し、長く働いてもらおうとするだろう。

会社の場合も、同じ採用担当者が新入社員を選んだり、特定の傾向の人がその社風に魅力を感じたりするため、同じような性格の人が集まりやすいのではないだろうか。

性格を読み解くのは実に楽しい。P&Gの元幹部リチャード・ニコローシもこう語っている。「私が心底興味があるのはマーケティングではなく、人の本質や、彼らがどういう理由で何を欲していることを直感的に見抜くことだった。私は他人の心をのぞくことに情熱を燃やすようになった」

さあ、今度はあなたが他人の心をのぞき、そして彼ら――それから自分も――の成功を後押しする番だ。

やってみよう

1 本書のサイト（www.scienceofpeople.com/toolbox）にある公式の性格診断テストを受けて、自分の性格マップにまちがいがないか確認しよう。

2 「性格解読は練習すれば上達する！」の課題（図表4－9）で、空欄のまま残した箇所を埋めよう。空欄が残っている人と会い、相手の性格が表れやすい（ついでに「きらめき」のある）質問をして、空欄になっている特性を突き止めよう。

3 おまけ――パートナー、親友、両親に、本書のサイト〈英語のみ〉にある公式の性格診断テストをあなたの代わりに受けてもらおう。あなたをよく知る人に、あなたの性格を診断してもらい、自分の認識が正しいかテストしよう。

図表4－10　地域ごとに性格の特徴がある

【第4章のまとめ】

性格マップは強力なツールだ。まずは自分の性格を正直に診断しよう。それから、誰かにうまく質問しながらその性格を引き出すと共に、相手の行動も観察して、その人の性格を解読しよう。そして最後に、それぞれに対して合わせる戦略か歩み寄り戦略を取ろう。

- 自分の性格特性を他の人に押しつけないこと。
- 「ビッグ・ファイブ」と呼ばれる性格特性を解読する方法を学ぼう。
- 人間関係においては、双方の個性を打ち消し合うことなく、互いの個性を活かせるよう努力しよう。

第5章

的を射た「感謝」で関係は強くなる

――「感謝の言語」作戦

誰もが「感謝されたい」と思っている

友人のペイジ・ヘンドリックス・バックナーは、私と会うときは必ずポケットかバッグのなかにプレゼントを忍ばせている。自分の家の庭で摘み取ったハーブを束ね、ぬれたペーパータオルでくるみ、かわいらしくラップしたものをくれたことが何度もある。私の大好きなキャンディをくれたことも。ペイジは、私の祖母を若くして威勢よくしたような人だ。誰かと知り合うたびに、その人が一番喜びそうなプレゼントをすぐに見抜く。

数年前、あることをきっかけにペイジはプレゼント名人としての才能を開花させた。地元の実業家が「クライアントや従業員やビジネスパートナーに、しゃれたフルーツバスケットを贈りたいんだが」と、ペイジに相談したのだ。幸運にも、彼女が住むオレゴン州は才能あふれる職人には事欠かない。ここで彼女は独自の視点を発揮する――オレゴン州でも指折りの商品だけを取り扱い、キャッチーなテーマでハンドメイドのギフトボックスを作ろうと考えたのだ。ペイジは会社を設立し、「クライアントジョイ」と名づけた。

たとえば「街の夜」と名づけたギフトボックスには、マサラ味のポップコーン、「ザ・ビター・ハウスワイフ」のカルダモンビター〈カクテル用のスパイス〉、「ラフト」のレモン・ジンジャー・シロップ、「ヤコブセン・ソルト」のフレークソルト、「アルビーナ・シティ・ナッツ」のヘイゼルナッツが入っている。

「スイート・アンド・スパイシー」ボックスに入っているのは、「ビー・ローカル」の地元産はちみつ、「トレーシーズ」の数量限定グラノーラ、「マーシャル」のジン・ローステッド・ペッパー・ソース、「オリンピア・プロビジョンズ」のペパーレットジャーキーだ。

情熱的に事業を始めたものの、何度か問題も起きた。だが、ペイジはモデルの副業で稼いだお金を雑貨や家賃の支払いにあてて、細々と事業を続けた。そして2014年の春、とうとうペイジは大ブレイクする。TEDxがポートランドで開催されたとき、「クライアントジョイ」のギフトボックスが、スピーチした有名人たちの目にとまったのだ。「TEDxの登壇者たちは、独創性と愛にあふれた本格的なギフトボックスにいたく感動していた」と同イベントのエグゼクティブ・プロデューサー、デイヴィッド・レイはいう。

またたく間に評判が広まった。今では、「クライアントジョイ」のギフトボックスは、テキサス州のアメフトチーム「ダラス・カウボーイズ」から、サンフランシスコのツイッター本社、ニューヨーク市にあるタイム社本社に至るまで、全米の企業に贈られ、国中がオレゴン州の逸品を味わっている。

ペイジが成功したのはなぜか？　「クライアントジョイ」は、義理だと感じさせないギフトを作るからだ。「私にとってプレゼントを贈ることは、感謝を示すことなのよ。誰かに感謝の気持ちを伝えるのに一番簡単な方法というか。思いやりは、人間の持つ最強のツールだと思うの」とペイジはいう。

人間の奥底には心から感謝されたいという欲求がある――それに応えるのが「クライアントジョイ」なのだ。

「米労働省によると、従業員が会社を辞める一番多い理由は、『認めてもらえないから』だという」

――トム・ラス

なぜ人は感謝されたいのか？

私の父の誕生日は11月4日だ。幼少期の私は、毎年8月になると今年は何をプレゼントして父を喜ばせようかと悩んだものだ。

ある年は、毛糸でネクタイを編んで父にプレゼントした。別の年には、マッチ棒、ジュエリーボックス、ボタンを使って、父のオフィスを正確に再現したミニチュアオフィスを作った。他にも、紙に2000個以上のスパンコールを1個ずつ貼りつけて作ったすいか（父の好物だ）の絵をあげたこともある。そういえば、父が好きそうなもの――ハグ、「コーヒービーン&ティーリーフ」のラテ1杯、レイカーズの試合をテレビ観戦することなど――のサービス券を30枚以上まとめた冊子を渡したこともある。

父のバースデー・ディナーの席では、私はいつも最新作を父の席に置き、父の喜ぶ姿を期待しながら待つ。父の反応は毎回だいたい同じ。「へぇ」と慎重に言う。それから指で突いて手に取り、数回ひっくり返して「気に入ったよ」と言う。だがその口調は、あたかも幼い子どもに「おまえの空想の友だちは死んだんだよ」とか「クリスマスツリーにはアブラムシがいっぱいついてるんだ」と伝えるときのように遠慮がちだ。そして数週間後、私が愛情込めて作った作品は屋根裏へと運ばれる。そして最終的には、道端のゴミ箱にこっそり捨てられたのではないかと私は思う。

毎年、私は知恵を絞りに絞ったが、父のプレゼントのツボを外し続けた。そしてある秋、私は伝染性単核症にかかった（どこで感染したのかは聞かないで）。そして11月4日の父の誕生日。私はリンパ節がはれて弱った体を引きずって、ようやくソファにたどり着くと、「今年の誕生日は、テレビでアメフトの試合を見るのがやっとだわ。ごめんね」と父に言った。

それから4時間ぐらい、父と私はチーズ味のプレッツェルを食べ、チームマスコットについておしゃべりした。そして私はようやく、ダウン制（4回の攻撃で10ヤード進まなければ、相手チームに攻撃権が移ること）というルールを理解した。父のバースデー・ディナーの席につきながら、父は私の背中をぽんとたたき、「今までで一番うれしいプレゼントだ」と笑みを浮かべた。

どういう意味？　ジャンクフードを食べながらアメフトを数試合見ただけなのに。そんなことが、私が父のためにせっせと集めたアロマキャンドル・コレクションよりもいいっていうの？

その日私が学んだのは、愛情を表現する方法も、何をもって愛情を感じ取るかも、人によって違うということだった。

ゲーリー・チャップマン博士は、結婚セラピストおよび家族セラピストとして50年以上にわたって恋人や夫婦のカウンセリングを行なってきた。そして長年カウンセリングを行なううちに、夫婦や恋人が互いに示す愛情表現に、いくつかのパターンがあることに気づく。愛情表現の方法は主に5パターンあることを突き止め、それを「**5つの愛の言語**」と名づけた。これを初めて聞いた読者のために、5つの言語を簡単に説明しよう。(注1)

1肯定的な言葉――この言語を使う人は、言葉または文字で愛情を表現する。ラブレター、メール、愛の告白など

2贈り物――この言語を使う人は、ジュエリー、キャンディ、花束などのちょっとしたプレゼントや感謝の気持ちを象徴するもので愛情を表現する

3身体的なタッチ――この言語を使う人は、ふれあいを通して愛情を表現する。たとえば、ハグする、寄り添う、背中をぽんとたたく、抱きしめるなど

4サービス行為――この言語を使う人は、人に奉仕することで愛情を表現する。パートナーのために夕食を作る、雑用をする、何かを作ってあげるなど（父のエピソードから推測できるかもしれないが、私はこのタイプだ）

5クオリティ・タイム――この言語を使う人は、一緒に時を過ごすことが愛情表現だと考える。好きな人と一緒にいるだけで満足するタイプ

チャップマン博士は、**夫婦や恋人との関係がうまくいかない場合、原因の多くは愛情言語が違うせい**だと考える。

たとえば、妻の愛の言語が「肯定的な言葉」の場合は、夫から「会えなくてさみしかったよ」と言われるとうれしくなる。ところが、夫の愛の言語が「身体的なタッチ」だった場合、夫は仕事から帰ったあとは、おしゃべりよりもソファに座って妻を抱き寄せたいと思うだろう。そこで妻が拒否すると夫は傷つき、妻に「今日はどうだった?」と聞く気を失うと、今度はその態度に妻が傷つく。こうしたすれ違いが何年も重なると、夫婦仲はギスギスしていく。

チャップマン博士は、同僚の心理学者ポール・ホワイト博士と協力して、このコンセプトを職場に適用させた。2人の共同作業によって生まれたのが、**「5つの感謝の言語」**だ。さあ、みなさん、メモのご用意を。

「ありがとう」だけでは不十分

努力を認めてもらえないと、人の心は蝕《むしば》まれていく。たとえば難しいプロジェクトに取り組む

従業員、子どもが散らかしたあとに片づけても「ありがとう」の言葉をかけてもらえない母親、いつも友人たちから幹事を押しつけられる人。

職場では、感謝されないことが大きな問題になっている——おまけにこの問題は見過ごされがちでもある。実際、「昨年、職場で一度も感謝されなかった」と答えるアメリカ人は65%にのぼる。[注2]

「従業員が辞める理由は何だと思いますか？」と尋ねると、経営者の88%が「本当の理由は給料への不満に違いない」と答える。[注3] だが実際は、経済的な理由で仕事を辞める従業員はわずか12%。残りの88%は、仕事への不満が原因だ。

人はなぜ仕事に夢中になるのか？　答えはそれほど簡単ではない。「米人材マネジメント協会」の調査によると、仕事に対する努力が認められると仕事の満足度が上がるそうだ。[注4] にもかかわらずギャラップ社の最近の調査によると、アメリカ人従業員の約70%が、職場でほめ言葉も評価ももらっていないと答えたという。[注5]

過小評価されていると感じると、人はこうなる。

- 生産性が下がる
- グループで働く意欲が低下する
- モチベーションが下がる

・自信を失う
・愚痴をこぼす
・人生の満足度が下がる
・仕事の満足度が下がる

幸せな人生、良好な人間関係、楽しい職場には、感謝の気持ちが不可欠なのだ。とはいえ、ことはそう単純ではない。チャップマン博士が突き止めたとおり、人間は感謝の気持ちを表現するにも、感じ取るにも個人差があるからだ。

当社のオンラインコース、「マスター・ユア・ピープル・スキル」の動画を撮影したときのこと。スタジオの観覧者たちに「大切な人にラブレターを書いてください」と指示した。そして毎度のことながら、ちょっとしたひねりを加えた。「利き手ではないほうの手で書いてください」と頼んだのだ。間もなく、あちこちから「手が引きつった」とのうめき声が上がる、文字もほとんど読めたものではなかった。普段使わない感謝の言語を使うことは、非利き手で文字を書くのに等しい――難しくてうまくできないし、しばしば誤解も生じる。

だが、それも感謝の言語を使いこなせるようになるまでの話だ。

「人間の欲求のなかで一番重要なのは身体的に生き延びること。その次が精神的に生き延びることだ――

人々に理解され、尊重され、認められ、感謝されることだ」
——スティーブン・コヴィー

戦略5 心を掴んで離さない「感謝の言語」作戦

性格を分析し始めてから数年経った頃、私は何かが欠けているように感じた。5つの性格特性を明らかにしても、ある程度までしか人間関係は深まらない。もちろん、他人への理解が深まり、行動も予測できるようになったし、雑談力もアップした。だが、それだけでは深いレベルでつながるのは難しい。

そんななか、チャップマン博士とホワイト博士の「5つの感謝の言語」を知り、「これだ！」とひらめいた。性格マップは、性格という1つの側面だけにアプローチするものではない。むしろ、たまねぎのような構造をしている。層を1枚むくたびに、その人に関する新たな一面が表れ、その人の本質が垣間見えてくるのだ。

一番外側の層は、すでに学んだとおり、5つの性格特性がどう構成されているかだ。2番目の層は、その人が感謝の気持ちをどう表現するか、そして感謝されたとき

図表5－1
感謝の言語を性格マップに加えよう

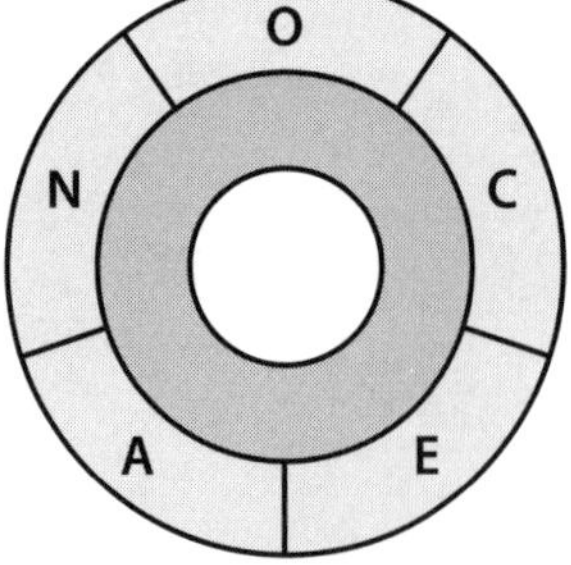

にどう感じるかだ。

ステップ❶ まずは自分の「感謝の言語」を知ろう

チャップマン博士によると、ほとんどの人は感謝の第1言語と第2言語をもっているという。まずは次の軽い問いに答えてみよう。それが終わったら、本格的な問いに移る。

「親友が職場で大抜擢されて昇進したとしよう。さて、あなたはどうやってお祝いする？」

「最近、誰かから深く愛されていると実感したことはないだろうか？　それはいつのことで、その人はあなたに何をしてくれた？」

「誕生日のお祝い、プレゼント、出来事など、あなたが一番うれしいと感じた祝い方は何だったか？」

「パートナーにもっとやってほしいと思うことを1つあげると？　その反対に、あまりしないでほしいと思うことは？」

「自分へのごほうびに1000ドルを自由に使えるなら、あなたは何をする？」

特定のパターンはあっただろうか？　両親、同僚、友だち、パートナーとの日々のやり取りのなかで、感謝の言語はこのような形で表れる。
では、次にチャップマン博士の研究をベースにしたクイズを出そう。(注6)文は2文ずつペアにしてある。あなたの人間関係（パートナー、家族、友だち、同僚）にあてはまるものを、各ペアにつき1つ選ぼう。

どちらがあてはまるか？

＿＿ **1** 励ましのメッセージがほしい
2 ハグされたい
（どちらかを選ぶ）

＿＿ **3** 親しい友だちと2人だけで過ごしたい
4 友だちに助けてもらうと、自分は大事にされていると感じる

＿＿ **5** プレゼントをもらうとうれしい
6 ほめ言葉は、私にとっては重要だ

＿＿ **7** 好きな人に肩を抱かれると、自分は愛されていると感じる
8 何かを一緒にやる人には親近感がわく

＿＿ **9** 仕事かプロジェクトで同僚から「手伝おうか」と聞かれると、自分は大事にされていると感じる
10 誰かが私の特別な日を覚えていてプレゼントをくれると、私は大事にされていると感じる

選んだ文から感謝の言語がわかる

肯定的な言葉――1、6
身体的なタッチ――2、7
クオリティ・タイム――3、8
サービス行為――4、9
贈り物――5、10

一番多かった感謝の言語があなたの「感謝の第1言語」→（　　）
二番目に多かった感謝の言語があなたの「感謝の第2言語」→（　　）

その結果を、自分の性格マップのなかに性格特性と一緒に書き込もう（図表5―2）。私はいつも中心円の上に第1言語を、円の下に第2言語を書き込む。

ここで「なるほど～」と受け流してはいけない。これはあなたの幸福度に大きく影響するテーマだからだ。自分の感謝の言語を知っていると、こんなことができるようになる。

・自分がどうしてほしいのかがわかる

パートナーは、あなたの心を読めるわけではない。上司、友だち、同僚もだ。自分の感謝の言語を知っていると、助けを求めたくなったときに、「こうしてほしい」と頼みやすくなる。「肯定的な言葉」を求める人は、上司に「もっとフィードバックをください」と頼むか、長いプロジェ

図表5−2　**性格マップをアップデートしよう**

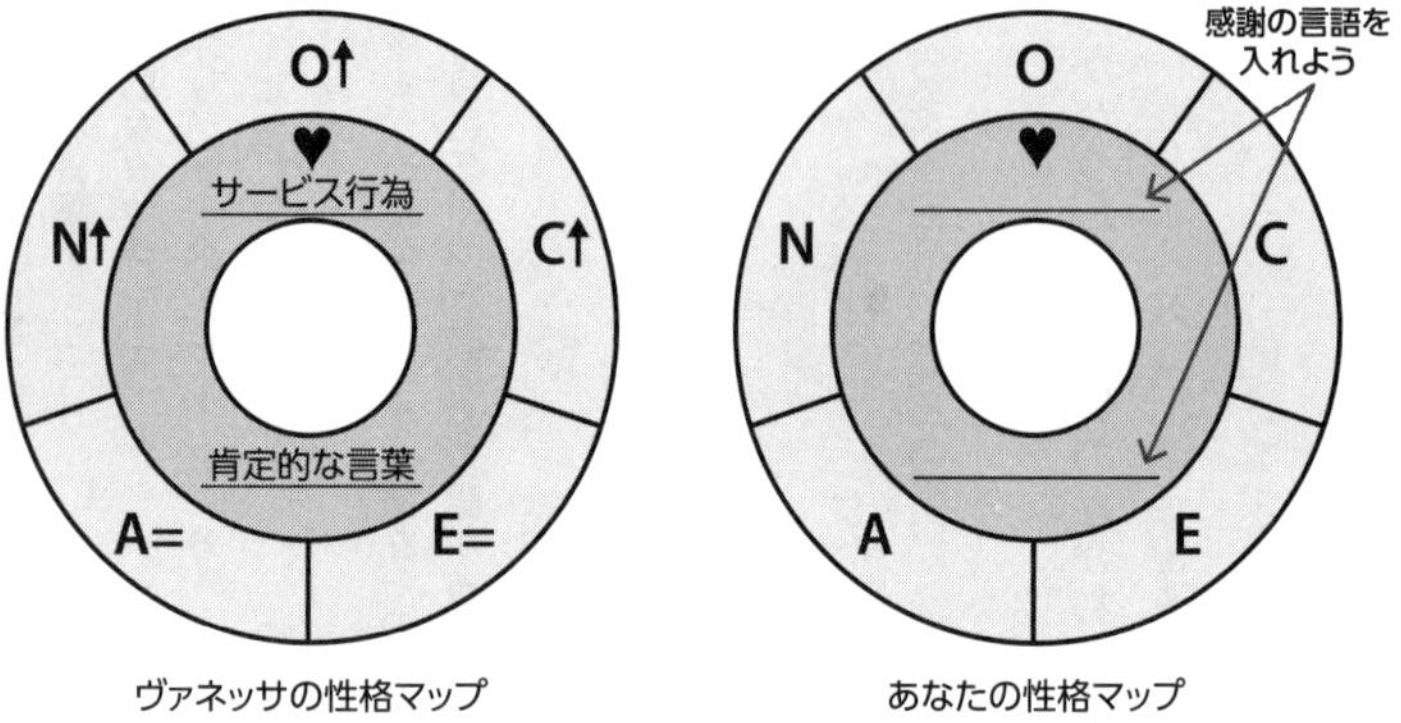

クトのあとに一対一でのフォローアップ・ミーティングを行なうといいだろう。「クオリティ・タイム」を感謝の言語とする人は、遠距離恋愛はもちろん、スカイプ電話でのやり取りも物足りないと感じるだろう。「こうしてもらえるとうれしい」と伝えて、身近な人たちとより良い関係を築こう。

・何が欠けているかがわかる

私が感謝の言語を教えると、受講生のほとんどが「ああ、そういえば！」となる。「あの人とけんかするのは、感謝の言語が違うからだ」と気づくからだ。

たとえば、リーラという受講生。リーラの感謝の第1言語はサービス行為だ。彼女は、ある女友だちをマティーニを飲みにバーへ誘ったり、料理教室へ連れて行ったり、ブランチを食べに連れ出したりしていた。だが、企画して誘うのは自分ばかりだと不満を抱いていた。ところが、感謝の言語を学んだとき、リーラはその友人が「肯定的な言葉派」だと気づいた。友人が長文メールでありがとうと伝えてきたことや、女子会はすごく楽しいと絶賛していたことを思い出したのだ。感謝の気持ちを言葉にされても、リーラにはあまりぴんと来なかった。だが、今では自分が求めているものも、友だちが求めているものもわかるようになったという。

自分の性格傾向と感謝の言語を組み合わせると、自分への理解がさらに深まる。

たとえば、あなたの感謝の第1言語が「クオリティ・タイム」で経験への開放性が低い場合は、あなたの好きな店に毎月同僚をコーヒーに誘うほうが楽しいだろう。

あなたが「クオリティ・タイム派」で経験への開放性が高い場合は、「月に一度カフェを開拓しよう」と同僚に提案してはどうか。自分を知れば、どうすれば幸せだと感じられるかがわかる。さらには、人に何をお願いすればいいか、スムーズにやり取りするにはどうしたらいいかも。

ステップ❷ 身近な人の「感謝の言語」を探る

さて、ここからは楽しい話に移ろう。他人の感謝の言語を予想するのは結構楽しい。どうすれば相手をハッピーにできるかがわかるし、その人とどんなつきあいになるか予想しやすい。

性格診断と同じで、このテーマでも私は直接本人に聞くことが多い。

・会話の最初に聞く

「『5つの感謝の言語』って聞いたことありますか？　今こんな本を読んでいて、あなたもご存じかなと思って」。それから、相手に自身の感謝の言葉を推測してもらえば、会話は盛り上がるだろう。私は友だちや同僚の感謝の言語を推測するのも、彼らに私の言語を推測してもらうのも好きだ。

・クイズをやる

本書のサイト（www.scienceofpeople.com/toolbox）には無料の「感謝の言語クイズ」がある。パートナーや友人にＵＲＬを送って、「結果を教えて」とお願いしよう〈英語のみ〉。

そんな質問はしにくいという人は、行動パターンから相手の感謝の言語を読み取ることもできる。

・「あなたに何をしてくれるか？」で判断する

何をすれば相手が喜ぶかを突き止めるには、相手が好きな人に何をしたがるかを見るのが一番わかりやすい。

・あなたのオフィスに来て、おしゃべりしたがる？（クオリティ・タイム派）

・家のあちこちにあなたへのメッセージを残している？（肯定的な言葉派）
・会話中にあなたの腕にさわる？　握手よりも、ハグしようとする？（身体的なタッチ派）
・あなたの誕生日には、お店で何かを買うよりも、あなたの好きなデザートを手作りしようと申し出る？（サービス行為派）
・旅先で小さな置物などを買って、おみやげをくれる？（贈り物派）

・さり気なく質問して聞き出す

相手に、昔の思い出、お気に入りのエピソード、最近の出来事などを尋ねて探り出す方法もある。お勧めの質問をいくつか紹介しておこう。


「人に何かをしてもらって、すごくうれしかったことは？」

「いいことがあったとき、どうやって祝う？」

「同僚に子どもが生まれたんだ。お祝いしたいんだけど、何をするのがいいと思う？」

「週末に何をして過ごすのが好き？」

「今まで受け取ったなかで、一番おもしろいプレゼントは？　人におもしろいプレゼントをあげたことある？」

「友だちと何をして過ごすのが好き？」

「幼い頃、誕生日とかお祝いごとのときに、ご両親はどうやって祝ってくれた？」

これらを質問すると、びっくりするほど相手のことがわかることがある。たとえば、「誰かにすごく気の利いたプレゼントをあげたことある?」と聞くと、贈り物派でない人は「×××をしてあげたんだ」とか「こんな手紙を書いたことがあるんだ」と返答することがある。

先日私は、友人に同じ質問をした。すると彼は「祖母のこれまでの人生を文章にまとめて、自分で製本したことがあるんだ」と話してくれた。それを聞いて、すぐに彼の感謝の第1言語は肯定的な言葉で、第2言語はサービス行為だと思った。彼はすぐにうなずき、オンラインクイズで確認するといってくれた。そして後に、私の推測が2つともあたっていたことが判明した。

・一瞬の表情から読み解く

感謝の言語は、相手の一瞬の表情からわかることがある。

怒り――何らかの形で感謝の気持ちを伝えられても、「そうじゃない」と思うと、人はうんざりしたり、腹を立てたりすることがある。たとえば、会社がある従業員の功績をたたえるために大がかりなパーティを企画しても、贈り物派の人は、がっかりするだろう。なぜか? 自分のために同僚をパーティにつきあわせるのは悪いと思うからだ。パーティよりも、本人がよく話題にする新発売のスノーボードかギフトカードのほうがずっと喜ぶだろう。

幸せ――人は心底うれしいと感じると、幸せそうな表情を浮かべる――あなたのアイデア、プレゼント、ほめ言葉を気に入ったか否かに関係なく、また、たとえあなたの感謝の言語が自分のとは違っていようとも。

軽蔑──相手が軽蔑的な表情を浮かべたら、あなたの感謝の伝え方に違和感を覚えたからかもしれない。たとえば、身体的なタッチが嫌いな人は、あなたがハグしようとすると、作り笑いを浮かべながらよけるだろう。

嫌悪感──私たちは、「気に入らない」とやんわり伝えるにはどうしたらいいかと考えたときに、ふと嫌悪の表情を浮かべてしまう。贈り物派でない人にプレゼントを渡したり、クオリティ・タイム派でない人に何かを「一緒にやろう」と提案すると、相手は返事をする前に、一瞬嫌悪の表情を浮かべるだろう。

こうした一瞬の表情に気づいただけでは、まだ道半ばだ。その反応に対してどうするかも、同じぐらい重要だからだ。感謝の言語を使って、相手と同じ目線に立つにはどうすればいいか？それが次のテーマだ。

ステップ❸ 相手と同じ目線に立つ

ジョン・ゴットマン博士とロバート・レヴェンソン博士は、何組もの夫婦にインタビューを行

なって、これまでの生活、言い争い、家族生活などについて尋ね、幸せな夫婦に共通するパターンを探し出そうとした。(注7)

インタビューのあと、レヴェンソン博士は書き起こし原稿を読んで、どの夫婦がどんな代名詞を使ったかを調べた。その結果、**「私」や「ぼく」をよく口にする夫婦は、「私たち」と口にする夫婦よりも、夫婦関係にまつわる幸福度と満足度が低い**ことがわかったという。(注8)

この違いを見たゴットマン博士は、夫婦の心的状態は「私たち志向」と「私志向」に分かれると考えた。「私たち」を多用する夫婦は、夫婦間のコミュニケーションに自信を持っていた。さらに、結束や連帯感を強調して、同じ信念や価値観や人生の目標を共有していると胸を張った。彼らとは対照的に、「私」を多用する夫婦は、自分中心の目標や長期的な理想を描いていた。やはりというか、こうした夫婦は結婚生活の幸福度が低かった。(注9)

ゴットマンとレヴェンソンは夫婦関係に注目したが、**この原則はどんな人間関係にもあてはまる**。感謝の言語を使えば、対人スキルのレベルアップに役立つだろう。身近な人たちの感謝の言語がわかれば、「私たち志向」に切り替えることができる。すると、自分の欲求は満たされているか、人々の欲求を満たすには何をしたらいいかと考えるようになる。

あなたとは異なる感謝の言語をもつ人を、ごく自然な形で喜ばせる方法をいくつかあげよう。あなたの身近な人たちは何派だろうか？

・「肯定的な言葉派」を喜ばせる方法

職場では

・フォローアップ・メッセージを書く
・フィードバック・レポートに前向きなメッセージを書き込む
・毎日、または週に一度フォローアップ・ミーティングを行なう
・「推薦状を書こうか？」とあなたから申し出る
・みんなの前でほめる

恋愛関係なら

・励ましのメッセージを送る
・愛にあふれたメモを残す
・寝る前に話し合う時間をもうける
・２人だけの時間を邪魔されないよう、食事中は携帯電話を近くに置かない

・「贈り物派」を喜ばせる方法

職場では

・誕生日プレゼントをあげる
・クリスマスプレゼントをあげる
・机の上に飾る小物をあげる

・ありがとうのプレゼントをあげる
・ギフトボックス、ギフトバスケットをあげる

恋愛関係なら

・誕生日プレゼント、アニバーサリーギフトをあげる
・花束をあげる
・旅行のおみやげをあげる
・「Thinking of You」（あなたのことを思ってます）バッジをあげる
注：クリスマスは、贈り物派の人を喜ばせる絶好の機会だ。

・「サービス行為派」を喜ばせる方法

職場では

・仕事を手伝う
・パーティを企画する
・プロジェクトをまとめる／参加する

恋愛関係なら

・恋人ならではのことをする
・掃除をする
・雑用や家事をやる
・料理する、何かを作る

・「身体的なタッチ派」を喜ばせる方法

職場では

・握手する
・腕をぽんとたたく
・ハイタッチする

恋愛関係なら

・手を握る
・抱きしめる
・セックスする
・マッサージする

・「クオリティ・タイム派」を喜ばせる方法

職場では

・ランチまたは飲みに行く
・朝早く出社する、または遅くまで会社に残る
・週に一度フォローアップの時間を設ける

恋愛関係なら

・携帯電話を持たずに、2人だけで過ごす時間を確保する

・毎週デートをする
・旅行する
・ドライブに行く

職場でボディタッチをする際は、注意を払おう。

言葉を使わないコミュニケーションとして、ふれあいは信頼関係を築くのに重要だ。だが、許容範囲内に収めるよう注意しよう。おおざっぱな目安だが、ふれる部位が腕から上に行くほど、親密さが増す。頭と胴体は、親密な人だけがさわれる部位だと考えておこう。

親密度レベル1なら

・握手
・グータッチ
・ハイタッチ

親密度レベル2なら

・手の甲をぽんとたたく
・前腕（手首から肘まで）にふれる
・肩にふれる

親密度レベル3なら

・ハグ
・背中をぽんとたたく

図表5−3　体のどこにタッチする？

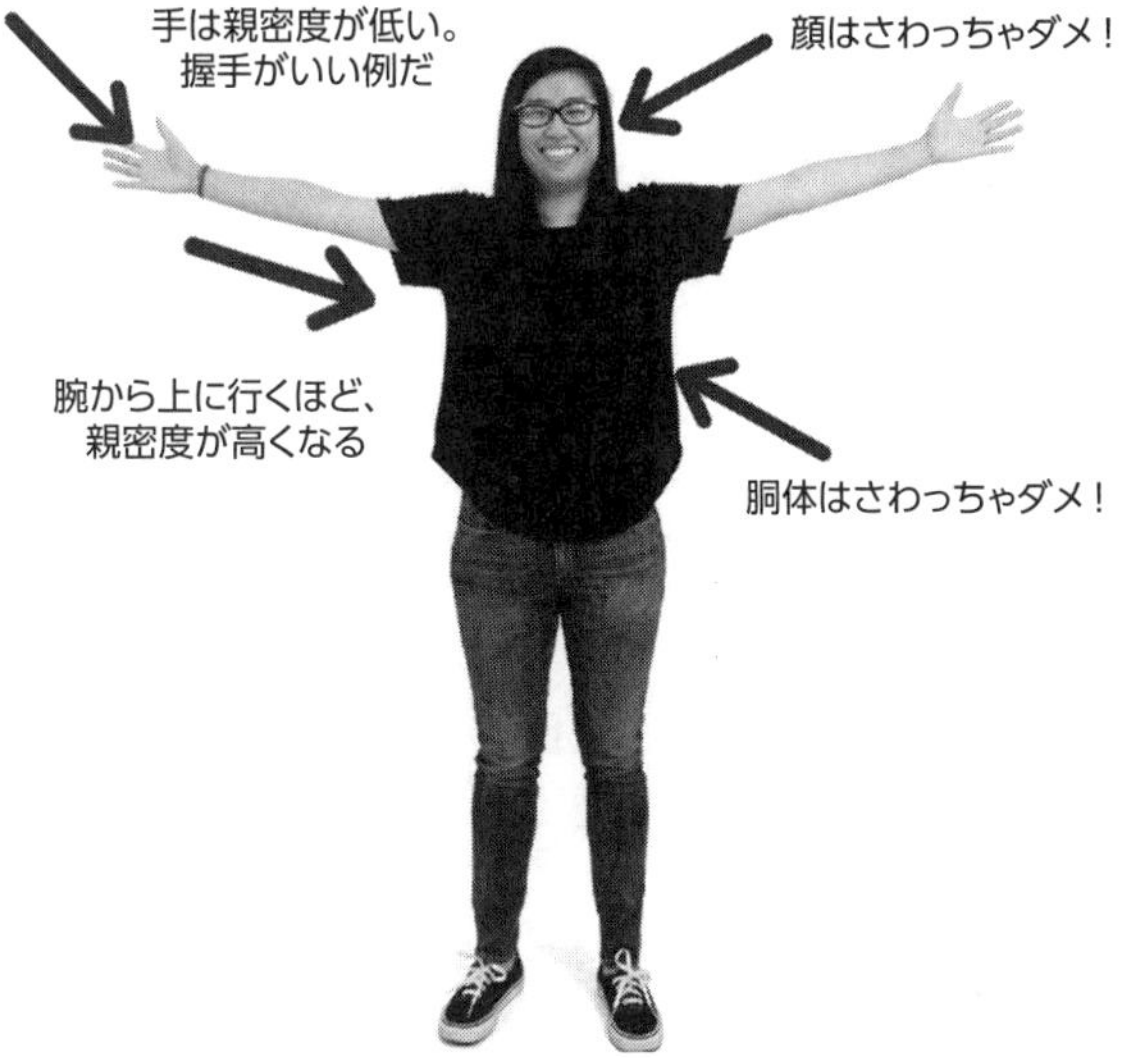
手は親密度が低い。
握手がいい例だ
顔はさわっちゃダメ！
腕から上に行くほど、
親密度が高くなる
胴体はさわっちゃダメ！

・肩に腕をまわす

言うまでもなく、ボディタッチは職場のエチケット基準に従うこと。ふれても大丈夫か自信がもてないときは、親密度のレベルを変えながら、相手の表情を観察しよう。

たとえば、まずは握手してみて、相手が本物の笑みを浮かべるかを観察する。そして次に会ったときは、握手して肩にふれてみる——相手はまだ笑みを浮かべている？　軽蔑や怒りの表情を浮かべていない？　そして最後に、ハグしたくなったらやってみて、相手が嫌そうな感情を浮かべないか確認しよう。

ありきたりなやり方にサヨウナラ！

「ナイアガラの滝に行ったときに、おみやげにペンを買ったよ」
「次回はゆったり過ごそうよ」
「洗濯しといたよ」

こうした言葉もいいが、ちょっとありきたりだし、予想しやすいし、驚きがない。「会話の着火剤」のところで、ありきたりな発想から脱却して、相手の不意を突いて脳内にドーパミンを分泌させようと提案した。感謝の言語を使うときも、同じようにチャレンジしてみてほしい。

・「贈り物派」の人に、ありきたりなプレゼントを買ってはいけない。その人にとって意味のあるものを選ぼう。いい例が、ドラマ『パークス・アンド・レクリエーション』で、エイミー・ポーラー演じる魅力的な金髪の女性、レズリー・ノープだ。レズリーは上司のロンのために、ドアクローザーを取り付けた。さらに毎年バレンタインデーになると、女友だちのためにギャレンタイン・プレゼント〈女性用のバレンタインプレゼント〉を作る。

・「クオリティ・タイム派」の人を、ありきたりの活動に誘わないこと。カフェに行くのではなく、ハイキングやグリルドチーズサンドの店に誘おう。トライアスロンをやる私の友人スティーブン・スコットは、ありがちなランチではなく、ハイキングやランニングにみんなを誘う。

- パートナーや友だちとボディタッチをしているだろうか？　マッサージやリフレクソロジーのやり方を学ぼう。サマンサ・ヘスはプロの抱きしめ屋だ。ふれあいという感謝の言語で一大ビジネスを築いた。71種類の抱きしめ方を考案したヘスは、抱擁をマスターしたと自負する。いやもう、ごもっとも。リサーチと称して、私はヘスのセッションを受け、それを動画に撮って私のYouTubeチャンネルで公開している。気恥ずかしいものの、学ぶことの多いセッションだった（セッションの全容は本書のサイトwww.scienceofpeople.com/toolboxで見られる）。
- ありがとうのメッセージはいつでも書けるが、ちょっと派手に演出してはどうだろう？　テレビドラマの『ジ・オフィス』でこんなエピソードがある。シークレットサンタ〈特定の人にプレゼントを渡す企画〉で、ジム・ハルパートは、片思いの相手パム・ビースリーにプレゼントを渡すことになった。そこでハルパートは、2人の楽しかった思い出や内輪ネタを全部メモに書いて、ティーポットに詰め込んだのだ。お見事！
- 私の友人に、つい働き過ぎてしまう「サービス行為派」の友人がいる。そこで私は、彼女がランチタイムを楽しめるようにと、おもしろ動画集を送り、さらに運転中のBGMとして、Spotifyに彼女専用のプレイリストを作った。先週、その友人が風邪を引いたときには、ちょっとしたお見舞いパッケージを作った。なかに入れたのは、特製野菜ブレンドジュース〈風邪によく効く〉、のどあめ、チキンヌードルスープだ。

自分だけの感謝の言語を見つけよう

身近な人たちにうまく感謝の気持ちを伝えるにはどうしたらいいか？　次の図表を埋めよう。

この課題のおまけとして、どんな関係にもあてはまる強力な問いを入れておいた。この問いだ。

「相手を喜ばせるために、もっと多くすべきことは？」

先に紹介したペイジは、毎日のようにこの問いに心を砕く。ペイジは、ギフトボックスやサンキューカードを手書きするとき（肯定的な言葉がほしい人のためだ）、子どもの頃にワクワクしたプレゼントを思い出す。

ペイジはかつて、ミズーリ州の西南部の田舎に住んでいて、父親が出張先から帰って来ると、子どもたちに変わったおみやげを買ってきてくれたそうだ。ディズニーショウで売れ残ったXXLサイズのTシャツとか。「サイズは気にならなかったし、何かをもらえるだけでワクワクしたわ」と彼女は言う。

大人になった今、ペイジは贈り物にはもっと大きな意味があると気づいた。

「ギフトボックスをもらった人たちが、どこかの誰かが自分のことを思ってくれていると感じてくれたらうれしい。プレゼントを贈ることは、感謝を示すこと。そして感謝の気持ちがあるから

図表5−4　感謝の言葉を見つけよう

	第1言語	第2言語	相手を喜ばせるために、もっと多くすべきことは?
あこがれの人			
親友			
パートナー（または前のパートナー）			
上司（または前の上司）			
同僚			
両親			

こそ、固い絆が生まれるのよ」

やってみよう

1 上の「感謝の言葉を見つけよう」の図表を埋めよう。

2 身近な人から3人を選び、その人たちの感謝の言語に合わせて気持ちを伝えよう。

3 あなたの感謝の言語を踏まえて、身近な人たちに「もっとこうしてほしい」と頼んでみよう。

【第5章のまとめ】

人生や仕事の満足度を高める鍵は、認められること、感謝されることだ。5つの感謝の言語を使えば、人間関係をスムーズにできる。自分が何を欲しているか、身近な人たちが何を欲しているかを知り、彼らを大切に思っていることを表現する方法を見つけよう。

- あなたの感謝の第1言語と第2言語を知り、それを人に伝えよう。
- 知り合いの感謝の言語を、それぞれの性格マップに書き込もう。
- あなたの大切な人の感謝の言語を尊重し、その欲求に応えよう。

第6章

相手にとって「一番重要な価値」をあげよう！

「最悪の思い出」を「最高の思い出」に変える方法

ロンドロジ動物保護区は、南アフリカのなかでも指折りの豪華なサファリキャンプだ。世界のホテルランキングのなかでもトップ100位以内に位置づけられる。このキャンプを所有し運営しているのが、ボイド・ヴァーティとその家族だ。宿泊客の期待は高い。アフリカの大自然に囲まれながら最高のぜいたくを味わいたい人もいれば、ロンドロジ地区にいる多種多様な野生動物を見たい人もいる。ヴァーティの仕事は、宿泊客たちが思い描く理想的な休暇を探り出し、その期待にスムーズに応えることだ。だが問題が1つある。ロンドロジは、南アフリカでももっとも危険で荒れ果てた私設動物保護地区にあるのだ。

「世の中には、想像以上にいろんなものを怖がる人がいることがわかった。たとえば水牛、ミミズやヒルなどの蠕虫《ぜんちゅう》、鳥類、虫、騒々しい音、頭蓋骨、歯、ふん――どれもサファリ中に遭遇しそうなものばかりだ」。ヴァーティはその著書、『野生王国の大聖堂』（未邦訳、『Cathedral of the Wild』）(注1)のなかでそう書いている。

私がヴァーティにインタビューしたとき、彼は朝食を取りながら、ある宿泊客の忘れがたいエピソードを語ってくれた。(注2)マーティンという高齢のイギリス人紳士の話だ。世界中を旅してまわり、サファリにも10回以上行った人だという。「一番いいサファリを残しておいたんだ。これが最後のサファリ旅行になるだろう」とマーティンは語ったそうだ。このサファリ愛好家の期待に応えようと、ヴァーティは個人的にマーティンをサファリに連れ出した。すべて計画通りに進めるよう手はずを整えたが、不運にも不愉快な出来事に遭遇してしまう。

サファリ2日目。ルーフを開けたランドローバーで野生動物を探していると、ヒョウの足跡が見つかった。ヴァーティは車を降りて足跡を追跡することにし、マーティンには安全な車のなかで待ってもらうことにした。マーティンが1人で待っていると、間もなくやぶのなかから雄の象が現れ、車——とマーティン——に近づいてきた。

象が興味を失ってあっちへ行ってくれますようにと祈りながら、マーティンはできるだけ静かに座席に座っていた。そのとき、車内に設置されたトランシーバーが耳障りな音を立てた。保護地区内を運転中のドライバーたちが連絡を取り始めたのだ。トランシーバーが鳴り止まなかったため、象は興奮して怒り出した。車のボンネットを鼻でガンガンとたたいたかと思うと、今度は泥をまき散らした。

やがて象は立ち去ったものの、ヴァーティが戻ってくると、車内には恐怖で顔を引きつらせた青白い顔のマーティンがいた。車に置き去りにされ、家のように大きい象に襲われそうになったことで怒り心頭だ。後部座席のマーティンは、「こんなひどい話があるか！　キャンプに戻ってくれ！」と怒鳴った。

その後2日間、マーティンはヴァーティと口をきこうとしなかったが、残り数回のサファリは予定通り行きたいと言い張った。「その後、数日間、私はマーティンの信頼を取り戻そうと何でもやった。でも、どれもうまくいかなくて」とヴァーティは語った。

と、ヴァーティはおもしろいアイデアを思いついた。マーティンは冒険家を自負している。もしあの出来事を勇気ある行動だと言い換えたらどうなるか？　ヴァーティは女性の宿泊客全員にちょっとしたサービスを提供し、それと引き換えに、マーティンのところに行って、「大きな雄象をにらみつけて撃退するなんて、なんて勇敢な人だ」とほめたたえてくれと頼んだ。この読みは見事にあたった。

「マーティンはすぐに英雄のような気持ちになり、誰かがバーを通りがかるたびにその人を引き止めては、武勇伝を詳しく語り始めた。ロンドロジを去る頃には、アフリカの王のようにふるまっていたよ」とヴァーティ。旅行の最終日には「象に遭遇したあの経験は今までで一番の思い出だ」と語ったという。(注3)

ヴァーティの天才的な発想は、マーティンの理想像を刺激した。彼はマーティンの「一番重要な価値」を見つけたのだ。

人間関係は「価値の交換」で成り立っている

アフリカでは、動物たちは生き延びるためにもちつもたれつの関係を維持する。人間も同じようなことをしている。

社会心理学者のユリエル・G・フォウ博士は、人間関係がリソース理論で成り立っていることを突き止めた。(注4) フォウ博士は、どんな人間関係も実際は取引だと主張する。人々が協力するのは、互いの資源《リソース》を交換するためだという。「人から人へ移せるものはすべて、リソースと定義できる」(注5)。

ここで注意したいことがある。本書では何度か「取引」という言葉が出てくるが、これはどんな親密な関係もその実態はビジネスライクな冷たい関係だという意味ではない。こうした取引は、自分を満たしてくれる人を見つけて、双方にメリットがある関係を築くのに役立つからだ。

リソースには、お金や食べ物などの形あるものから、愛情、アドバイス、地位などの心の栄養源も含まれる。人間が生き延びて栄えるには、これら2種類のリソースが必要だという。(注6) フォウ博士らは、誰もが6つの欲求を持つことや、その優先順位は子どもの頃の体験に影響を受けるとの仮説を立てている。これら6つの欲求が満たされると、人間はすくすくと成長して独り立ちし、環境や人間関係に安心感を覚えるようになるという。

図表6－1　**6つのリソース**

リソース（交換するもの）	具体例	よく与える	よくもらう
愛	愛情、受け入れられること、愛嬌		
奉仕	サポート、思いやり、心が落ち着くようなあたたかさ		
地位	責任、ほめ言葉、立派な肩書き		
お金	通貨、紙幣、価値のある商品券など		
物品	形のある製品、物、材料など		
情報	アドバイス、アイデア、意見、指導など		

上の表の6つのリソースのうち、あなたがよく人に与えるリソースがあれば、「よく与える」欄に印をつけよう。よく人からもらうリソースにも、同じように「よくもらう」欄に印をつける。

私たちは、人とのやり取りのなかでこうしたリソースを交換している。たとえば、人からアドバイスをもらったら、お返しにランチをおごったりする（「情報」をもらって、「お金」をあげる例）。あるいは、同僚がプロジェクトを手伝ってくれたおかげで期日に間に合った場合は、お返しにその同僚をほめたりする（「奉仕」をもらって、「地位」をあげる例）。

人間は、6つのリソースすべてを必要とする。だが、自分が必要とするリソースをもらい、自分がたくさんもっているリソースを与える場合が多い。あなたが選択したリソースを見てみよう。当たっているのでは？

時に人は、自分が一番ほしいものを人に与えることがある。その典型例が愛や奉仕や情報といった形のないリソースだ。愛されたいあまりに、誰彼かまわず愛をふりまくことがある——愛を与える価値のない人にさえもだ。または、情報がほしいときに、人に噂話をして、その見返りに情報を引き出そうとすることもある。あなたにも身に覚えがあるのでは？

どんな人間関係でも、リソースの交換という根本的な目的がある。ここで誤解が生じると、不必要な緊張感が生じたり、仲違いに発展したりすることがある。その理由を説明しよう。

- **影響力**——フォウ博士によると、人に与えられるリソースの量が多いと影響力も大きくなるという。たくさんお金がある人は、影響力が大きくなるのはもちろん、愛情がたくさんある人も支配力を持つことになる。
- **欲求**——リソース理論を使えば、より効率的に人の欲求を満たせる。仮に同僚のモチベーションを上げなければならないとしよう。情報を重視する同僚なら、教育指導、新しいスキルを実践させる、または内部情報を教えることもできる。地位を重んじる同僚なら、リスペクトする、相応の肩書きをつける、同僚からの評価が効果的だろう。あるいは給料のためだけに働く同僚なら、昇給、ボーナス、報奨金などを使ってモチベーションを上げよう。
- **安心**——リソースの交換に不平等があると、人間関係がギクシャクしてくる。不安、罪悪感、怒りが蓄積されていくからだ。恋愛関係では、愛を与えてばかりいる方が、不満を覚えはじめ、やがてその関係はうまくいかなくなる。もう一方の愛を受け取ってばかりいる方も、息苦しいと感じるだろう。職場で起きる緊張状態も、同じ理屈で説明できる。工場長が従業員に「お金」というリソースをあげるのは、従業員がそのお返しに「物品」を作ってくれると期待してのことだ。だが給料が不十分だと、従業員は腹を立てる。従業員の生産量が不十分だと、今度は工場長が腹を立てる。

プライベートであれ、職場であれ、人との関係においてはバランスを保つことが重要だ。とはいえ、他の人があなたの予想どおりのリソースを求めているとは限らない。

戦略❻「一番重要な価値」で相手の要所を掴め！

ある日、1人の男性が8歳の娘を連れて道を歩いていた。角のところで、1人の少年が座っていて、その隣には大きな籐《とう》かごが置いてある。少年は「子犬売ります。4匹」と書かれた紙を掲げていた。

娘は、男性が止める間もなくかごに駆け寄ると、小さな子犬を抱き上げた。「しまった。困ったことになりそうだ」と男性はため息をついた。

男性は少年に振り返った。

「この子犬はいくらだい？」

「この子、かわいいでしょ。世界で一番かわいい子犬なんだ。だから値段は1000ドル」

「1000ドルだって！　冗談だろ。無茶なことを言ってないで、まともな値段を提示してくれよ。買ってあげるから」

「無理だよ。世界で一番かわいい子犬なんだから。1000ドルだってば」

男性は、その後20分ほど値段交渉を試みたが、少年はがんとして値段を下げようとはしない。男性は値段交渉をしに1人で戻って来ることにした。泣いて大騒ぎする娘がいたのでは、有利に交渉できないからだ。


翌日、男性は1人であの通りに戻ってきた。思ったとおり、少年は今日も道に座っていて、その隣の籐かごのなかでは子犬が眠っている。

「おやおや。どうやら誰もその子犬を1000ドルで買ってくれなかったみたいだね。さあ、1日考えたんだから、もう少し値段を安くしてくれないか？」

「ダメだよ。これは世界で一番かわいい子犬なんだから」と少年は突っぱねた。

10分ほど交渉したあと、男性は手ぶらで帰っていった。数週間後、男性が近所の公園へ行くと、友だちとバスケットボールで遊んでいるあの少年を見つけた。男性は少年を呼んだ。

「おい、きみ！　あの子犬は売れたのかい？」

少年はこちらに駆けてきた。「売れたよ」

男性は目を見開いた。「まさか。1000ドルで売ったのかい?」
「もちろん。500ドルの子猫2匹と交換したいって子がいたんだよ」(注7)

このたとえ話は、ものの価値は人によって異なることを教えてくれる。

私たちはつい貴重な資産をお金に換算しがちだ。だが、世の中には個人にとって価値がある通貨が他にもある。少年にとっては、100ドル札10枚よりも500ドルの子猫2匹の方がずっと価値が高かった。となるとごく自然にシンプルな戦略が思いつく――人の心を動かすものが何かがわかれば、人とのやり取りはずっと簡単になる、ということだ。

人はみな、6つのリソースのうちの1つに引きつけられる。私はそれを「一番重要な価値」と名づけた。この価値は、性格マップの最後の層をなすものでもある。

レベル1――相手の**5つの特性**はどうなっているか?
レベル2――相手は、**5つの感謝の言語**のうちのどの言語を使うか?
レベル3――相手を動かす**一番重要な価値**は何か?

ある人について、この3つの問いすべてに答えられれば、あなたはその人の暗号を「解読」したことになる。私は身近な人たち全員の性格マップを把握しているし、ほとんどの人も私の性格マップを把握している。性格マップは人間関係における虎の巻のようなもの。相手がどんな人かすぐにかつ正確にわかるし、どう関係を築けばいいかも予想できる。

では、最後のレベルを見つける方法を学ぼう。

一番重要な価値を探す

数年前、うちの研究所では「50人の落ち着かない人たち」と題する実験を行なった。その目的は、人とのやり取りのなかで、いつ、どこで、どうやって落ち着かない状況が起きるのかを調べることだっだ。

やり方は簡単だ。私たちは被験者を募り、そのなかからさまざまな国や年齢層からなる50人の男性と50人の女性を選んだ。そしてこの人たちに「交流日記」をつけてもらったのだ。被験者たちは、7日間人々とのやり取りを短くまとめて次の表に書き込んだ。

こまめに日記をつけてほしかったため、要点を書き込むだけで済むよう小さな欄をもうけた。一番左の欄には、どんなイベントか簡単な説明書きを入れてもらう。デートか、仕事か、家族関係か、交流イベントかを知るためだ。2番目の欄には、3つの記号のうち1つを入れてもらった。全体的に楽しかった場合は、＋（プラス記号）を入れる。

図表6－2 交流日記

イベント	+、=、−	感じたこと

↓

記入例（被験者57番）

イベント	+、=、−	感じたこと
同僚とコーヒーミーティング	+	頬が痛くなるまで笑った。彼女は冴えている。
第1回目のデート	−	死ぬほどつまらない。退屈な男性だった。会話が苦痛。
リーダーシップ・ワークショップ	=	グループワークは興味深かったが、アドバイスが役に立つのかは不明。

まあまあだった場合は、＝（イコール記号）。

全体的によくなかった場合は－（マイナス記号）だ。

最後の欄には、会話中にふと感じたことを書き留めてもらった。たとえば「楽しい！　人がたくさんいる」とか「心細い。知り合いが1人もいない」などと書き込む。

7日間が経過したところで、研究員たちが日記を分析して特定のパターンを探す。イベントの種類によって、文章構造が変わるか、同じことを感じているか、どんな言葉を使って表現しているかを調べたのだ。それから被験者のメモを比べて、それぞれの「ビッグ・ファイブ」性格特性を突き止めた。

メモを参考にすれば、外向性（E）、協調性（A）、良識性（C）、神経症傾向（N）は簡単に突き止められる。唯一わかりにくいのは、経験への開放性（O）だった。それはともかく、この実験で一番興味深かったのは被験者の一番重要な価値がわかったことだ。

この実験を行なうまで、性格マップには2つの層しかなかった――「性格特性の層」と「感謝の言語の層」だ。そしてこの調査のおかげで、もう1つ層が加わった。きっかけは、被験者たちが一つのリソースに注目していることに気づいたことだ。そのリソースがないと不平をこぼし、それがあると大喜びする。彼らはあたかも、人々との交流から何かを手に入れようと探しているように見えた。目的のものが手に入ると、彼らはポジティブに反応したが、手に入らないとネガティブに反応している。

例として、ある被験者の記録を一部抜粋して紹介する。ここでは、被験者57番と呼ぼう（図表6−2の記入例を参照）。

被験者57番の一番重要な価値は何だと思う？　人々とやり取りするなかで彼女は何を探していたと思う？　答えは「情報」だ。彼女は人々との交流を通して、楽しみたい、何かを教えてほしい、情報がほしいと思っていたのだ。

人はみな、すべてのリソースを欲しがるが、そのなかに1つもっとも優先順位が高いリソースがある。人々とやり取りするなかで、どうしても満たしたい欲求が1つあるのだ。

ステップ❶　「問い」で自分の一番重要な価値がわかる

ゲームソフト「スーパーマリオブラザーズ」をやったことはあるだろうか？　非科学的かつ個人的かつ主観的な意見でまことに恐縮だが、私はこれを史上もっともすぐれたビデオゲームだと思っている。

このゲームでは、マリオがキノコ王国を駆け巡りながら、クッパという名の敵と戦い、ピーチ姫を救いだそうとする。マリオはステージごとにコイン、レンガ、レアアイテムを集めなければならない。コインを手に入れるとお金持ちになる。スーパーキノコを取ると、体が大きくなってスーパーマリオになる。ハテナブロックをたたけば、特別なパワーが手に入る。クリボーやノコノコなどの敵は、ファイアボールをぶつけて倒すことができる。

想像してみよう。あなたはマリオだ。あなたがもっとほしいものは何だろうか？　もっとお金持ち気分を味わいたい？　もっと大きくなりたい？　無敵になりたい？　もっと重要な問いがある。あなたを動かす動機は何だろうか？

- **満たされない欲求を求める**——フォウ博士らは、人間は幼少の頃に満たされなかったものを求める傾向があると主張する。たとえば愛情の薄い家庭で育った人は、大人になってから愛情や承認を求めたり、友だちや同僚への帰属意識が強くなったりする。愛されたいあまりに八方美人になる人もいる。あるいは、経済的に苦しい幼少時代を過ごした人は、裕福になっても、割引クーポンを切り取ったり、フリーマーケットで少しでも安くしようと値切ったりする。かつてお金に困窮した記憶が染みついてしまうと、たとえ満たされても、それを感じにくくなるのである。
- **足りないものを求める**——人間は、自分では満たせないものを求める傾向がある。自尊心が低い人は、地位にまつわるリソースを求める。あなたのまわりに、ＳＮＳに投稿しまくる人がいないだろうか？　彼らが投稿するのは、「いいね」やコメントをもらうか、投稿をシェアしてもらうと、自分に自信がもてるようになるからだ。

・欲求が目的になっている――ノースウェスタン大学の心理学者ダン・P・マクアダムス博士は、セルフトーク――心のなかのひとりごと――について研究した。そして、一番重要な価値が人生や仕事の目的になっている人がいることを突き止めた。[注8] たとえば物をため込む人は、「安心して暮らすには、家のなかを物でいっぱいにしなければならない」と思い込んでいるかもしれない。看護師は、「奉仕という個人的な任務の一環として患者の世話をしなければ」と自分に言い聞かせているかもしれない。

自分が何に価値を置くのかを明らかにするのは簡単なことではない。見つけるのに何年もかかる人は多い。次のワークをやると、あなたを突き動かす価値について考えるのに役立つだろう。図表6―3の文章を読んで、該当する数字をつけよう。

・当てはまらない………0点
・いくらか当てはまる……1点
・かなり当てはまる………5点

リソースごとに得点を足して、一番右の欄に合計点を書き込もう。一番得点が高かったのはどれだろうか？　それがあなたの一番重要な価値（または二番目に重要な価値）かもしれない。

図表6−3 一番重要な価値を知ろう

リソース	点数（0・1・5点）をつけよう	合計点
愛	人から認められることが大事→（ ）点 人から好かれることが大事→（ ）点 集団の一員だと思えることが大事→（ ）点	
奉仕	身近な人たちが私を支えてくれていると思えることが大事→（ ）点 人が私のために尽くしてくれると、自分を特別な存在だと感じられる→（ ）点 人から大切にされていると思えることが大事→（ ）点	
地位	人からほめられると、最高の気分だ→（ ）点 責任を負いたい→（ ）点 人々から尊敬されていると思えることが大事→（ ）点	
お金	経済的に安定していることが大事→（ ）点 私はお金を稼ぐために仕事をしている→（ ）点 心から幸せになるには、お金が必要だと思う→（ ）点	
物品	物を集めるのが好き→（ ）点 よくプレゼントを買ったり、贈ったりしている→（ ）点 家には思い入れのある物がたくさんある→（ ）点	
情報	情報に通じていたい→（ ）点 アドバイスをあげたい→（ ）点 教えたり、学んだりするのが好き→（ ）点	

一番重要な価値は、交流関係、仕事関係、恋愛関係などの領域によって異なる場合がある。違いがあるかを突き止めるために、次の質問を読んで最初に頭に浮かんだ答えを書き込んでほしい。これはあなたの価値観を知るための問いだ。自由に答えて構わない。正解、不正解はない。

仕事における一番重要な価値

- 仕事のどこにやり甲斐を感じるか?
- 仕事から何を得たいと思うか?
- 就業中に、自分の存在意義を実感するのはいつか?

↓

あなたの仕事における一番重要な価値は［　　　　］かもしれない。

社交上における一番重要な価値

- 仲のいい友だちと一緒にいることの魅力は何だろうか?
- 友だちを喜ばせるために、さらに何かをするとしたら?
- 親友と一緒にいるときに、一番「幸せだ」と感じるのはいつか?

↓

あなたの社交上における一番重要な価値は［　　　　］かもしれない。

恋愛における一番重要な価値

- 恋人との関係について一番いいところを説明するなら、それは何?
- パートナーがくれたプレゼント（または話してくれたことかあなたのためにやってくれたこと）のなかで、あなたが一番感動したのは?
- パートナーと一緒にいるとき、自分の存在意義を実感するのはいつか?

↓

あなたの恋愛における一番重要な価値は［　　　　］かもしれない。

ちなみに私の場合、仕事における一番重要な価値は情報だ。私はいつも人に何かを教え、本やブログを片っ端から読みあさり、「これだ！」と思ったものを勉強している。

社交上と恋愛における一番重要な価値は愛だ。私は成長期に愛されたとか、受け入れられたと感じたことがあまりないし、学校でも最高の友だちグループには恵まれなかった。だが、大人になった今は恵まれすぎているとすら思う。最高に協力的なパートナーと、かけがえのない仲間たちが見つかったのだから！　これだけ恵まれているのに、今も私は身近な人たちに愛を与えたい、みんなの愛がほしいと思ってしまう。

性格診断と感謝の言語を書き込んだ性格マップの真ん中に、一番重要な価値も書き入れよう（図表6－4）。

図表6－4
ヴァネッサの性格マップ

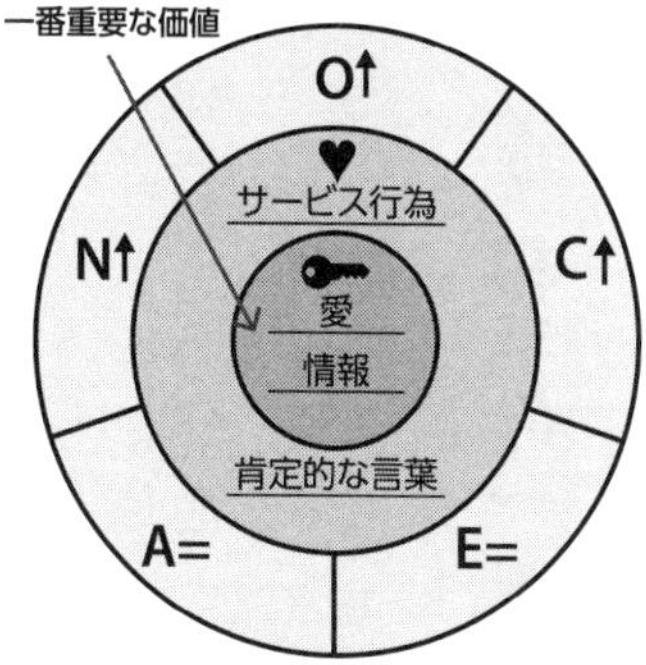

性格マップの真ん中に一番重要な価値を書き込むのには、理由がある。この価値には人生を変える力があるからだ。なぜか？　自分の一番重要な価値を知ることが、幸せになるための鍵だからだ。

人はなぜ憂うつになるのか？　なぜなら一番重要な価値が満たされていないからだ。どうして人間関係がうまくいかないのか？　それはおそらく価値交換が平等ではないからだ。どうしてまちがった選択をしてしまうのか？　一番重要な価値が誤った方向へと駆り立てたからだ。

多くの受講生は、自分の性格マップを解読することは、他人の性格マップの解読方法を学ぶことと同じぐらい役に立つという。一番重要な価値は、心のよりどころであり、物事の選択基準であり、私たちを動かすエンジンでもあるからだ。

ステップ❷ 相手の一番重要な価値を解読する

知っておいて損はない人間の行動にまつわる真理を教えよう。**ほとんどの判断は、本人にとっては合理的な判断**だ、ということだ。あなたが他人の判断に納得がいかないのは、その人とあなたの一番重要な価値が違うからだ。

人にはそれぞれ異なる価値観があると意識すると、こんなことがわかるようになる。

・特定の人と接するとイライラしてしまう理由
・人との間で誤解が生じた理由
・あなたの大切な人が、予想もつかない判断を下したり、行動を取ったりする理由同僚のモチベーションを上げたい？　ならばその同僚の価値を刺激しよう。パートナーが不可解な選択をした理由が知りたい？　その選択によってパートナーの価値がどう満たされるのかを突き止めよう。毎朝やる気に満ちあふれている人の原動力が知りたい？　その人の一番重要な価値を解読しよう。

人を魅了するには、あなたの視点ではなく、その人の視点から世の中を見る必要がある。あなたの価値を押しつけるのではなく、その人の価値に焦点を合わせてアピールしなければならない。ただし、他人の一番重要な価値を突き止めるのは、性格マップの3層のなかで一番難しい。私はふだん、次の4つの作戦を使って突き止める。

1愚痴や自慢話から探る

給料が安いとぼやく人はいないだろうか（お金）？　実績を認めてもらえないと愚痴る人は（地位）？　車がイマイチだとブツブツいう人は（物品）？　または、病弱な患者のためにこんなことをしてあげたと自慢する人は（奉仕）？　上司に気に入られたと胸を張る人は（愛）？　新しい企業パートナーのことを教えたがる人は（情報）？

私たちは、重要なリソースが手に入るとそれを自慢し、たりないとイライラする。それが自慢話や愚痴やおごりとなって表れるのである。

2ボディランゲージから探る

相手の一番重要な価値は、ボディランゲージから読み取れることがある。一番重要な価値が満たされると、うれしそうな態度を取る。幸せそうな表情を浮かべたり、身を乗り出したり、あいづちを打ったり、胸をはったりする。他方で、一番重要な価値が満たされないと、嫌悪感、怒り、軽蔑的な表情を浮かべたり、がっかりしたような態度を取ったりする。

3行動から探る

あなたが一番重要な価値を見つけ出そうと意識すると、人々の行動から、彼らが何を求めているかが読み取れるようになる。職場ではどんな行動として表れるか、いくつか紹介しよう。

- 同僚Aはいつも遅くまで残って上司のご機嫌を取っている。Aはほめられたい、責任ある仕事を任されたいなどと思っているのだろう。同僚Aの一番重要な価値はおそらく地位だ。
- 同僚Bは、毎日午後5時に退社するが、査定に響かないようプロジェクトは必ず期日までに終わらせる。年末賞与について最初に質問してくるタイプだ。同僚Bの一番重要な価値はおそらくお金だ。
- 同僚Cはオフィス内を歩きまわり、同僚たちと仲良しになったり、机の上に励ましのメッセージを残したりする。同僚Cの一番重要な価値はおそらく愛だ。

・同僚Dはいつも知り合いの誕生日を覚えているし、オフィスパーティを企画したがり、社内のソフトボールチームのまとめ役も引き受ける。同僚Dの一番重要な価値はおそらく奉仕だ。

・同僚Eは、角部屋のオフィスをほしがり、駐車場では一番使い勝手のいい駐車スペースを使いたがる。社員特典を積極的に利用し、休暇に出かけると必ずおみやげを買ってくる。同僚Eの一番重要な価値はおそらく物品だ。

・同僚Fは噂好きで、みんなの知らないところで何が起きているのかを知っている。また社員全員とゴルフをする。同僚Fの一番重要な価値はおそらく情報だ。

4 不安から探る

相手が夜も眠れないほど不安なことは何か？　相手は何にイライラしているか？　相手の不安材料がヒントになることがある。あなたのまわりに、「状況が見えない」と絶えず愚痴っている友だちはいない？　その人の一番重要な価値は情報かもしれない。重役の前でビクビクし、誰が次に昇進するかとピリピリしている同僚はいない？　その人の一番重要な価値は地位かもしれない。

・相手が不安を口にしたら、それに耳を傾ける
・相手に「何が心配なの？」とか「人生で一番の心配事は何？」と聞いてみよう
・相手の返答から、一番重要な価値を予測してみよう

最初は難しく感じるかもしれないが、相手の過去の行動を分析すると、価値観の方向性が見えてくるだろう。

注意したいことがある。私は直接本人に質問したくなるタイプだが、一番重要な価値を聞き出すのは簡単ではない。お金を心のよりどころにしている人は、お金が大事だと認めるのを恥だと思いがちだからだ――たとえお金がまっとうで必要なリソースだとしても。他に、人から好かれたい、人を喜ばせたいと正直に話しにくいと感じる人もいる。「私にとって大事なのは××だ」といいながらも、それが行動に反映されない人もいることを覚えておこう。

ステップ❸ 一番重要な価値を実生活で活用する

誰かの一番重要な価値がわかったとする。さて、あなたはその知識で何をするか?

まず、**相手が今後何をするか、何を選択するかを予想しやすくなる。**となれば、たとえば同僚が新しいプロジェクトにどう取り組みそうか、この人はいいパートナーになりそうかを判断するときに役に立つ。

次に、**身近な人たちのやる気をアップさせることができる。**子どもにもっと雑用を手伝ってほしい? お小遣いを増やすよりも、進んで手伝うよう促せる。上司をうならせたい? それなら上司の一番重要な価値をベースに行動して、評価してもらおう。チームメイトにもっと上達しなければと発破をかけたい？　相手にとって価値があるものを与え、彼らにとって重要なことには口出ししないことだ。

そして最後に、あなたが誰かの一番重要な価値を満たしてあげれば、**その人は自分に自信がもてるようになる。**私が思うに、人間が仲間に与えられる一番の贈り物は、相手の欲求を満たすことではないだろうか。誰かの一番重要な価値を与える機会があれば、私はいつもあげるようにしている。

「親切な行ないは、どんなに小さなものであっても、決して無駄にはならない」
——イソップ

一番重要な価値を6つに分け、相手を満足させる方法をいくつか紹介する。

一番重要な価値が「愛」の人が自分に自信がもてるようになるのは？

- グループに入れてもらったとき
- 好かれていると感じるとき
- 人から認められたとき

一番重要な価値が「奉仕」の人が自分に自信がもてるようになるのは？

- こちらから頼まなくても手伝ってもらえたとき
- 誰かがタスクか雑用を手伝ってくれるとき

・人が自分のために何かをしてくれたとき

一番重要な価値が「地位」の人が自分に自信がもてるようになるのは？

・ほめられたとき
・権限をもらったとき、評価されたとき
・功績を認められたとき

一番重要な価値が「お金」の人が自分に自信がもてるようになるのは？

・銀行口座に大金が入っているとき
・ほしいものが買えるとき
・お金を稼いでいるとき

一番重要な価値が「物品」の人が自分に自信がもてるようになるのは？

・居心地のいい家または事務所があるとき
・財産がたくさんあるとき
・思い出の品や象徴に囲まれているとき

一番重要な価値が「情報」の人が自分に自信がもてるようになるのは？

・情報に通じているとき
・情報を最初に教えてもらったとき
・意見を求められたとき

一番重要な価値なら「ただ働き」でもいい!?

一番重要な価値を利用するときは、相手に早く適切なリソースを与えるのが効果的だ。例として、私の友人ジョン・ボイルストンの話を紹介しよう。

ジョンはオレゴン州下院議員選挙に立候補した際に、私の友人でもあるマット・スコットに連絡を取った。マットに選挙運動のコーディネーターを引き受けてもらえないかと打診したのだが、そのときのやり取りが参考になる（この例を引用させてくれた2人に感謝したい）。

ジョンはマットに手伝ってもらいたかったが、双方にメリットのある方法を取りたかった。私の推測では、ジョンの仕事の一番重要な価値は奉仕だ。そしてジョンは、選挙運動全体――寄付金を募る、チラシを作る、有権者の家を訪問する、電話に対応するなど――をコーディネートしてくれる助っ人を必要としていた。

だが、連絡を取る前に、マットの一番重要な価値を見つける必要があった。お金だとしたら、時給制にするといいだろうか？　地位だとしたら、ジョンのウェブサイトや選挙資料にマットの名前を載せればいいだろうか？　情報だとしたら、政治の舞台裏を見せてあげればいいだろうか？　彼を知る仲間たちと話し合った結果、マットが選挙活動を運営する経験を積みたがっていることがわかった。彼の一番重要な価値は情報かもしれないと予想しつつ、ジョンは次のようなメールを送った(メールの一部を割愛して引用する)。

やあ、マット

知人から、きみが政治に興味があって、選挙運動のサポートにも関心がありそうだと聞いたんだけど、本当かい?

だとしたら、ぼくがやろうとしている計画は、まさにきみの希望にかなうと思う。実はこの春の州議会議員選挙で、第26区から下院議員に立候補しようと思っているんだ。出馬するとなると、すぐれた選挙運動チームが必要になる。すでに専門のコンサルタントや資金調達の担当者はもちろん、データ管理やコンプライアンスや会計の専門家も集めた。でも本当に必要なのは、有権者に対応する窓口をとりまとめる人とボランティアを管理するマネージャーだ。

この仕事には、ボランティア初心者以上の責任が伴うけど、選挙運動の舞台裏をのぞいて、選挙活動がどう展開されるのかを直接目にするチャンスではある。おまけに意思決定を下したり、クリエイティブな発想をしたりする必要もあり、封筒詰め以上の仕事をやってもらうことになる(もっとも、封筒詰めも時々手伝ってもらうけどね)。

きみが仕事をこなせるよう教えるし、優秀なメンバーたちもきみをサポートしてくれるだろう。こんな感じで、サポート体制は整っている。ぼくには有権者と連絡を直接やり取りして、選挙運動を牽引してくれる中心的な人が必要なんだ。

選挙対策チームを作る際に、この役割を誰に任せようかと考えたとき、最初にきみが思い浮かんだ。きみならきっと活躍してくれると思う。

ジョン

メールを読んだとき、マットは大喜びしたそうだ。このオファーこそ彼が待ち望んでいたものだったからだ。マットはすぐに返信した。

「どんな形でもいいからこの仕事をやらせてほしいぐらいだよ。まさにぼくがやりたかった仕事だ。たまに展示会に行く場合を除けば、週末と平日の夜は比較的空いているから、できればその時間帯に手伝えればと思う。このポジションの候補者としてぼくを思い出してくれてありがとう。ぜひ手伝いたい。こまかい話を聞きたいのだけれど、いつなら会えそうかな？　繰り返すけど、オファーをありがとう！」

ここで視点を変えて見ると、マットは「ただ働きする機会をくれてありがとう」と感謝しているとも解釈できる。一見矛盾しているように見えるが、マットの一番重要な価値が情報だとわかれば、筋が通る。マットは選挙運動の運営について知りたかったし、現場を見るためなら喜んで協力したかった。双方の一番重要な価値が合致したのだから、このメールをきっかけに、確たる仕事関係が始まったといえる。

注意したいことがある。私の生徒たちから、状況に応じて価値を追加する必要があるとの指摘をもらった。特定の状況になると一番重要な価値が変わることがあるからだ。たとえば、ある同僚の一番重要な価値がお金だとする。ところが、その同僚はプロジェクトを率いると、ほめ言葉や評価をほしがり、自分の功績にしたがった。つまり、一番重要な価値が一時的に地位に変わったのである。

相手の心を知ると、思い通りに動かせる

前述した、ロンドロジ動物保護区を経営するボイド・ヴァーティのエピソードを1つ紹介しよう。ある国の王が、キャンプに滞在することになったという。「有名人、政府高官、政治家を迎えたことはあるけど……王家に仕える側近や従者まで受け入れるとなると、前例がないほどの準備が必要になると思った」とヴァーティは語った。(注9)

自家用ジェットが止められるよう滑走路を延長するなど、輸送面での受け入れ体制を整えるのはもちろん、キャンプで殿下に特別な時間を過ごしてもらうにはどうしたらいいかも考えなければならなかった。

幸い、ヴァーティたちはすぐにヒントを得た――王とその側近が一番興味があるのは「物品」らしい。王の秘書と打ち合わせしていたときに、王女たちが買い物好きだとわかったからだ。

「うちのショップは小さいけれど、在庫は豊富すぎるぐらいある。王が女性を20人連れてきても、一日に数回ショップに足を運んでもらえれば、その都度新しい商品を入れ換えて対応できるだろう」

ヴァーティたちは、王ご愛用のクラランスの洗顔料やパパイヤの香りがするハンドクリーム、お気に入りのダイエット用振動マシンを取り寄せた。王が到着する日には、ロンドロジはすっかり王の価値観に合わせてカスタマイズされていた。

ロンドロジが世界的に有名なリゾート地へと変わったのは、辺りを取り囲む大自然の美しさのおかげだけではない。ヴァーティとその家族が人間の本質を見抜いたからでもある。ヴァーティは、毎日人と出会うたびに彼らの一番重要な価値を与える——サファリのガイドや、コンシェルジュ、コックも例外ではない。彼はすぐに、宿泊客が何を期待しているかを見抜く——ゴージャスな経験か（奉仕）、宿泊代に5つ星レストランでの夕食が含まれていることか（物品）、自然との一体感か（愛）。

1日の終わりに、ヴァーティは人々の心を探る。ロンドロジを訪れる人々に、ここに来た意義を伝える方法を探すのだ。人を魅了するには、あなたも同じことを目標としよう。人々の心を探り、彼らにとっての価値を探り、意義を与える方法を探るのだ。

やってみよう

1 あなたにとって大切な人を5人選びだそう。その人たちの一番重要な価値は何か？

2 あこがれの人の一番重要な価値は何だと思うか？　もっとその人の役に立つにはどうしたらいいか？

3 パートナーか親友と一緒にワークをやって、互いの一番重要な価値を突き止めよう。相手はあなたの一番重要な価値をあてられただろうか。

【第6章のまとめ】

人間関係とはリソースを交換しあうことだ。私たちが交換しあうリソースは6つのカテゴリーに分かれる。そして私たちは主要なカテゴリー（一番重要な価値）によって突き動かされる。誰もが一番重要な価値を持っているし、それが行動、ふるまい、判断に大きく影響する。人の特性の解読術の最終段階は人の一番重要な価値をコントロールすることだ。

- 私たちがどうやってリソースを交換しているか理解する。
- 自分の一番重要な価値は何かを知る。
- 人々の一番重要な価値を突き止めて、それぞれのモチベーションを把握する。

第Ⅲ部

出会って「最初の5日間」で最高のチームやファン、親友を作る方法

ちょっとした知り合いを、生涯の友にするにはどうしたらいいか？　たまにデートする人と、きちんと話し合って正式な恋人どうしになるにはどうしたらいいか？

本書の第1部では、出会って最初の5分間に相手の注意を引く方法を学んだ。第2部では、人の行動や性格を解読することで、相手を知る方法を学んだ。最終段階となる第3部では、人との関係をさらに深めるための技術をマスターする。

これまでに、相手の記憶に残るような第一印象を与える方法と、複雑な性格を分析する方法を学んだ。ここからは、あなたの影響力をパワーアップさせる方法を学ぶ。この方法を習得すれば、チームメイトをパートナーに、クライアントを熱狂的なファンに、友人を親友に変えられるだろう。

第7章

「つながり」をパワーアップ！

——相手の脳内に入り込め

相手との最短距離を探り当てよう

1926年5月18日、エイミー・センプル・マクファーソンが行方不明になった。

その日はいつもと同じように朝を迎えた。マクファーソンは秘書と一緒に、ベニスビーチ付近へ泳ぎに出かけた。ところが、海に入ってわずか数分でマクファーソンはいなくなった。警察は付近のビーチもくまなく捜索した。ロサンゼルス市は厳戒態勢になったが、彼女は見つからなかった。

やがて奇妙なことが起きた。マクファーソンの目撃情報がアメリカ中から寄せられたのだ。なかにはありえない目撃情報もあった。同じ日に何千キロも離れた場所で、マクファーソンを見たとの証言があったのだ。警察には、さまざまな情報筋から身代金を要求する手紙が送りつけられた。

マクファーソンが誰にも見つからない一方で、目撃談は絶えなかった。そして失踪から1カ月後、彼女はメキシコの砂漠で無傷の状態で見つかる。彼女は誰かに誘拐されて、掘っ立て小屋に閉じ込められていたのだという。

マスコミはすぐに、彼女の証言はつじつまが合わないと指摘（どうやってメキシコへ移動したのか？　なぜ無傷なのか？　誰に誘拐されたのか？）。民衆はすっかり心を奪われた。マクファァーソンがロサンゼルスに帰って来たとき、駅では3万人以上の人が英雄として彼女を出迎えたという。

マクファーソンは、その知名度を活かして民衆をあおり、新しいファンたちをアンジェラス寺院——この寺院は今もロサンゼルスで運営されている——へと誘った。一時期、ロサンゼルス市民の10％がこの寺院の信者になったといわれている。(注1)

「……だから彼女は誘拐を偽装して、新興宗教を立ち上げたのです」と語るのはコメディアンのニコル・パオンだ。アンジェラス寺院の外に停めた2階建てバスの2階先頭付近に立って、熱心に聞き入る観光客グループに話しかけている。パオンは、一風変わったコメディショーを演じながら市内の変わった観光地を訪れるツアーを行なっている。その名も「このショーのあとで薬物治療を始めますツアー」だ。そしてアンジェラス寺院は、このツアーで訪れる観光スポットの1つなのだ。(注2)

これはきわめて個人的なツアーだ。恋人との破局、一夜限りの関係、泥酔してしでかしたことなど、パオンのロサンゼルスでの生活を語る。ショーの途中に、大型バスは彼女の元カノの家の前で停まる。そしてパオンの指揮のもと、全員でアデルの「ハロー」を声を限りに歌う。「たまに元カノが窓から顔を出して、一緒に歌ってくれるのよ……ま、そのときの気分次第だけどね」とパオンは苦笑する。

バスで走行する間、パオンはひょいと頭上にかかる木の枝をよけたり、ハリウッドで起きたちょっと異色な殺人事件の話をしたり、穴場を紹介したりする。バスが赤信号につかまってなかなか発進できないときは、バイクのドライバーに「携帯で私の写真を取ってインスタグラムにアップして、あなたの一番セレブな友だちに紹介してよ」と話しかける。このツアーを14回ぐらいやったところで、パオンはツアーのルートから外したほうがいい区域や、通行人に話しかけるコツがわかってきたという。

　このツアーがハリウッド観光の名物になろうとは思いもよらなかった、とパオンは言う。キャンセル待ちが出るほど申し込みが来ることも、テレビ局の重役から、このバスツアーをシリーズ化しないかと持ちかけられることも想定外だった。もともと1回限りのつもりで始めたショーだ。「わたしの人生はボロボロだった。お金もない、仕事もない、ガールフレンドとも別れたばかりで」と彼女はいう。そのため、パオンはセラピスト代わりにコメディを使い、暴露療法代わりにバスのなかで人生をさらけ出すことにしたのだ。

　1回目のショーは、怖くてしかたがなかったという。「1時間半の間、わたしはずっとみんなに大声で叫んでたわ。観光スポットに到着するたびに吐きそうになった」

　それでも彼女は、勇気を出して何でも正直に話した。デートでの失敗談、浮気されたこと、まさかの遭遇といったエピソードが次々と出てくる。「絶対秘密だったことや恥ずかしい出来事を、みんなに打ち明けてたわ。怖いのと同時に自由を感じた瞬間でもあったわね(注3)」。

　翌日、パオンは洗いざらいしゃべったことで自己嫌悪になった。だが、ツアー客たちはパオンのツアーのこと、とりわけ彼女の下ネタと何でも話してくれる率直さを話題にするようになった。以来パオンは、20回以上このバスツアーを開催しているが、毎回チケットは完売する。

パオンが口を開くと、人々は聞き入るだけではない。「もっと話してくれ」と頼んでくるそうだ。偶然ながら、彼女は人とつながるための最短距離を探り当てた——それは、ストーリーを語る、ということだ。

「ストーリーは人類に共通する通貨だ」

——タヒル・シャア

ストーリーがつながりを作る

タイ・ワーナーは、これまでに何度も事業のアイデアを思いついたが、どれもうまくいかなかった。その彼が、あるアイデアを思いつき、それを実現するためならと貯金を切り崩し、自宅を抵当に入れた。

彼が思いついたのは、これまでに何万回と目にしてきたふわふわのぬいぐるみに、斬新なひねりを加えようというアイデアだ。

ぬいぐるみに名前と誕生日とストーリーをつけて、発売しようと考えたのだ。たとえば「ロブスターのピンチャー」。誕生日は1993年6月19日。このぬいぐるみにはこんなストーリーがある。

このロブスターは、何でもハサミでつまみたがる
えさはゆっくり食べるよ
しっぽでバランスを取りながら、
のろのろと前に進むんだ

他にも「ヘラジカのチョコレート」、「ブタのスクイーラー」、「クジラのスプラッシュ」なんかもある。タイ・ワーナーはついに大ヒット商品を作ったのだ。彼が経営するおもちゃメーカーは、「ビーニーベイビーズ」という代表的なシリーズを製造しているが、子どもたちは1つ手に入れただけでは満足しない。このシリーズを全部そろえたがるのだ。ビーニーベイビーズは、その全盛期には年間売り上げが7億ドル超に達したという。(注4)

人間は誰か(または何か)のストーリーを聞くと、親近感を覚えることを、ワーナーは知っていたのである。

- ストーリーを聞いていると、「私も!」と言いたくなるときがある。すると「似た者同士はひかれ合う」の効果が生じる。
- ストーリーは会話にきらめきを生み出す。聞いているほうはうれしくなる。

・ストーリーは、話し手と聞き手の結びつきを強める。

グレッグ・スティーブンズ、ローレン・シルバート、ウリ・ハッソンら研究者たちは、ストーリーを聞くときに脳内で何が起きるか突き止めることにした。そして2人の被験者を集め、1人はストーリーを話し、もう1人はそれを聞き、その間の脳活動をｆＭＲＩ（機能的磁気共鳴画像法）の装置を使って画像化した。すると衝撃的な事実が明らかになった。2人の脳が同期していたのだ。話し手がストーリーを語る間、聞き手の脳がそれに合わせて活動していたのである。(注5)

他にも、スペインの研究者たちは、「香水」や「コーヒー」といった文字を読むだけで、一次嗅覚野（においを処理する脳の部位）が活性化することを発見した。クレームブリュレの話を聞くと、脳はクレームブリュレの像と味をイメージし、あまい香りと滑らかな舌ざわりも思い浮かべる。たとえ現物がなくても、脳はあたかも目の前にクレームブリュレがあるかのように反応するのだ。ある感覚を生き生きとイメージすると、実際にそれを経験したかのように脳の一部が活性化する。かくして、誰かがあなたにストーリーを話すと、あなたの脳はそれを経験したかのように反応する。この現象は「ニューラル・カップリング」と呼ばれているが、私は「つながり戦略」と呼んでいる。

この認知メカニズムのおかげで、ストーリーは人との距離を最短に縮めることができる。ストーリーは、文字通り人々の波長を合わせやすくするのだ。相手はあなたの話を聞くだけでなく、その話を追体験する。短いストーリーですら脳を刺激し、聞いている人たちの脳活動を同期させてくれる。

「人間と真実を結ぶ最短距離はストーリーだ」
——アントニー・デ・メロ

ストーリーを巧みに使う

告白したいことがある。あなたは夕食の最中に電話をかけてきて「寄付をお願いします」と頼む人をご存じだろうか？　実は、私もあの1人だった。あなたがガチャンと電話を切った相手。そう、電話勧誘販売員だ。正確にはちょっと違うが、似たようなものだ。大学生の頃、生活費のたしにしようと、私はエモリー大学の資金集め組織、エモリー・テレファンドで働いていた。3年間、毎晩卒業生に電話して「母校のために募金をお願いします」と頼んでいたのだ。

これは私が今までにやった仕事のなかでも、最悪にして最高の仕事だった。この仕事をやるには、快適な場所《コンフォートゾーン》にはいられないし、すぐに人と打ち解けなければならず、拒絶されてもくよくよしてはいられない。さらに、この仕事のおかげで私はつながりのための究極の戦略、すなわち「ストーリーを語る」技術を身につけた。

働き始めて最初の数週間は本当にきつかった。1日目の晩、ずらりと並んだコンピューターの前に座り、ヘッドセットをオートダイヤルシステムに接続する。相手が電話に出るまでの5～7秒間の間に、画面に表示される連絡先のプロフィールにざっと目を通して、相手の詳しい情報を暗記する。私は特に相手の名前、卒業年度、学科を覚えるようにした。運が良ければ、ベルが4～5回鳴るまで相手が電話に出ず、その間にデータを暗記できる。そして相手が電話に出ると――。

相手「もしもし？」
私「こんばんは、スミスさん。こちらは、エモリー大学テレファンドの者です。今回お電話を差し上げたのは、寄付をお願いでき――」ガチャリ。

といっても、乱暴な言葉で罵られることに比べれば、ガチャ切りのほうがマシといえた。何とか相手が電話を切らずにいてくれるときは、できるだけ早く――私の場合はおどおどとだが――「小額で構いませんから学校に寄付していただけませんか」と頼まなければならない。最初の200回ぐらいまでは、話を聞いてくれる人が1人か2人いればラッキーという状況だった。が、2人から寄付を募ったとしても……正直いって、これでは生活もままならない。

ある晩、何度もガチャ切りされて成績もふるわない私に、マネージャーが同情したらしい。こちらに歩いて来て、私のヘッドセットを外すと、「うちの大学を好きかい？」と聞いてきた。

「もちろんです。だからこそ、こうして寄付を募ってるんです」

「よし。それなら、うちの大学のどこが好き？」

そんなの簡単だ。

「そうですね、エモリー大学で気に入っているのは、国内でも有数の先生がいること、地域も快適ですばらしいし、キャンパスも美しいし……」

「ストップ」。マネージャーが私をさえぎった。

「電話でもそうやって話しかければいいんだよ。きみはうちの大学が好きで、それは卒業生も同じだろ？　大学が好きだというストーリーを話せばいいんだよ」

マネージャーの言うとおりだ。電話の向こうの相手が、50年前に大学を卒業していようが、私とは専攻が違っていようが、今は他の地域に住んでいようが、関係ない。私たちには共有できるストーリーがある。

以後、私は2つの目標をかかげて電話をかけることにした。1つめは、電話の前半で、うちの大学に関するストーリーを共有すること。たとえば学内で開催される同窓会、新しい体育館、教授へのいたずらなど。当時は気づかなかったが、この最初のストーリーは、私と同窓生の目線を同じにする働きがあった。

2つめの目標は、電話の後半で相手にストーリーを語らせることだ。私は、みんなのエモリー大学での思い出話が聞きたかった——昔と比べて何が変わったのか、キャンパスに遊びに来ることはあるのか、大学での楽しい思い出は何か。最後に寄付してもらえれば最高だが、もらえなくても構わなかった。私の唯一の目的はストーリーを聞き出すことだったからだ。

私がストーリーをうまく話せるようになるに従って、徐々に寄付金も集まるようになった。たとえばこんな感じだ。

相手「もしもし？」

私「こんにちは、スミスさん。私はヴァネッサと申しまして、エモリー大学の2年生です。数分で構いませんので、大学の思い出話につきあっていただけませんか？」

相手「2年生だと？ うちのアメフトチームはうまくやってるかい？」

私「最強ですよ。今季はまだ無敗ですから（うちの大学にはアメフトチームはなく、これは学内共通のジョークだ）。先週末に同窓会が開かれまして、ジョージア州産の桃を積み上げた特大の山車が出たんですよ。1978年の同窓会でも同じような企画がありましたか？」

相手「さて、どうだったかな。確かパレードをやって、それから当時は水風船で遊んだんだったかな」

私「本当に？ 今水風船を配ったら、キャンパスがとんでもないことになりますよ。花壇がどうなっているかご存じですか？」

相手「ああ、もちろん。昔は、芝生でサッカーをすると、庭師にさんざん怒られたもんだよ！ さてと、私にどんな用件があるのかな？」

私「ええと、実は私はエモリー・テレファンドの者でして。昨年、スミスさんからは100ドルという高額な寄付をいただきました。今年は150ドルの寄付をいただけないかと思いまして。スミスさんが在籍されていた史学科に寄付することもできますよ」

相手「そんなことができるのかい？ そいつはすばらしい。ああ、タルボットさんはまだそこで働いているかい？ よろしく伝えておいてくれないかね」

募金がどんどん集まるようになっただけでなく、仕事も楽しくなってきた。図書館にある隠れた勉強スポットを教えてもらい、部屋の抽選会で当たりやすくなるコツを伝授してもらい、卒業生のことをよく知ることもできた。私は毎週電話に向かうたびに、とっておきのストーリーを用意し、相手のストーリーをどうやって聞きだそうかと思案した。私はストーリー・ハンターとなり、ストーリーの使い手にもなった。では、あなたにそのやり方を教えよう。

戦略7 「ストーリー・ライブラリ」で、話して探る

誰でも、ストーリーに力があることを直感的に知っている。だが、それを毎日使う方法を見つけるのは簡単ではない。そこで、容易にストーリーを交換する方法、共有する方法、聞き出す方法を紹介する。私は人に語るストーリーをひとまとめにして「ストーリー・ライブラリ」と呼んでいる。

ストーリーの力を活用する一番簡単な方法は、あなたのお気に入りの小話、エピソード、相手の話を掘り下げるための質問を「ストーリー・ライブラリ」に集めて、いつでも使えるようにしておくことだ。では、ライブラリの作り方を説明しよう（図表7－1）。

・きっかけトピック

会話では、しばしば同じ話題が出ることにお気づきだろうか？　私はそんな話題を「きっかけトピック」と呼んでいる。お酒を交わしているときや、初対面の人と話すとき、私たちはよく天気、道路状況、週末の予定、最近見たテレビ番組のことなどを話す。どれもよく耳にする、ごく一般的で無難な話題ばかり。これらをストーリー・ライブラリの一番左に配置する。これらのきっかけトピックを耳にしたら、それを発射台代わりに使って、あなたのストーリーを語ろう。図表7−1を見て、他にも会話中によく出てくる話題があれば、それを付け加えよう。

・きらめきのあるストーリー

どんなものにでもストーリーはあるが、私たちはめったにそれを記憶にとどめない。きらめきのあるストーリーとは、大爆笑やひらめきを誘発したり、人をうならせたり、話題を掘り下げるきっかけとなったりするエピソードのことだ。きっかけトピック1つにつき、きらめきのあるストーリーを1つ以上見つけよう。

・ブーメラン

ストーリーを話し終えると、今度は話し相手に話題を提供してほしくなるものだ。相手がその期待に応えて、話題を提供する——私はこのやり取りを「ブーメラン」と呼んでいる。あなたが

あなたのストーリー・ライブラリ		
きっかけトピック	きらめきのあるストーリー	ブーメラン（相手への振り方）
• 今起きていること • 最近のニュース • 衝撃的なニュースにまつわる話		• あなたが忘れられないニュースは？ そのニュースを聞いたとき、あなたはどこにいた？ • それに気づいたとき、あなたはどこにいたの？
• 故郷 • 幼少時代 • 青春時代		• 故郷が恋しい？　それともいなかを出られてよかった？ • 青春時代のおもしろい話を聞かせてくれない？
• 名前 • 名前を忘れやすくなったこと • おもしろい名前 • つづりをまちがえやすい名前		• あなたの名字の由来は？ • 今まで聞いたなかで一番おもしろい名前は？ • 自分の名前は好き？
• 仕事 • 最初の就職先 • キャリア選択 • 将来やりたい仕事		• この仕事を始める10代の若者に、あなたならどうアドバイスする？ • 今の仕事を始めてから一番驚いたことは？ • あなたが今の仕事に就いたのは、何か意外なことが起きたから？
• 新しい活動 • 旅行 • 週末に起きた珍しい出来事		• あなたの「死ぬまでにしたいことリスト」には何がある？ • 遠方から誰かが遊びに来たら、その人をどこへ連れて行く？ • 最近、何か新しいことにチャレンジしてみた？　それは楽しかった？　それともイマイチだった？
• 祝日 • 休暇 • 祝日の過ごし方		• 次の休暇はどこに行く予定？ • 休暇を過ごすのに、世界一オススメの場所は？ • 今までで最高（または最悪）の休暇はどんなだった？

図表7−1　ストーリー・ライブラリ

あなたのストーリー・ライブラリ		
きっかけトピック	きらめきのあるストーリー	ブーメラン（相手への振り方）
• パーティ • 誕生日 • プレゼント		• 今まで参加したパーティのなかで、一番よかったのは? • 今までもらったプレゼントのなかで、一番うれしかったものは? • 子どもの頃に参加したパーティのなかで、一番楽しかったのは?
• 夏 • 季節 • アウトドア • キャンプ		• 今年の夏は何をする予定?　去年の夏は何かおもしろいことあった? • 夏と聞くと何を思い出す? • キャンプに行った?
• 天気 • 暴風雨の思い出 • 極端な天気		• ひどい（または予期せぬ）悪天候に見舞われたことがある? • ひどく日焼けして痛い思いをしたことがある? • 好きな季節は?
• 交通関連 • 通勤・通学 • 車の運転 • ドライブ旅行		• 運転中にオーディオブックを聞いたりする? • 運転中によくかけるお気に入りの曲は?　またはお気に入りのラジオ放送局は? • お気に入りのポッドキャストは? • 通勤時間は長いの?
• テレビ番組 • 本 • 映画 • 古典、名画、伝統芸能 • ドキュメンタリー		• 今は何を読んでるの?　またはどんな映画を見てるの? • 最近読んだ本は（または見た映画は）? • 今までで一番印象に残ったドキュメンタリー／本／記事は? • お気に入りのキャラクターは? • 自分の生涯を映画化するとしたら、どの俳優に自分を演じてもらう?

どんなストーリーを語れるか？
考えてみよう。

図表7−2

あなたのストーリー・ライブラリ		
きっかけトピック	きらめきのあるストーリー	ブーメラン（相手への振り方）
• セレブ • 理想の人 • 有名な話 • 魅力的な人		• セレブに会ったことある? • セレブに関するおもしろい目撃談を聞いたことある? • セレブに会えるとしたら、誰に会いたい? • 著名人のなかに、あなたが理想とする人はいる?
• イベント • カンファレンス • 音楽祭 • パレード • 定期市、フェア		• 他にもこんな感じのイベントに来たことはある? • 今までに行ったなかで一番度肝を抜かれたイベントは? • カンファレンスに行ったりするの? • 音楽祭に行くことはある?

きらめきのあるストーリーを話し終えたあと、どう相手に振るか？　相手からもストーリーを聞き出すにはどんな質問をすればいいか？　どうすれば相手はしゃべってくれるか？　あるいは、どうすれば相手を笑わせられる？

まずは一例を紹介する。仮に私が同僚とランチを取っている最中だとしよう。そして相手が最近HBO局で見たコメディ特番の話題を持ち出してきたとする。コメディは私のきっかけトピックの一つだ。私は会話が落ち着くのを待ってから、ライブラリからきらめきのあるストーリーを持ち出す。やり取りはこんな感じになる——。

同僚「この間、HBO局が制作した『アジズ・アンサリ　HBOスペシャル』を見たんだ。すごくよかった」

相手「同感！　コメディ特番なら週末中ずっとネットフリックスで見ていられるわよね。以前はビル・マーの番組を四六時中見てたわ。でも、本人の前で恥をかいてからは、前と同じようには笑えなくなっちゃって」

同僚「っていうと？」

私　「以前、夫と映画を見たあと、ウエストハリウッドの駐車場で係員が車を出してくれるのを待ってたの。すごく寒かったのに、駐車場が混んでて、車は永遠に出てきそうになくて。すると突然、黒い大型のSUVが駐車場に入ってきて、係員が運転手に向かって手をふったの。それで夫と大声で、誰の車だろうって話し始めたのよ。『タイヤのリムがダサいからラッパーじゃないだろう』とか『ナンバープレートが短いから政治家でもない』って笑ってたの。レザーシートについて冗談を言い始めたところで、ふと振り返るとビル・マーが立ってたのよ。こちらをじっと見てた。そう、あれは彼の車で、しかも私たちの会話をずっと聞いてたのよ。もう、ばつが悪いったら」

同僚「げっ。最悪だ。マーは笑ってた？　それともまじめな顔だった？」

私　「にこりともしなかったわ。だからすごく気づまりで。あなたはどう？　セレブを見たことある？」

同僚「あるよ。実はこの間さ……」

私はストーリーを使って同僚とつながり、退屈になりそうだった会話をうまくコントロールした。それからブーメランを投げて、今度は彼にストーリーを語らせたのだ。

さあ、次はあなたの番だ。図表7－1、2のストーリー・ライブラリを参考にきっかけトピック、きらめきのあるストーリー、ブーメランを思いつく限りたくさん書こう。

注意点――ストーリーはオリジナルでなくても構わない。職場でおもしろいストーリーを聞いた？　じゃあ、それをライブラリに加えよう。この本におもしろいエピソードがあった？　それも入れてしまおう。

ストーリーを語る3つの簡単テクニック

ストーリー・ライブラリが充実していても、それを語る技術がなくては十分に活かせない。ごく普通のストーリーを秀逸なストーリーに変えてくれるシンプルな小道具を3つ紹介しよう。

1最初にフックを使う

相手の注意は最初に引こう。挑発的な質問、刺激的な言葉、またはあいまいな意見を出して相手の好奇心をあおり、フックをかけよう。前述の例では、私はビル・マーのエピソードを語る際にフックを使った。「以前はビル・マーの番組を四六時中見てたわ。でも、本人の前で恥をかいてからは、前と同じようには笑えなくなっちゃって」というセリフがそうだ。このフックを使うと、いつも相手は好奇心をむき出しにする。

2葛藤や苦労を入れる

すぐれたストーリーの中心には、葛藤や苦労があるもの。たとえば課題、解決すべき問題、克服すべき難題など。先ほどのビル・マーのエピソードでは、「誰の車か?」が葛藤にあたる。緊張感を生み出すための小道具と考えてもいい。何かをにおわせられないか？　対決相手はいないか？　途中にハラハラする場面があるか？

3 刺激的な言葉を使う

前に、「香水」や「コーヒー」といった言葉を聞くと、脳の嗅覚系が活性化されるという話をしたが、覚えているだろうか？　ストーリーが生々しいほど、それだけ聞き手の脳も活性化する。リアルで刺激的な言葉を使って、ストーリーをおもしろくしよう。

これら3つの小道具は、全部合わせて2分以内に収めよう。ストーリーも短くすること。3分以上話すと、自分の話ばかりする人だと思われかねない。

このモデルを使えば、退屈なエピソードも笑えるストーリーへと簡単に変えられる。作家のスーザン・ケインは、TEDに出演した際にこの構造を使って内向性について話した。この動画の視聴者数は1400万人を超えている。(注6) ケインはフック、葛藤、ブーメランを使ったスピーチ構成で、聴衆を魅了したのだ。ケインのストーリーを分析してみよう。

フック

9歳のとき、初めてサマーキャンプに参加しました。母はスーツケースいっぱいに本を詰め込んでくれましたが、私にとってはごく普通のことでした。私の家では、読書が主たるグループ活動だったからです。

葛藤

――非社交的だと思うかもしれませんが、私たちにとってはそれが一種の交流方法だったのです。家族がそろっていて、人の温かみを身近に感じながら、同時に心は冒険の国を好きに飛びまわらせることができるのです。キャンプというのは、それのデラックス版なのだと思っていました。

ユニークな言葉

――10人の女の子が山小屋でおそろいのパジャマを着て、楽しく一緒に読書するのを想像していました。でもキャンプはいわばアルコール抜きのどんちゃん騒ぎでした。キャンプ初日に世話役の人が私たちを集めてチアを教えました。キャンプの精神が身につくよう、これから毎日やるんだと。こんな感じです。

「R―O―W―D―I―E（騒がしく）。これがRowdieのつづり方。Rowdie、Rowdie、さあ騒がしくいこう」

ブーメラン

――ええ、どうしてこんなに騒がしくするのか、まったく訳がわからなかったし、なんでまちがったつづりを言わされるのかもわかりませんでした（正しいつづりは「Rowdy」）。

ケインが次のように淡々と話していたら、このストーリーはもっと退屈なものになっていただろう。

「読書は、多くの人にとっては非社交的なものかもしれません。ですが、私にとって読書は家族との遊びのようなもの。キャンプに行ったとき、私は自分の居場所を見つけられず、苦労しました」

しかしケインは、スピーチに小道具をたして、自分の葛藤に聴衆を引き込んだ。そしてブーメランを使って、聴衆を笑わせた。大勢を前にしたときは、この種のブーメランが一番効果的だ。

この構造を使ってストーリーを語る方法が思いつかないって？　その点もカバーするのでご安心を！　ストーリーを語る練習ができるよう、空欄を埋めるゲームを用意した。きっかけトピックは「通勤」だ。つまらなそうだって？　いやいや。そのつまらない話題も小道具を使えば、ちょっとしたストーリーに変えられる。次の空欄を埋めるだけでできる。

1　フック「運転中にすごく（　　　　　）な光景を見たんだ。何だったと思う？」

2　葛藤「ある日、車を運転してたんだ。で、ふと見渡すと（　　　　　）が見えたんだ」

3　ユニークな言葉「それがすごく（　　　　　）でさ！」

4　ブーメラン「車のなかで人が（　　　　　）してるのを見たことある？」

きっかけトピックをもう一つやってみよう。次のテーマは「魅力的な人」だ。少し長いストーリーになるかもしれない。出会ったときに、ワクワクした人を思い出そう。出会ったときに、あなたがうれしくて興奮した人なら誰でも構わない。

1　フック「以前、（　　　　）年前かな。すごくかっこいい人に出会ったんだ」

2　葛藤「（　　　　　）だと思うかもしれないけど、ぼくは（　　　　　）だったこともあって、ずっと

（　　　）に会いたかったんだよ。会う直前はすごく（　　　）だった。そしていよいよその瞬間がやって来たんだ」

3　ユニークな言葉「それがすごく（　　　）でね！　会ってみてぼくが一番驚いたのは（　　　）だ。（　　　）は絶対に忘れられないだろう」

4　ブーメラン「今までに会った人のなかで、一番クールな人は？」

あなたのストーリー・ライブラリの「きらめきのあるストーリー」から1つを選んで、この構造を使って話す練習をしよう。ストーリー・ライブラリにざっと目を通して、ストーリーごとにどんなフックや葛藤を使えそうかを考えよう。

会話の途中で何気なく出てくるストーリーを聞くには、シチュエーション・コメディ〈人間関係が生み出す日常的なおかしさを描いたテレビドラマ〉を見るといい。実は私は、ドラマからウィットに富んだ短いストーリーを学んだ。脚本家はこのようなコメディを書くために、登場人物たちの成長物語を凝縮させて、おかしみのある話に仕上げようとする。テレビドラマ『ママと恋に落ちるまで』には、そんな好例が何十もある。パイロット版では、主人公のテッドが一目惚れした女性ロビンに「ご職業は？」（**きっかけトピック**）と尋ねる。

ロビン「『メトロ・ニュース・ワン』のリポーター……というか、リポーターのようなものね（**フック**）。ニュースのあとの、軽いおしゃべりコーナーを担当してるの。『今日はウクレレが弾けるお猿さんを紹介します』みたいな。早くもっと大きなニュースを担当したいわ（葛藤）」
数分後、テッドはロビンに今後の予定を尋ねる**（きっかけトピック）**。
テッド「土曜の夜に一緒にディナーでもどう？」
ロビン「ごめんなさい。金曜にオーランドに飛んで、1週間滞在するのよ**（フック）**。ある男性が世界一大きいパンケーキを作るんですって（葛藤）。それを報道するのは誰だと思う？**（ブーメラン）**

どのミニストーリーにもユーモアがあることに気づいただろうか？　ユーモアはしばしば、予期せぬことや驚くことから生じる。ためらってないで、いろんな人にジョークを試してみよう。とにかくストーリーを話してみて、相手がいつ、どんなときに笑ったり、微笑んだりしたかをチェックすることだ。

相手の反応を見ながら、あなたのライブラリにあるストーリーを修正しよう。ストーリーを語るときは、積極的にボディランゲージを使って強調したり、間を置いたり、脚色を加えたりして、いろんな方法を試そう。

ストーリーを語る技術を学ぶうえで、私のお気に入りの教材は何だと思う？『ニューヨーク・タイムズ』紙だ。この新聞社が世界で有数の新聞社となれたのは、トップクラスのジャーナリスト、編集者、ライターのおかげだ。彼らから技術を学ばない手はない。

うちの研究員のロビー・スミスと私は、同紙のどんな記事がネット上で話題となったか分析した。2015年10月から2016年1月までの4カ月間、ロビーは閲覧数の多い記事をすべて記録してコード化した。そして記事にされた話題、タイトルのフォーマット、見出し、記事への期待感を分析したのだ。

私たちが特に注目したのは、記事への期待感だ。タイトルを見たユーザーは、どんな記事を期待するか? つまり、読者は何を期待してクリックするのかを調べたのだ。新たな発見? 教訓? 驚き? 最新情報? 私たちはタイトルを次のカテゴリーに分けた。

- **疑問**——たとえば、2015年10月に「頭は良くなるか?」と題する記事が出た。
- **方法、対処法**——アドバイス、セルフヘルプ、新しいやり方などをほのめかす見出しは多い。2015年11月には、「気候変動に対してあなたに何ができるか?」と題する記事が出た。
- **歴史**——時間や期間にまつわるタイトル、歴史的瞬間を思わせるタイトルもある。たとえば、2015年12月には「ロックフェラーセンターのクリスマスツリーを作った、勤勉なイタリア系移民たち」と題する記事が出た。
- **クリエイティブなタイトル**——このカテゴリーには、笑えるタイトル、だじゃれ、ひねりの効いたタイトルなどが含まれる。たとえば「このコラムはグルテンフリーです」というタイトルを見つけたときは、みんなで声を出して笑ったものだ。
- **新しさ**——たとえば、2015年10月には、「新しいSAT(大学進学適性試験)について知っておくべきこと」と題する記事が出た。

図表7−3　**過去4カ月間でもっとも拡散された記事の傾向**

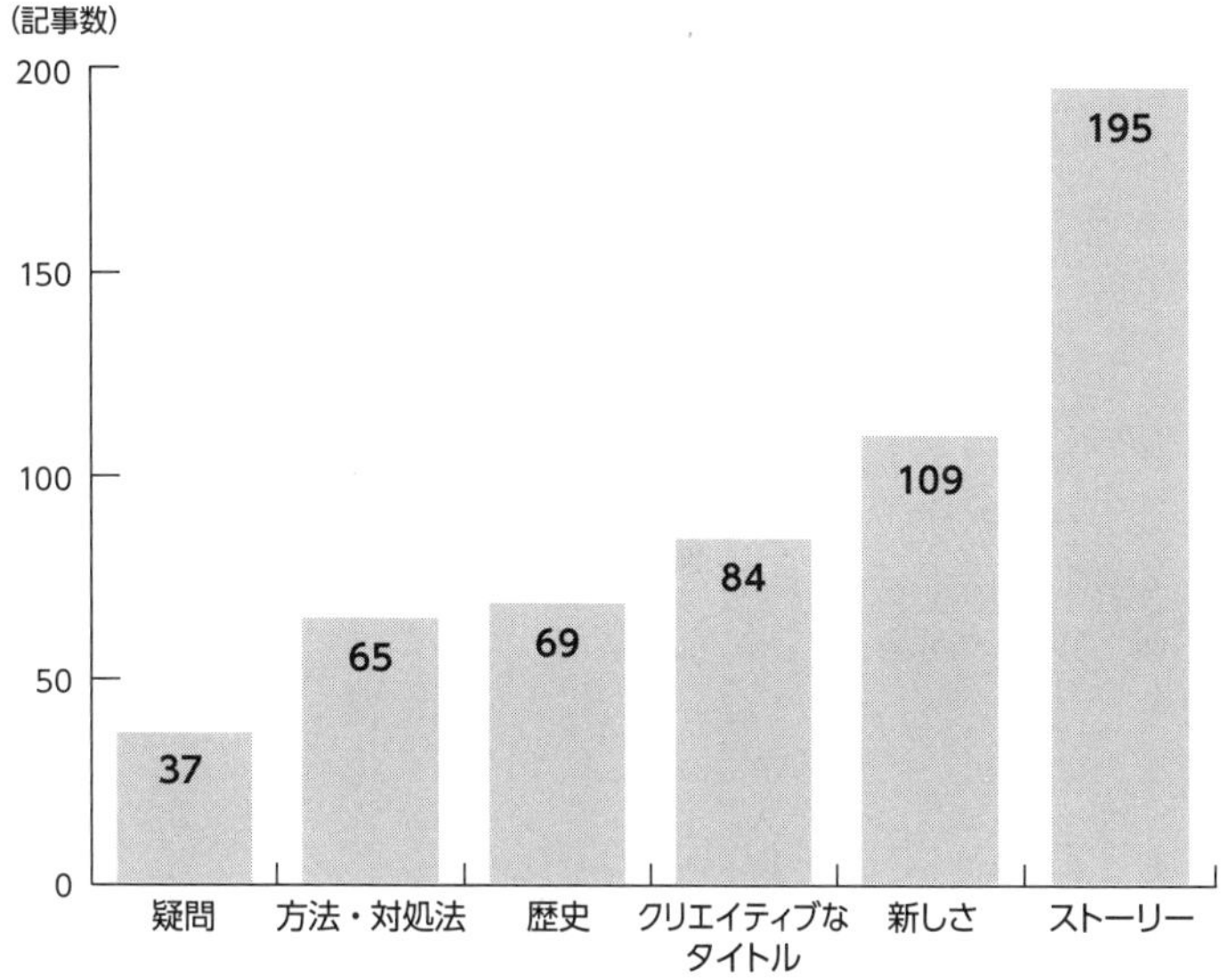

・**ストーリー**――よく練られたタイトルには、人や場所に関する壮大なストーリーをうかがわせるような雰囲気が漂う。たとえば「カリフォルニア・ドリームの闇」とか「レディー・ガガと情熱的な人生」などがそうだ。

ネットに拡散された記事のうち、タイトルからストーリーを予感させる記事は35%を占めていた。559本の記事のうち195本。ストーリー性のあるタイトルはもっとも効果的だとわかる。(注7)

『ニューヨーク・タイムズ』紙のウェブサイトで、「メールで多く転送された記事トップ10」を確認してみよう。

ストーリー形式で書かれた記事が何度も出てくるのがわかるだろう。ライターたちはまず、ストーリー性のあるタイトルで読者の目を引きつける。あなたが読み始めてすぐに、解決しなければならない葛藤か問題が提示され、そして最後に心に刺さる言葉で実態を描いていく。

あなたの宣伝をネットで拡散させたいときも、メールをみんなに読んでほしいときも、あなたの最新記事に「いいね」をもらいたいときも、ストーリーの力で人々の心をわしづかみにしよう。

自分をさらけ出すのを恐れてはいけない

ストーリー・ライブラリと、3段階のストーリー構成は、人と直接やり取りするときやメールはもちろん、プロフィールにも使える。

「サイエンス・オブ・ピープル」では、10万人以上の会員に毎週無料で情報満載のメルマガを配信している。メルマガには、人間科学にまつわるおもしろい情報、人間行動に効く戦略、コミュニケーションに関するアドバイスが盛り込まれている。ある日、私はメルマガに「夫婦はなぜけんかするのか?」と題する記事のリンクを貼ることにした。だが、単に貼りつけるのではなく、紹介文のなかに夫と私の簡単なエピソードを入れた。こんな文面だ。

件名　夫婦げんかを引き起こす原因トップ5

「ねぇ、あなた。靴下を拾ってくれない？」

「ちょっと。汚れた靴下を拾ってったら」

「お願いだから、あんたの雑菌まみれの腐りかけたくっさい靴下を拾ってよ！」

あなたがわが家の壁に止まっているハエだったら、段階的にエスカレートしていくこのセリフを耳にしていただろう。あなたは、パートナーと同じ口げんかを何度も繰り返しているだろうか？　大丈夫、それはあなただけではない。

耳を疑うような事実を紹介しよう。ジョン・ゴットマン博士によると、夫婦げんかを引き起こす問題のうち、69％は解決されないという。

あらら。でも大丈夫。ヴァネッサ・ママが解決してあげますからね！　夫婦げんかの69％が同じ口論を繰り返しているとは――これは耳が痛い話だ。だが、こんないい話もある――けんかの原因と、それがけんかに発展する経緯がわかれば、落ち着いて議論できるようになるという。

では、夫婦げんかの主な原因と、その解決方法を調べようではないか［リンク］

このメールの開封率とクリック率は、平均よりもはるかに高かった。なぜか？　そう、私がストーリーを入れたからだ、しかもリアルに。私は、夫に関する実話と私たちのいさかいの種を率直に語った。実際、この日の朝、夫はわざわざ「靴下を脱ぎ散らかしたまま出てきてしまったよ」と携帯メールで知らせてきたぐらいだ。

前述したコメディアンのニコル・パオンは、そのリアルで痛々しいストーリーが人々に受けている。彼女の話は、笑えるが心が痛む。と同時に彼女との距離を縮めてくれる。

「ある意味、みんなは私のストーリーに自分を重ね合わせていると思う。確かにみんなはくすくす笑うけど、感情移入はできるでしょ。私と同じまちがいをした人もいるかもね」とパオンはいう。「失敗を通して人とつながることがあるのよ。他人の失敗談を聞くと、自分の失敗もまぁいっかーと思えてくるしね」

一番いいストーリーは成功談と失敗談の両方を兼ね備えたストーリーだ。ちょっと恥ずかしいこと、人に話しにくい繊細なこと、ちょっと不安なことを、打ち明けるのを恐れてはいけない。人との強いつながりを作るのはそういったストーリーだからだ。

やってみよう

1 あなたのお気に入りのストーリーを3つあげよう。

2 そのストーリーを人に話すときに、どんなフック、葛藤、印象的な言葉を使うと一番効果的か？　それを見つけて友だちに話してみよう。

3 すばらしい話を聞いたら、それを忘れないよう携帯かパソコンにメモしよう。

【第7章のまとめ】

ストーリーは人とつながるための近道だ。ストーリーは私たちの好奇心をあおり、こちらの脳を話し手の脳と同期させてくれる。あなたの思考に誰かを同調させるには、ストーリーを使うのが一番効果的なのだ。

- ストーリーは、私たちの脳を活性化して同期させる。
- 会話の途中で共通点が見つかったら、それに合わせてストーリーを話そう。それからブーメランを使って質問し、今度は相手のストーリーを聞き出そう。
- ストーリーには、それぞれ個性がある。どのストーリーにもフック、葛藤、生き生きした表現を入れよう。

第8章

弱みは武器になる！「さらけ出し」で安心させる

秘密はあって当然

フランク・ウォレンは「秘密の管理人」だ。毎週、見知らぬ人たちが隠していた秘密をはがきに書いて、ウォレンに送ってくる。ウォレンはすでに100万通以上の秘密を受け取っており、今も毎週1000通ほど送られてくるそうだ。おかげで家のあちこちの壁沿いには、はがきの山ができている。

なかにはクスッと笑える秘密もある。ある秘密などは、あなたも共感できるはずだ。かわいくて、思わず笑みがこぼれる秘密。

胸がしめつけられるほど悲しくて、考えさせられる秘密。

苦しい胸の内を打ち明けるはがき。

お腹を抱えて笑いたくなるような秘密。

ウォレンに届けられる秘密は、不倫、うつ病、子育て、社内での駆け引き、抑圧された空想、友人のことなど多岐にわたる。

彼は、自分が秘密の受取人になるとは予期していなかったという。始まりは2004年だった。「3000枚のはがきにぼくの住所を印刷したんだ。そしてすべてに、『匿名であなたの秘密を教えてください』との文言を入れた」とウォレンは話す。そしてそのはがきをワシントンD・Cの街路で通行人に配ったのだそうだ。カフェの掲示板にピンで留め、図書館の本にこっそりはさみ、トイレの個室に置いてきたこともある。

私がどうなると思ったかと尋ねると、ウォレンは楽観的な見通しは立てていなかったという。「まさか本当に返信が来るとは。1年間で365通返ってくれれば十分だと思ってた」と彼は当時を振り返る。返信は待つまでもなかった。ほんの数週間で、100通ものはがきを受け取ったのだ。知らない人たちから打ち明けられる秘密に心を奪われた彼は、はがきを芸術のように展示することにした。「ポストシークレット」と題する自分のブログで紹介し始めたのだ。開設してから数年間でブログは急速に広まった。

初めて「ポストシークレット」にアクセスしたとき、私は何時間もスクロールしていろんな秘密を読みあさった。みんなの秘密を集めたブログが魅力的でないはずがない――誰だって他人の告白を読みたい。とはいえ、どうしてみんな秘密を送ろうとするのだろうか?

自分の秘密を書いたはがきをウォレンに送ったところ、納得がいった。秘密とは弱みを隠す行為だ。たとえ知らない人でも、秘密を打ち明けると楽になる。前ほど孤独だと感じなくなるのだ。「人は毎日、本当の自分について何を打ち明けて、何を隠しておくかを判断している。その結果、誰と何を話すかといったことに慎重になる――そして秘密が心にのしかかることもある」とウォレンは言う。

本を読むと
ムラムラしてくる。

わたしは職場で
“大”をする。
だからカレは
私の“大”が
すごくくさいことを
知らないの。

ウォレンに送られた〝秘密のはがき〟

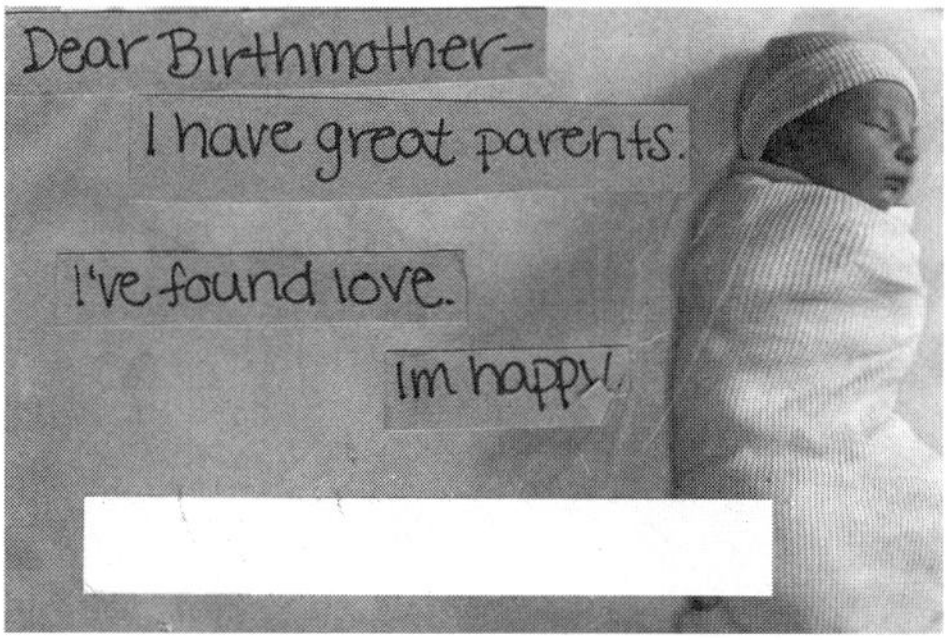

わたしを産んでくれた
お母さんへ。
わたしには
すばらしい両親がいる。
愛を見つけた。
幸せだよ。

刑務所は、
映画に出てくるものとは
似ても似つかない。

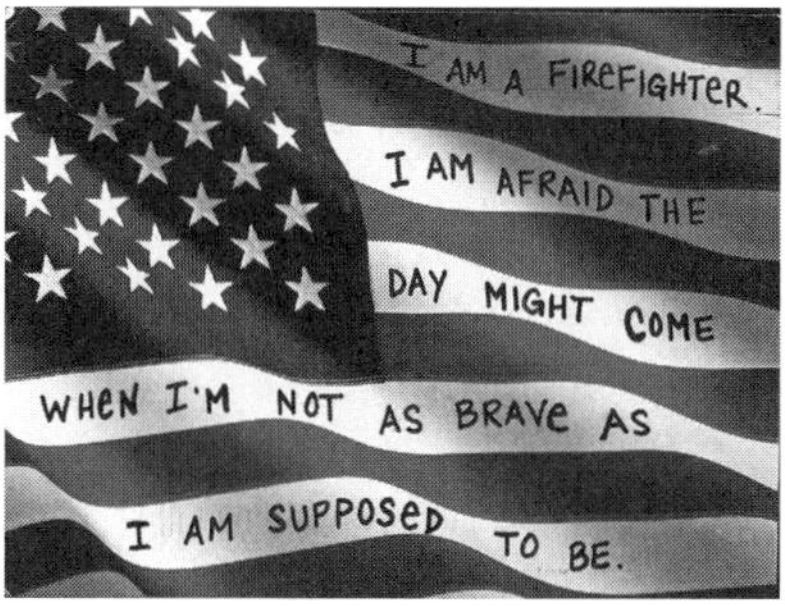

ぼくは消防隊員です。
いつか、ぼくが実はそんなに
勇敢ではないことが
ばれる日が来るのを
恐れています。

「ポストシークレット」を立ち上げて数年後、ウォレンは、聴衆に人前で直接秘密を打ち明けてもらう企画を思いついた――もちろんライブイベントだ。「大失敗に終わるんじゃないかと心配だった。みんなが秘密を打ち明けてくれたのは、ブログでは匿名で投稿できたからだからね」とウォレン。だが、すべては取り越し苦労だった。

ある大学でのイベントでは、一人の教授がマイクを握って「今学期は、毎回ドラッグをやってから教壇に立って講義をしました」と告白。聴衆はショックを受けながらも、教授を抱きしめた。「聴衆の感情はジェットコースターに乗ったみたいだった。だけど、みんなすごく寛容でね。なかには受け入れがたい秘密もあったけど、告白した勇気は認めてあげないと」とウォレン。

ライブイベントでは、何百人、ときに何千人と集まった聴衆が自分の秘密を告白したり、他人の秘密に聞き入ったりする。「イベントでは、みんなあっという間に親しくなるんだ。秘密を打ち明けると、心のドアが開くかのようにみんながつながるんだ」著書のサイン会でも、行列に並んでいる人たちが親しげに会話を交わし、互いの連絡先を交換する光景をたまに目にするそうだ。秘密には「見知らぬ他人どうし」を「友人どうし」へと変える促進剤のような効果がある。

「自分の一番の弱みをさらすのは勇気がいる。だけど、さらすことで人と親しくなるルートが開いて、強い絆が生まれるんだ」とウォレンはいう。私はこのような現象を「傷口効果」と呼んでいるが、彼はこの効果をうまく利用しているのだ。

秘密を隠す代わりにさらけ出すと、自分がほっとするだけではなく、それを聞いた相手にも安心感をもたらす。「いざ秘密を打ち明けると、そもそも秘密など抱えていなかったと気づく人が多いんだ。実際には、自分が秘密に抱え込まれていたんだと」とウォレンはいう。人間は、自分の限界や挫折にとらわれるあまり、身動きが取れなくなってしまう。だから必死に隠そうとする。人と関係を築く際にも、相手に自分の嫌な一面を見せると、軽蔑されるのではないかと恐れて、隠してしまう。秘密を打ち明けても人との関係にひびは入らないし、むしろプラスに働くということに気づかないのだ。

人々はどんなプライベートな悩みを抱えているのか？　ウォレンはその傾向が見える独特のポジションにいる。彼が一番よく目にする秘密は何だと思う？　「ダントツで多いのは、『シャワー中におしっこをしてます』ってはがきだね。2番目に多いのは、居場所がないという悩みだね。コミュニティが見つからないとか、コミュニティに入れないとか。誰もが、何でも打ち明けられる人かグループを探しているように見える」ウォレンはいう。(注1)

見知らぬ人たちからの告白を次から次へと読んでいると、同じようなメッセージを何度も目にするという――「居場所がほしい、ありのままの自分を受け入れてほしい」。皮肉なことだ。秘密を教えたら、人から拒否されるのではないかと怯える。自分を受け入れてもらうには、秘密を打ち明けるのが一番の近道なのに。

話を続ける前に、はっきりさせておきたいことがある。本章の目的は、手当たり次第に秘密を打ち明けなさいと読者に提案することではない。そんなことをやるなんてぞっとするし、奇行でしかない。そうではなくて、人との関係においては、秘密をうしろめたく感じる必要はないということだ。本章の戦略を使えば、その弱みを使って人との距離を縮められるようになるだろう。

秘密の科学

吹き出物ができたときのことを思い出してほしい。

あごに突然できた噴火しそうな火山に、誰も気づきませんようにと祈りながら家を出た？　人と話しているときに、自分の顔にある大きな突起物に相手がいつ気づくかとびくびくした？　みんなが私の吹き出物について噂しているに違いないと思った？

自分の弱みは、他の人にはまる見えだと思いがちだ。自分の行動は逐一見られているとか、欠点がばれたら「その程度の人だと思われてしまう」とか。こんなことをいうのは心苦しいが、実は誰も気にしてはいない。やんわりと書いたが、それが現実だ。

失敗しても、当人が思っているほどまわりは気づかない。自意識過剰とも表現できるこのような認知バイアスを「スポットライト効果」と呼ぶ。コーネル大学の研究者トーマス・ギロビッチとヴィクトリア・メドヴェックは、科学的裏づけを取るために学生に恥をかかせる実験を行なった。(注2)

まず、学生の被験者たちに確実に恥ずかしいと感じさせるために、歌手バリー・マニロウのT

シャツを着てもらう。それから「大勢の学生が集まる教室に行ったら、何％の学生がTシャツに気づくと思うか？」と被験者に尋ねた。被験者たちは、ほとんどの学生が気づく（そしてTシャツをからかう）と確信して、かなり高い割合を予測した。それから被験者たちに教室に入って、学生たちの作業に加わるよう指示した。結果はどうなったか？　実際は、被験者たちの予測をはるかに下まわっていた。Tシャツに気づいたのは、わずか半数に過ぎなかったのだ。

研究者たちは次のように結論づけた。

「ほとんどの人は自意識過剰だ。誰もが、自分を中心に周りを見ているからだ。自分の行動に注意を向けすぎるあまり、他人がどれだけ自分の行動に気づくかを客観的に予測するのは難しい。実際に、自分のパフォーマンスへの評価（そして他の人はこう考えるだろうという予測）と、実際に他人がどう評価したかを比べると、ギャップが見られることが多い（注3）」

私たちが見られたくないこと――歩行中につまずくこと、パーティで無作法な失敗をすること、教室で読みまちがえることなど――が気づかれることはあまりない。たとえ気づいた人がいても、忘れてしまうだろう。

これはすばらしい。たとえあなたが失敗するか、弱みをさらしても、ほとんどの人は気づかないのだから。だが、こんなことを考えている人もいるだろう――「でもね、ヴァネッサ。たとえほとんどの人が気づかなくても、ごく少数でも気づく人はいるでしょ？　その人はどうしたらいいの？」

いい質問をありがとう!

弱みには人を引きつける魅力がある

大多数の人は、あなたのヘマや失敗に気づかない。では、気づいた人はどうなるか?

エリオット・アロンソン、ベン・ウィラーマン、ジョアン・フロイドら研究者たちは、人は、失敗した人をどう思うか調査することにした。まず、被験者を2つのグループに分け、両グループにテストでいい成績を取ったと話す学生の音声を聞かせた。学生は自分の生い立ちを説明したあと、テストで90点を取ったことを控えめに話した。

だが、しかけが1つあった。一方のグループが聞いた音声は、終盤で学生がコーヒーの入ったマグカップを倒して服を汚してしまうのだ。もう一方のグループが聞いた音声にはそんな場面はない。その後、両方のグループに、「この学生は好感度が高いですか?」と尋ねた。

で、どうなったと思う? 被験者たちは、話をしただけの学生よりも、コーヒーをこぼした学生のほうがずっと好感度が高く、親しみがわくと評価したのだ。(注4)

なぜか? ミスをすると人間味が増すからだ。人は誰でもミスをするし、親近感を覚える人を好きになる(戦略3「糸理論」を思い出そう)。人並み以上の対人スキルを身につけるために、完璧であろうとする必要はない。二度と人前でヘマをしないよう気をつける必要もない。並外れた対人スキルを持つ人は、自分の弱みをうまく活用している。

弱みが悪いものだとしたら、「ポストシークレット」ブログは社会現象にはならなかっただろう。フランク・ウォレンは5冊の著書を出すことも、「秘密ビジネス」の創業者となることもなかっただろう。

現実を直視しよう。完璧になろうとしてもそもそも不可能だし、おもしろみもない。無理に完璧を目指しても、「イタい人」だと思われるだけだ。おまけに弱みを隠し続けると疲れてしまう。弱みには人を引きつける魅力がある。弱みのおかげで、人は正直で共感できるリアルな存在になれるのだ。弱みは魅力となる。それは科学的にも裏づけられている。「失態を演じた人は人間らしさが増し、さらには魅力的にも見えるようだ(注5)」。

「弱みを聞くと、おそらくそれは本音であり、打ち明けるのに勇気がいっただろうと思う」

——ブレネー・ブラウン

上手な秘密のさらし方

ある晩、私は嫌なにおいが漂う暗い廊下でつま先立ちしていた。ハイヒールを履く足はひりひりと痛く、寄りかかっている壁からは、隣室で鳴り響くポップミュージックの振動が伝わってくる。私が立っているのは、小さくて不潔なトイレの前にできた行列の、前から5番目だった。

驚くなかれ、このせまくて薄暗い廊下は、私の一時的な避難場所だ。私は、大音量でかかる音楽を背景に、ほんの顔見知り程度の人たちがねばねばしたハイテーブル越しに大声でおしゃべりする場所から逃げてきたのだ。私の友人の13歳の誕生日パーティだったのだが、彼女には「21歳の誕生日みたいに盛大に祝いたい」という願望があった。かくして、私は地獄のような思いを味わうことになった。

私がクラッチバッグに入っている鎮痛剤を探していると、パーティ会場にいた子が私の後ろに並んだ。

「はぁ。冗談でしょ？　こんなに並んでるの？」

私には2つの選択肢があった。うなずいて列に並び続けるか、自分の気持ちを正直に言ってちょっと恥をさらすか。私は思いきってこう言った。

「まったくよね。慣れないハイヒールでここに立っているか、あっちの騒々しいテーブルで座っているか――どっちもどっちだわ」

その子は私に視線を向け、ハイヒールを見たあと笑い出した。「レギンスを履いてないだけマシよ。私なんて脚の感覚がないし、深呼吸もできないのよ」

ああ、うれしい。ようやく生身の人間に出会えた。「こんなところで深呼吸したい？　気の抜けたビールみたいなにおいがするわよ」

「ホントにね。実はちょうど、家のソファとバスローブが恋しくなってたのよ」と彼女。「家に帰って、スリッパに履き替えてネットフリックスを立ち上げたら、うれしくて泣いちゃいそう」と私は正直に言った。

私の順番が来たので、その子と連絡先を交換して、翌週ブランチに行こうと約束した。その晩私は、あのとき思いきって心を開かなかったら、どれも起こらなかっただろうと気づいた。慣れないヒールと騒々しい雰囲気のせいで居心地の悪い思いをしていたが、そう感じていたのは私だけではなかった。ただ、手を伸ばすだけでよかったのだ。

自分の弱みを受け入れて正直に生きるには、初対面の人にいきなり近寄って、「ハーイ！ヴァネッサといいます。現在、こじらせ女子から脱却中です」などと告白する必要はない。そのやり方でも何とかなりそうだけど……。しかし、日々の生活のなかで、もっとさり気なく（もっと無難に）心を開くことはできる。

好かれたければ頼みごとをしよう

ベンジャミン・フランクリンの有名な話を紹介しよう——といっても、嵐の日に凧を揚げて雷が電気でできていることを突き止めた話ではない。あんなにドラマチックではないが、興味をそそる話だ。

1700年代当時、フランクリンは影響力のある著述家であり政治家でもあった。ペンシルベニア州の議員だったとき、彼は政敵でもある気難しい政治家の支持を得なければならなくなった。ありきたりな方法を取ってこびを売ることもできたが、彼は別の方法を試すことにした。

本好きだったフランクリンは、その政治家が自宅の大きな書斎に1冊の希少本を持っていることを知っていた。そこで手紙を書いて、その本を貸してほしいと頼んだのだ。政治家は承諾してくれた。数日後、フランクリンはその本にお礼の手紙をはさんで返却。次のミーティングに参加したとき、その政治家は別人のように友好的で親しみやすい態度で接してきたという。偶然ながらも、フランクリンが発見したのは「人は、誰かの頼みごとを聞くと、その人を好きになりやすい」という興味深い現象だったのだ。(注6) この現象はフランクリン効果と呼ばれている。

それから約100年後、ジョン・デッカーとデイヴィッド・ランディは、フランクリン効果を実験で検証することにした。まず、被験者に「すべてのアンケートに答えていただければ、謝礼をお支払いします」と伝える。だが、アンケートを実施する「責任者」は実は俳優で、しかも被験者がアンケートに答える間、できるだけ横柄な態度を取るようにと頼まれていた。アンケートが終わると、被験者は小額の謝礼を受け取った。

そして、ここからおもしろくなる。実験①では、「責任者」が実験室の外まで被験者を追ってきて、こう頼む――「お金を返してもらえませんか？　この実験は私のポケットマネーで実施しているのですが、もう資金が底をつきかけているんです」。

実験②では、「偽の秘書」が被験者のあとを追ってきて、同じことを頼む。

実験③では、謝礼を受け取った被験者はそのまま帰宅し、誰からも何も頼まれなかった。

数日後、3つの実験に協力してくれた被験者に、責任者の好感度の高さを評価してもらった。

で、結果はどうなったと思う？　責任者の好感度を一番高く評価したのは、実験①の被験者たちだったのだ。(注7)

ちょっと考えてみてほしい。仮にあなたが、謝礼めあてにアンケートに答えた学生だったとする。責任者は横柄な態度で、「急いで！」と急かしたり、突然終了を言い渡したりする。そして、せっせとアンケートに答えたのに、その責任者が厚かましくも「謝礼を返してくれ」と言ってきたのだ。あなたならそんな人を好きになれるだろうか？　私はできないかも。だが、実験の結果、被験者は実際に責任者を好ましい人物だと感じたのだ。

フランクリン効果は矛盾に満ちている——だからこそ強力なのだ。そして次の戦略ではこれを応用する。

戦略❽ 「フランクリン効果」で人と強固につながろう

助けてほしいと訴え、弱みを見せたとき、責任者は人間味を増して共感を得ることに成功した。(注8)
では、会う人みんなに頼みごとをせずに、フランクリン効果を発揮するにはどうすればいいか？

簡単だ。アドバイスを求めればいい。

アドバイスを求める

人とうまくつきあって長続きする関係を築くには、アドバイスを求める方法が一番お勧めだ。その理由をあげよう。

- アドバイスを求めることは、やんわりと弱みをさらすことでもある。――アドバイスがほしいと頼むのは、知識がたりないと認めるか、相手に助けを求める行為だからである。
- アドバイスを求められると、相手は自分の意見が言える。相手は負担に感じるどころか、うれしくて生き生きする（戦略２「会話の着火剤」）。アドバイスを求めるということは、相手が「この人の意見は聞くに値する」と判断したからに他ならないのだから。
- アドバイスを求めると、相手の性格を診断しやすくなる。――相手のアドバイスは、その人間性を知るきっかけになる。相手の考え方（戦略４「性格解読」）や、相手がもっとも重視するものは何か（戦略６「一番重要な価値」）などのヒントが得られる。

アドバイスを求めるといっても、堅苦しく考える必要はない。実際、アドバイスは会話を盛り上げるのにもってこいの方法といえる。相手が過去のエピソードを話したら、それに関係するアドバイスを求めよう。たとえば、面接官が読書が好きだといったら、オススメの本を聞く。デートの相手がこの付近で育ったといえば、穴場のカフェはないか尋ねる。誰かが料理が好きだといったら、料理のコツを尋ねればいい。

または、アドバイスを求めることから会話を始めてもいい。たとえば次のように聞けば、会話は盛り上がりやすい。

- お気に入りのレストランはありますか?
- 年末に休暇を取ろうと思ってまして。最近どこかいい観光地に行きましたか?
- 夏休みに新刊の本を読みたいんですが、オススメの本はありますか?
- ガールフレンドとの記念日に、何をプレゼントしたらいいと思いますか?
- ファンタジー・フットボール・ゲームでチームを結成したんですよ。今シーズンにリーグ優勝するのはどのチームだと思いますか?
- 新しい車を買おうと思ってるんですが、あなたの車の乗り心地はどうですか?
- 親戚を夕食に招いたんですが、何を作ればいいと思いますか?
- 来週のスピーチは冒頭でジョークを言わなくてはならないのですが、聴衆に受けるいいジョークを知りませんか?
- もうすぐ私の誕生日なのですが、何をしたらいいと思いますか?
- 最近、You Tubeでおもしろい動画を見ましたか?
- 大学時代の友人が遊びに来るんですが、オススメの隠れ絶景スポットを知りませんか?

会話中に話すことがなくて困ったら、アドバイスを求めつつ話題を切り替えよう。たとえば、次のように聞くとスムーズに話題を変えられる。

・ところで、（　　　　　）に関してアドバイスをいただきたいのですが？
・ああ、そうだ。私が今やってるプロジェクトについて、一緒にアイデアを出してもらえない？
・その話を聞いて思い出したんだけど、（　　　　　）を修正／変更／解決するにはどうしたらいいと思う？

もうお気づきかもしれないが、こうした問いかけをすると相手は活気づく。好奇心で目を見開き、前のめりになって、「まあ、ホントに？　そうねぇ、私なら……」などと提案してくれるだろう。人はみな人の役に立ちたい、人助けしたいと思っているし、もらったアドバイスが実際に役に立つこともある。

ただし、必要のないアドバイスを求めないこと。心を開くことは、正直になるということだ。必要でもないのに、話題作りのためにアドバイスを悪用してはいけない。

アドバイスを求める機会を探そう

アドバイスを求める機会を逃さないこと。機会は、私たちが思っている以上に多い。

軽い頼みごとをする機会を逃さないこと——誰かの家に遊びに行って飲み物を勧められると、

図表8−1　軽く呼びかけよう！

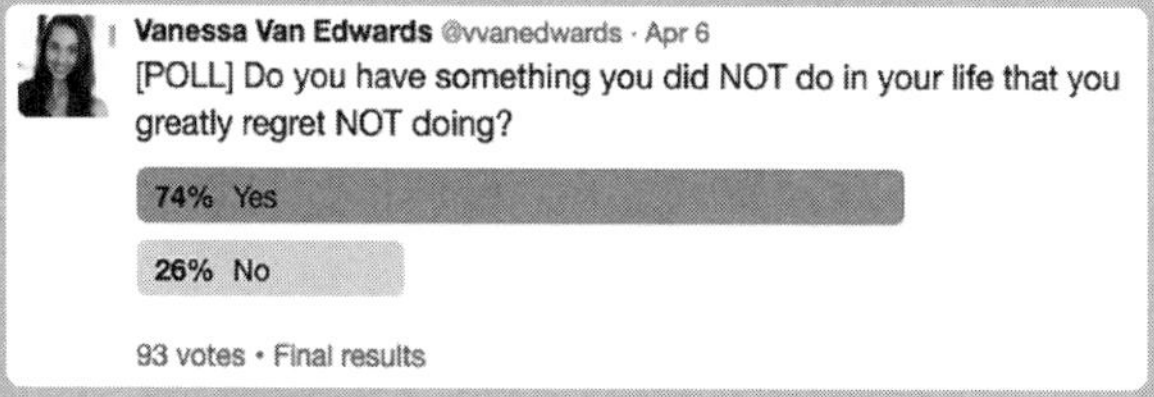

やらなかったことを、後でめちゃくちゃ悔やんだことはある？

私はいつもいただくことにしている。ツイッターで誰かが人間に関する研究を教えてくれると、私はいつもそれをリツイートして、「教えてくれてありがとう」と書く。また数週間おきにリンクトインで情報を求めては、みんなからとても親切な助言や提案をもらっている。イベントで講演するときも、聴衆や主催者に「講演を楽しんでくれた人は、ぜひブログやSNSで感想を投稿してください」と頼む。

読者にも1つ頼んでもいいだろうか？　この本を読んでよかったと思った読者には、ぜひアマゾンでレビューを書いてほしい。レビューは大・大・大歓迎だ。かわいい絵文字を入れてもらえるとなおうれしい。

軽いアドバイスはどんどん求めよう——メールやSNSでもさり気なくアドバイスを求めることはできる。私はよくSNSでフォロワーに軽い質問をする。「このシャツ、いいと思う？」とか、「腕のいいグラフィックデザイナーを知らない？」とか、「なすをおいしく食べるにはどう調理したらいい？」とか。

また、ツイッターでよく投票を呼びかける。たとえば図表8

ー1のような感じだ。

おせっかいでアドバイスされたときはこうしよう。アドバイスを求めることだけが、フランクリン効果ではない。こちらが何も頼んでいないのに、相手が自ら何かを申し出てきたら、そのアドバイスなりサポートなりを受け入れ、感謝しよう。おせっかいされると、私たちはつい構えてしまいがちだ。だが、これはチャンスに他ならない。向こうからフランクリン効果を差し出してきたのだから、それを利用しない手はない。

感謝の心を忘れない

フランクリン効果が信じられない人は、誰かにおせっかいをやかれたときに、そのアドバイスを真摯に受け取り、お礼を言ってみよう。相手は「認められた」とか「人の役に立てた」とか「仲間に加えてもらえた」と感じるだろう。

それを私に教えてくれたのは祖母だ。祖母のディーは、自分で服を作るのが好きだ。ある日、祖母が電話をかけてきて、「寸法を測って教えてほしい」と留守電を残した。「首からつま先までと、肩から手首までの寸法を測って」といったぐあいに。祖母が何をしたいのかはわからなかったが、私は指示通りに測って電話をかけ直した。

数週間後、祖母は、リビングの古いカーテン生地で作ったおそろいのムームーを見せてくれた。

「心配いらないわ。おまえはまだ若いから、膝までスリットを入れておいたよ」といって私を安心させた。それだけではない。残った生地でヘアバンドも作ってくれるという。

私は祖母をぎゅっと抱きしめ、ありがとうと言った。祖母はうれしそうだった。何週間もかけてムームーを縫ったのだから無理もない。「これを着て見せたら、祖母はもっと喜ぶかも！」と、私は早速ムームーを着て、その日を過ごした。予想どおり、祖母はうれしくてたまらない様子で、何枚も写真を撮り、その後も、数週間ほど友人たちに誇らしそうに語っていた。

私は今も、祖母に会うたびにムームーを着るようにしている──着られないときでも、ヘアバンドはつける。

感謝の気持ちを伝える方法は1つだけではない。私はよく人に「感謝の日記帳」を贈るが、1ページ目には、その人への感謝のメッセージを書いておく。また、お礼と幸運の祈りを込めて、三つ葉のクローバーの種を入れた手紙もよく贈る。誰かに推薦文を書いてもらったときは、それをウェブサイトに載せてスクリーンショットを撮り、ありがとうのメッセージと一緒にその人に送る。私たちが新婚旅行でイタリアへ行く前には、家族ぐるみの友人から

アドバイスをもらった。私たちは勧められた場所へ行き、写真を撮ってミニアルバムを作り、イタリアからサンキューカードと一緒にポストに投函した。

基本的なことを過小評価してはいけない。サンキューカードは頻繁に贈ろう。

完璧主義を目指すな！

完璧主義はやっかいな問題だ。私たちは人に好かれたくて完璧を目指す一方で、完璧になろうと努力する人を好まない。完璧を目指す人は近寄りがたいし、魅力も半減する。もっと早く人と打ち解けられるようになりたい？　だったら、次のように弱みをさらしてみよう。

- まちがったら、素直に認める
- 名前すら聞いたことがないのに、知っているふりをしない
- 許しを請う
- 単語の意味を知らないときは、人に尋ねる
- ごめんなさいと謝る
- 「知りません」といっても構わない

このルールに従うと、人間関係を築きやすくなる。

あの晩、あの不快なナイトクラブで、私は最初に自分の気持ちをさらけ出し、そのおかげで友だちを手に入れた。この本を書くときも、弱みを告白することから始めた。その甲斐あって、読者が私に親しみを覚えてくれたらうれしい。

プライベートであれ、仕事であれ、私の成功の多くはちょっとした弱みを見せたのがきっかけだったりする。たとえば、あるカンファレンスに出席したとき、私は隣席の女性に「この講演は、私にはちんぷんかんぷんです」と打ち明けた。彼女は激しく同意し、そのあと私たちは講演中に起きたぞっとした出来事を話し合って絆を深めた。会話の後半で、彼女がCNNのヘッドプロデューサーであることが判明。そして数カ月後、彼女は番組のなかで私が研究成果を語る時間を設けてくれたうえに、コラムも書かせてくれたのだ。

実際、私が記事のなかで打ち明け話をしたり、恥ずかしいエピソードを紹介したりすると、閲覧者数も、コメントも、リンクのシェアも増える。私が弱みを打ち明けると、みんなも自分の弱みが気にならなくなるようだ。さらには、人の助けを受け入れられるようになるらしい。幸い、私は読者のためなら、喜んで自分のプライドを捨てるつもりだ。

注意点――世の中には嫌な人もいる。そう、あなたの打ち明け話に眉をひそめる人がいるのだ。あなたの弱みを悪用しようとする人もいる。それでも私は、リスクを冒す価値はあると思う。あなたの誠実な態度を見て、相手がどう反応するかを見れば、その人が生涯つきあいたい人かどうかをすぐにも判断できる。

私の品のなさが気に障ってメルマガの購読を解除する人は、私のアドバイスという恩恵を受けられないだろう。

あのナイトクラブで、あの女の子が私の発言を聞いてあきれた表情を浮かべたら、私は彼女に背を向けて再び鎮痛剤を探し始めただろう。

この本を手にした読者が、人間関係に悩む人の気持ちがわからなければ、この本を読んでもピンと来ないだろう。

覚えておいてほしいこと——誰にでも欠点はある。あなたに合う人なら、その欠点ゆえにあなたを好きになるだろう。

重要なのは歌じゃない

私が歌うと、低体温症で死にかけている猫のような声になる（このたとえ話を作る過程では、いかなる動物も虐待しておりません）。

友人の結婚式前日のディナーの話を紹介しよう。新婦であるその友人から、ディナーの目玉はカラオケで、しかも私も花嫁の親友として加わってほしいと言われた。私は早速グーグルで「一番やさしいカラオケソング」を探し、シャワーを浴びながら練習しては頭を抱えた。

そして本番の夜のこと。カラオケの機器をいじっていた私は、うろたえて夫を振り返った。

「私の曲が入ってない！」

夫はこれ以上ないほどの穏やかさで、こういった。「心配するな。ぼくと一緒に歌えばいいさ」。そして何を選曲したと思う？　エミネムの「リアル・スリム・シェイディ」だ。カラオケでラップを歌ったことはあるだろうか？　実はものすごく難しい。うまく歌おうとしても舌たらずになるし、聴衆につばをはきかけたり、スクリーンをにらみつけたり。

2節ほど歌ったところで、私は途方に暮れ、恥ずかしくて仕方がなかった。と、ステージの隣に座っていた年輩の女性が身を乗り出して、私にこう言った。「うまく歌おうとしなくてもいいのよ。全力を尽くしなさい。重要なのは歌じゃないわ」。

この一言が、棒立ちしていた私を目覚めさせた。私は両腕を頭上に突き上げると、思いつくままに腕をふりまわして観客を煽った。ハードロックっぽいジェスチャーも何度か繰り出してみた。おまけにブレイクダンスまでチャレンジする有様だ。

客は大喜びだった。私が床の上でくねくねしながら手足をばたつかせると大笑いし、私がクールに立ち上がり、腕をふりまわしてさらにウエーブを要求すると、みんなは拍手喝采で応えてくれた。私の「失敗」はみんなに大ウケしたのだ。なぜか？　私が全力を尽くしたからだ。

私が学んだことをちょっと聞いてほしい――これは人生を象徴する出来事だと思う。カラオケで重要なのは、うまく歌うことではない。自分らしく歌うことだ。人生も同じだ。重要なのは完璧に生きることではない。自分らしく生きることなのだ。

映画プロデューサーのフランク・ウォレンもこう主張する。

「秘密を解き放てば、本当の自分になれる」

やってみよう

1 日々生活するなかで、あなたはどんなアドバイスがほしい？　人にアドバイスを頼もう。
2 あこがれの人なら、どんなアドバイスをくれると思う？
3 あなたにとって一番暗い秘密は何か？　そろそろそれを人に打ち明けてはどうだろう？

［第8章のまとめ］

欠点がないふりをして人にいい印象を与えようとしても、そんなことは不可能だし、疲れるばかりだ。心を開くことこそが、人との距離を縮めてくれる。

- あなたが思っているほど、みんなはあなたの欠点に気づかない。
- たとえ誰かがあなたの欠点に気づいたとしても、その欠点は親しみやすさにつながる。
- フランクリン効果の恩恵を受けるためにも、アドバイスを求めよう。

第**9**章

「やっかいな人」だって味方につける

——「不安」の対処法

想定外を克服する

「これまでに何度、大声で叫んで、悩み、怒りを爆発させてきたか、数え切れないほどよ」とソチル・ゴンザレスは言う。「でも、それも仕事のうちだしね。おまけに意外に楽しかったりするのよ」。ゴンザレスは世界中で、ユニークで記憶に残るようなすばらしい結婚式を手配するウェディング・プランナーだ。一方で彼女は、ファミリーカウンセラーもどきでもある。実際、やっかいな人の対処法に関して、ゴンザレスほど熟知している人はいない。なぜか？　結婚したばかりの夫婦、かなりの予算、複雑な家庭事情、予期せぬ支出が組み合わさるせいで、彼女の仕事は世界でもトップクラスの対人スキルが必要となるからだ。

何千組もの結婚式を手配するうちに、ゴンザレスはカップルをパターン化できるようになったという。おまけにその観察眼は実におもしろい。

たとえば、自尊心の低い男性と結婚する女性には、過干渉な母親がいるとか、独断的な父親を持つ娘は、おどおどした男性と結婚するとか――「家庭内に支配的な男性がいるから、正反対の人にひかれるのかしら？」とゴンザレスは言う。おとなしい男性には、自己主張の強い婚約者か母親がいる。両方とも自己主張が強い場合は、「この結婚式は骨が折れそうだ」とわかると言う。

「今も忘れられない新婦がいるの。式の記念品に異常にこだわっていた人で、さんざん迷ったあげくに、高級チョコレートが入った詰め合わせを選んだの。でも、いざ現物を手にすると、思い描いていたイメージとは違ってたらしくて、すごい勢いで怒りだしてね。支配人に怒鳴り散らし、リボンに異常なまでに難癖をつけたわ」。

ゴンザレスは、他の理由を疑った。新婦は、結婚式の計画を進めるかたわらで、婚約者の子どもたちを迎える準備をし、専業主婦になるために仕事を辞めて、郊外へ引っ越していた。「新婦のまわりでは、いろんなことが起きていた。だから、記念品の一件はほんの表面的なもので、背後にはもっと深刻な問題があると思ったの。それで新婦に電話して聞いたのよ、『問題は、本当にチョコレートなんですか？』って」(注1)。

ゴンザレスの読みは正しかった。人生が思うようにまわらなくなった新婦にとって、チョコレートはほんのきっかけに過ぎなかった。幸い、ゴンザレスは彼女の心にあった根本的な原因に気づくことができた。そして新婦に、新郎となる男性と真剣に話し合うよう勧めた結果、この難しい状況が爆発して破談に至ることはなかった。

社会不安とは何か？

ゴンザレスには、やっかいな人に接するときのルールが2つあるという。

1つめは、いい人がやっかいな人になるのを阻止すること。

2つめは、やっかいな人が手に負えない人になるのを阻止すること。

どちらのケースも、不安が原因で起きるという。新婦がドレスで混乱したり、義母が支配人にキレたりしても、たいていの場合、原因はドレスや食べ物ではない。他のことに対する不安が原因だ――参列客がしらけるのではという不安、経済的な不安、結婚生活への不安もある。人間は不安になると、最悪な一面が出てしまう。

人前に出ると、不安がさらに悪化することがある。人々に囲まれると、私たちはこんな不安を抱く――。

- 品定めされるのではないか
- 嫌われるのではないか
- 会場に知り合いがいなかったらどうしよう
- 拒絶されるのではないか
- 仲間はずれにされるのではないか
- 笑われるのではないか
- ジョークを言って、誰も笑ってくれなかったらどうしよう
- 批判されるのではないか
- 退屈な人だと思われるのではないか
- 浮いてしまうのではないか
- どうしようもない奴だと思われるのではないか

・誤解されるのではないか
・無視されるのではないか
・変わった人だと思われるのではないか

さて、あなたが激しく共感したのはどの不安だろうか？　人と接するとき、あなたが不安を覚えることは何か？　その不安こそがあなたのグレムリンだ。グレムリンとは想定外の問題や故障を引き起こすとされる、いたずら好きの架空の妖精のことだ。

心のなかのグレムリンのせいで、私たちは人と接することに不安を覚え、おどおどし、魅力を発揮できなくなる。おまけにグレムリンは気づきにくい。「拒絶されるのが怖くて、不機嫌な態度を取っているんだ」とか、「批判されるのが怖くて、あなたに八つ当たりしてるのよ」などと気づくことはめったにない。

不安は他の服をまとうことが多い。つまり、不安は別の形で表れるのだ。たとえば、次のような形で表れる。

・人のご機嫌をうかがう
・横柄になる
・身構える
・ゴシップ好きになる

・人との接触を避ける
・意地悪をする
・おどおどする
・無難なことしかしゃべらない
・批判的になる
・自己愛が強くなる
・現実を現実として受け入れない
・依存心が強くなる
・ほめられたがる
・自分勝手になる
・小さなことも大げさに騒ぐ

リストを見て、不安に対するあなたの反応に近いのはどれだろうか？　あなたの不安は何をまとっているだろうか？

グレムリンは私たちの心のなかにいて、最悪な日に私たちを窮地に陥れる。実をいうと私のなかの邪魔なグレムリンは、「拒絶されるのではないか」、「浮いてしまうのではないか」、「変わった人だと思われるのではないか」の3つだ。私のグレムリンは、いろんな理由でいつでも、どこでも突然顔を出す。私はひどく緊張すると、今も手足にじんましんが出る。そのため人が集まる場でどうにも落ち着かないときは、こまめに手足をチェックし、じんましんが出ませんようにと

図表9－1　最悪の時、あなたはどうなる？

タイプ	症状	何が問題か？	グレムリン（結果、起こること）
気が滅入るタイプ 例： 『インサイド・ヘッド』に登場するカナシミというキャラクター	とてもネガティブかつ悲観的で、いつも不平をこぼす。	人を楽しませることができない。	拒絶されるのを恐れるあまり、自分から最初にすべてを拒否してしまう。
目立とうとするタイプ 例： TVドラマ『ゴシップガール』のブレア・ウォルドーフ	自慢する、横柄にふるまう、知ったかぶりをする、会話泥棒をする。	自己愛が強い。	無視または軽視されるのが怖くて、常に自分の力を誇示しようとする。
消極的になるタイプ 例： TVドラマ『ジ・オフィス』のトビー・フレンダーソン	ほとんどしゃべらず、質問すらしない。議論に参加せず、説得されやすい。	存在感がない、貢献しない。	批判や評価されるのを恐れる。何かをやって人に批判されるのが怖くて、心を閉ざし、何かに真剣に加わることがない。
攻撃的になるタイプ 例： TVドラマ『SUITS／スーツ』のルイス・リット	たまにかんしゃくを起こす、横柄になる、大げさにふるまう、感情的になる。	大げさ、過剰に反応する。	支配力を失うのが怖くて、無理やり状況を支配しようとする。存在を忘れられるのが不安で、人目を引く行動を取ろうとする。

ひたすら祈る。私はアルコールが好きではないため、パーティでは「場がしらけるのではないか」、「つまらない客だと思われないか」とびくびくしている。そしてよく車の運転手を買って出る。騒々しい会場では人の話も聞きにくいので、私はほぼ毎回会場に最後に到着して、最初に帰っていく。

私が一番恐れていること、それはみんなが私にどん引きすることだ。私の不安は、ぎこちない態度という形で表れる。苦しい状況になると、私は突然黙り込んだかと思うと、不愉快な冗談を言って、おしゃべりが止まらなくなる。本当にひっきりなしにしゃべる。で、その結果どうなると思う？　ご名答。まさに、私がもっとも恐れていた事態になる。みんなは私のことを変な人だと考える。そして私をのけ者にする。奇妙なことだが、不安はグレムリンを現実化してしまうのだ。

グレムリンのせいで、ときに私たちはまったく予想のつかない行動を取る。その行動は4つに分類できる（図表9－1）。

最悪の日には、誰もがいずれかのタイプにあてはまる。最悪のとき、あなたは4つのうちどのタイプになるだろうか？　正直に自分を見つめよう。

が、心配ご無用！　そうなるのはあなただけではないし、あなたのせいでもない。そのような感情になることには、神経学的な理由があるのだ。

不安の科学

ニューヨーク大学で心理学と神経科学を研究するジョゼフ・ルドゥー教授は、人がどうやって恐怖を学習するかを研究した。つまり、脳がいかにして外部の脅威を察知し、反応することを学ぶのかを突き止めようとしたのだ。(注2)

恐怖という感情は扁桃体という脳の領域で発生する、と聞いて驚かない読者もいるだろう(扁桃体はドーパミンを分泌して喜びの感情を発生させる領域でもある)。ルドゥーは、扁桃体から発生する恐怖反応が、1つではなく2つの経路からもたらされることを発見した。「低位の経路」は視床から扁桃体を結ぶルートを取り、情報が速く伝わる。もう一方の「高位の経路」は視床から始まり、新皮質を通ってから扁桃体に到着するため、情報が伝わるのが遅い。(注3)

・低位の経路

反射的かつ原始的な「速い恐怖反応」で、脅威に対してすばやく反応できる。生き延びるには、低位の経路が役に立つ。

・高位の経路

2番目に起きる「遅い恐怖反応」で、論理的に脅威について考えることができる。成功するに

図表9－2　**事故現場で起こること**

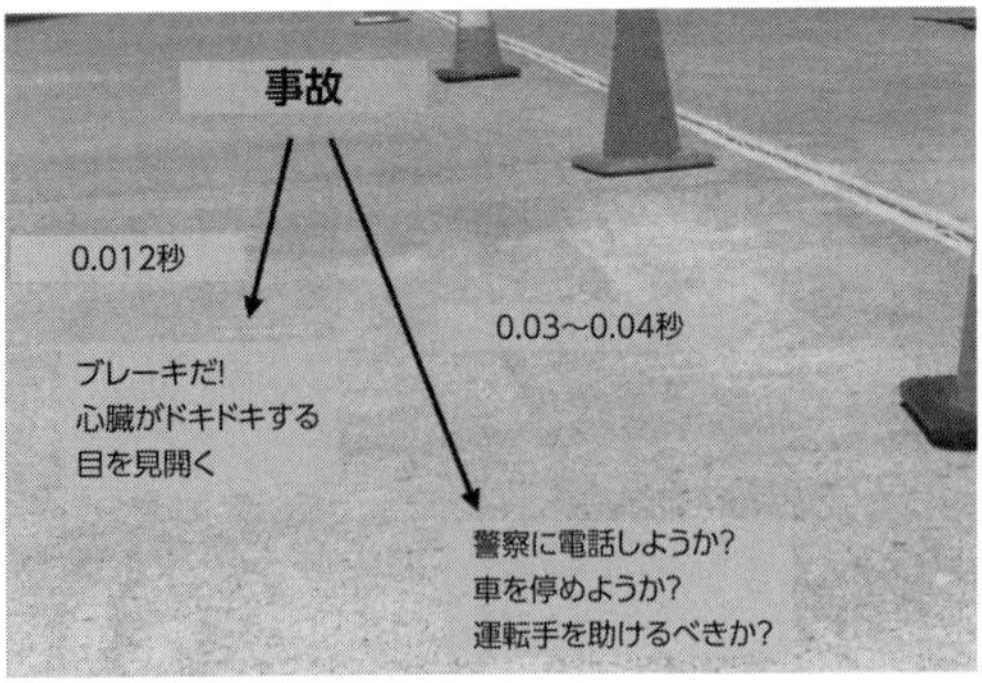

は、高位の経路が役に立つ。

仮に、あなたが車で道を走っているとしよう。そこへ目の前で自動車事故が起きる。

まず、目撃した情報が低位の経路を通って扁桃体に到達し、恐怖反応が起きる――その間、わずか０・０１２秒だ。あなたは急ブレーキを踏み、全身を血液がドクドクとかけめぐり、息を吸い込み、他に何か見えないかと両目を見開いて現場をじっと見つめる。

その０・０３〜０・０４秒後、今度は情報が高位の経路を通って扁桃体に到達し、次の恐怖反応が起きる。あなたは目撃したことを分析し、こう考える――警察に電話しようか？　運転手を助けるべきか？　車を停めようか？

この恐怖の発生システムはうまく機能しているものの、毎回うまくいくとは限らない。問題は、速い恐怖反応と遅い恐怖反応では、それぞれ目標が若干異なることだ。

速い恐怖反応は、私たちを守ろう、安全と安心を確保しようとする。体を傷つけることなく、生き延びることを目標とする。

遅い恐怖反応は、私たちの成功を後押しするような意思決定を下そうとする。私たちが人とつながり、子孫を作り、幸せになることを目標とする。

これら2つの恐怖は、目標が同じになるときもあれば、異なるときもある。「2つの恐怖は、常に同じ結論に達するわけではない」とルドゥーも語っている。(注4) たとえば、あなたが人々から拒絶されるのを恐れているとき、速い恐怖反応によって脅威反応が生じる。すると会話がギクシャクし、手に汗をかき、顔がほてり、その場を逃げ出したくなる。速い恐怖反応によって恐怖心が生まれると、ウィットに富んだ発言も、人間関係を築くのも、リラックスした会話もできなくなる。

心理学者のダニエル・コールマン博士は、この現象を「情動のハイジャック」と名づけた。

・情動のハイジャック

低位の経路による恐怖反応で情動がハイジャックされると、高位の経路がふさがり、論理的に判断することも、社会的な利益を考えて行動することもできなくなる。

私たちは、人との交流が難しくなるのは情動のハイジャックが原因だと考えている――やっかいな人を生み出す原因もここにありそうだ。

グレムリンは邪魔をするだけではない。私たちの感情を勝手にサバイバルモードに切り替えてしまう。緊張のせいで口が渇いているときに、知的な会話を試みたことはあるだろうか？　気づまりな思いをしているときに、ジョークを言おうとしたことは？　ほぼ不可能だろう。なぜなら、原始的な低位の経路のせいで、知的な高位の経路からなかなか情報が伝わらないからだ。

「感情システムは、脳のリソースを独占しがちだ。思考が感情を支配するよりも、感情が思考を支配するほうがずっと簡単だからだ」とルドゥーは述べている。(注5)

過去の出来事が引き金となって、ささいなことについ過剰に反応してしまうこともある。たとえば中学2年のダンスパーティで、あなたが片思い中の女の子にダンスを申し込んだところ、相手に笑われたとしよう。それを目撃した友人たちも、あなたを指さしてくすくす笑ったとする。あなたは真っ赤になり、体からはどっと汗が噴き出し、呼吸が浅くなる（速い恐怖反応）。途方に暮れたあなたは、部屋を飛び出してトイレに隠れる。そしてそこでダンスが終わるまで待つことにする（遅い恐怖反応）。

やがてあなたは大人になるが、大音量で音楽がかかる薄暗いクラブに足を踏み入れて、ダンスに誘おうと女性に近づくたびに、速い恐怖反応が作動する。すると、過去の失敗を思い出し、同じシナリオが頭をよぎる。女性に話しかけようとするも、体から汗が噴き出し、顔は真っ赤になり、過呼吸になる。速い恐怖反応が「逃げろ！」、「トイレに隠れろ！」、「話しかけるな！」と訴える。たとえ遅い恐怖反応が「あの子に話しかけろよ。赤っ恥をかいたのなんて、ずいぶん前のことじゃないか」と訴えても、速い恐怖反応がすでに情動をハイジャックしている。

交流作戦において、「絶好の場所」と「試練の場所」を区別するのはこのためだ。速い恐怖反応、つまりサバイバルモードになると、戦略を試すどころではなくなる。読者にはもっといい状況、すなわち速い恐怖反応がおとなしくしていて、遅い恐怖反応が主導権を握って、一番いい自分を出せる状況にいてほしいのだ。それがうまくできないと、やっかいな人になる。

やっかいな人は、根は悪い人ではないと思う。彼らは情動をハイジャックされたままになっているのではないだろうか。恐怖心のせいで、いつもサバイバルモードにあるのだ。おまけに思いやりをもって人とつながりたい、冷静に歩み寄りたいと思っても、グレムリンが邪魔をする。「はっきりとは意識できない恐怖心を抱えている人は多い」とルドゥーは言う。(注6) 感情は、理性を乗っ取ることができる。では、やっかいな人が恐怖心を克服して、スマートに人と交流できるようになるには、どうすればいいのか？

・困った人対策

「困った人」は、ときに私をひどくいらいらさせる。相手のグレムリンが面倒すぎて私の手に余る場合、私は次の戦略9を使う。

戦略9 「不安に名前」をつけて問題を解決へ

困った人対策を使えば、感情の暴走をくい止めることも、暴走する人を落ち着かせることもできる。

このちょっとした戦略は、マーク・ゴールストン博士が考案した人質を解放するテクニックを簡略化したものだ。(注7) そうとも。やっかいな人に対処することは、誘拐犯と交渉するのとそう変わらない。では、大人の対応を学ぼう。

ステップ1 不安に名前をつける

認めてもらえない、受け入れてもらえない、聞いてもらえない——ほとんどのグレムリンはこうした不満によって生じる。

あなたが認め、受け入れ、その原因を正確に聞いていることを示せば、相手の不安は落ち着くだろう。不安に名前をつけること。これが困った人対策の第1段階だ。

名前をつけるにあたって、重要なのは次の答えを突き止めることだ。

「この人は何を恐れているのか?」

あなたが相手の感情を察知すれば、その瞬間に相手は不安を吐露するだろう。たやすくできそうな気がする？　シンプルだが、ほとんどの人は難しいと感じる。大抵の場合、相手が感情的でこちらが冷静なとき、こちらは平静を保つことでバランスを取ろうとする。だが、それではうまくいかない。実際、相手の怒りに火を注ぎ、激怒させることになる。

例として、男女間の典型的な会話を紹介しよう（図表9―3）。

2人の会話はどんどんエスカレートする。男性は何とかしたいと思うが、女性が求めているのは解決策ではない。話を聞いてほしいのだ。

男性はとにかく感情的な言葉を聞き逃さないこと。すなわち、心の不安がにじみ出ている言葉を見つけるのだ。それから、その感情の言葉を正確に繰り返して、女性が不安になるのは無理もないと同感し、それからもっと話すよう彼女を促すのだ。

1ランク上の会話（図表9―4）では、男性は女性が使った感情の言葉を繰り返していることに気づいただろうか？　彼女の不安の根っこを突き止めようとしているのだ。感情の言葉を繰り返すと、男性は何が起きているのか明確になるし、女性も自分の感情を整理しやすくなる。相手に気持ちが伝わって認めてもらえたと感じると、女性は「困った人対策」の次の段階、「理解する」へと前進する。

図表9−3　男女の典型的な会話

発言者		感情
女性	職場で昇進が発表されたんだけど、私の名前がなかったの。むかつく。こんなの不公平だわ!	この気持ちを男性に理解してほしい。

会話

発言者		感情
男性	そうだな。でもまた3カ月後に査定があるだろ。次回は昇進できるといいな。	平静を保とうとする。
女性	3カ月後?　冗談でしょ!?　もう5年も働いてるのに、これ以上待てないわ。私の価値を認めていない証拠じゃないの!	男性が彼女の不安を聞き取ってくれないため、彼女はますます腹を立てる。
男性	なわけないだろ!　たまたまだよ。きみに不満があって、他の人を採用したわけじゃないと思うよ。	頼むから落ち着いてくれよ。
女性	つまり会社が私のことを忘れてたってこと?　ああ、そうかもね。私の昇進なんて考えたこともなかったんでしょうよ。だったら辞めてやるわよ。あんたに相談しなきゃよかったわ。	本気で腹を立て、強引な結論へと飛躍する。

図表9−4　１ランク上の会話

発言者		感情
女性	職場で昇進が発表されたんだけど、私の名前がなかったの。むかつく。こんなの不公平だわ!	この気持ちを男性に理解してほしい。

会話

発言者		感情
男性	それはひどい。不公平にもほどがある。むかつくのも無理はないよ。	感情の言葉を繰り返す。
女性	大丈夫。ちょっとイライラしてるだけ。長年働いてるのに、ないがしろにされたような気がして。解雇か昇給停止になったらどうしよう。	感情が伝わったため、さらに奥深くにある不安を口にする。
男性	わかるよ、まったくイライラするよね。しかも解雇されたらどうしようと思っていては、いい仕事はできないし、職場でも楽しめないよ。	不安を覚えるのは無理もないと同意する。
女性	まったくね。私、どうしても納得できないわ。	会社には理解してもらえなかったが、男性には理解されたと感じている。
男性	会社は、きみが納得いくような説明をしてくれたかい?	ステップ②「理解する」に続く。

感情を突き止めるには、こんな問いかけをするといいだろう。

「きみはどうやら（　　　　　　）のようだね」

「きみは（　　　　　　）だと感じてるの？」

「きみが感じていることを、ぼくも理解したい」

注意点――感情を突き止めたいときは、一瞬の表情を解読してもいい。特に、相手が自分の感情をうまく表現できないときは、この方法がお勧めだ。相手の表情に浮かんだ感情をあなたが声に出して表現してあげれば、同じぐらいの効果がある。

ステップ❷ 不安を理解する

自分の気持ちが伝わったと感じると、速い恐怖反応が静まり、代わりに遅い恐怖反応が優位になり始める。あなたがなだめようとしていた相手は、すでに合理的かつ論理的に考え、人間関係を重視する人へと変貌している。

この段階の目標は、発言の裏にある感情を外に出すことだ。そのためには、次のことを心がけるよう意識しよう。

図表9−5　ステップ2「理解する」

発言者		感情
女性	まったくね。私、どうしても納得できないわ。	会社には理解してもらえなかったが、男性には理解されてもらったと感じている。
男性	会社は、きみが納得いくような説明をしてくれたかい?	ステップ②「理解する」に続く。
女性	何の予告もなく、今日のミーティングで突然発表したのよ。しかも、みんなの前で。出席者の半分ぐらいが振り返って、こっちを見てた気がする。私がほしがってた地位を他の人に取られたんだから。	グレムリンが現実化した瞬間を思い出している。
男性	その件について、来週、きみにもっと詳しく話してくれるんじゃないかな?　少なくとも、その人が昇進した理由を部員に説明するんじゃないかな?	グレムリン+不安を理解しようとしている。
女性	今すぐ昇進したくて騒いでるんじゃないのよ。蚊帳の外に置かれたような気がして。でも、状況がもっとはっきり見えれば大丈夫だと思う。今はただ、何が何だかわからなくて。	根底にある恐怖心を明らかにしようとしている。

- できるだけたくさん情報を引き出す
- 相手がその出来事を消化できるよう、できるだけ手助けする
- その状況での相手の一番重要な価値を突き止める

ここでは次の問いの答えを見つけよう。

「この人は何を求めているのか？」

ステップ１で紹介した会話の続きを見てみよう（図表９－５）。女性の返事から察するに、彼女の一番重要な価値は情報か地位だろう。仮に男性がさらに質問して、女性の一番重要な価値が情報だと突き止めたとしよう。これは重要な鍵だ。早く昇進したいという目標はさほど重要ではなかった。それよりも、自分は昇進にふさわしいのか、いつか昇進する見込みはあるのかを知ることのほうが重要だったと考えられる。そこで登場するのが困った人対策の次のステップ、すなわち「問題を解決へと導く」プロセスだ。

相手への理解を深めるには、こんな問いかけをするといいだろう。

「そんな気持ちになるなんて、いったい何があったのか教えてほしい」

「きみがそんなに（　　　　　）なのは、どうしてだい？」

「その（　　　　　）が起きたきっかけは？」

ステップ❸ 問題解決のコツ

会話するうちに、恐怖心が収まり、問題が明らかになって徐々に消化されてくる。こうして遅い恐怖反応が優勢になると、問題を解決へと導けるようになる。

ただし、名前をつけて理解するまでのプロセスが完全に終わるまでは、ステップ3へは進まないこと。相手が涙を浮かべながら大声で訴えているときや、怒りで顔を真っ赤にしているときは、まだ問題を消化できていない。

相手がほっと安堵のため息をつき、いつもの口調で話し始め、冷静さを取り戻したら、このステップに移行しよう。この段階では、2つの選択肢がある。性格解読するか、相手の感謝の言語を使うか、だ。さらに解決策を提示するか、解決に向けてサポートできたら、言うことなしだ。

といっても、多くの問題と同様に、完全に「解決」できないときもある。そんなときは感謝の言語を使うとまるく収まりやすい。少なくとも相手を重んじられるし、相手の孤独感も和らぐだろう。

ここでは次の問いの答えを見つけよう。

「この人は何を必要としているのか？」

前述の会話に戻ろう。このステップは図表9－6のように進めよう。

男性は、難しい状況に陥って感情的になっている女性を落ち着かせただけでなく、彼女の支援者にもなった。つらい状況にある人の感情に名前をつけ、理解し、それを解決へと導ければ、あなたはその人にとって味方となるのだ。

相手への理解を深めるには、こんな問いかけをするといいだろう。

「ぼくに何かできることはある？」

「何がどうなれば、きみの気分がよくなると思う？」

「この状況を改善するために、ぼくに何ができる？　きみは何ができる？」

困った人対策の目的は、他人の性格や行動を変えさせることではない——そんなことをすれば、相手はもっと悪い行動に出る恐れがある。むしろ、人を尊重し、その問題や悩みを深いレベルで理解することだ。他人の感情について議論はできないが、認めてあげることはできる。

相手がやっかいな人であっても、あなたがきちんと尊重すれば、彼らの無関心、怒り、恐怖心は収まり、前よりも思いやりと理解を示し、心を開いてくれるだろう。だが、なかにはどんなに共感的な手段を使って近づいても反応しない人がいる。不安の根が深すぎて、本人も対処できなくなっているのだ。このような人を、私は「有害な人《トキシック》」と呼んでいる。といっても、同じタイトルのブリトニー・スピアーズの曲のように明るくはない。負のエネルギーをまき散らす、毒を持つ人のことだ。

図表9-6 ステップ3「問題解決へと導く」

発言者		感情
女性	今すぐ昇進したくて騒いでるんじゃないのよ。蚊帳の外に置かれたような気がして。でも、状況がもっとはっきり見えれば大丈夫だと思う。今はただ、何が何だかわからなくて。	根底にある恐怖心を明らかにしようとしている。
男性	状況を明らかにするために、上司にメールして、週明けに話せないかと聞いてみては?	ステップ③「問題解決」へ進もうとしている。
女性	そうね。上司と一対一で私の来期の目標について話し合おうかしら。	情報（彼女の一番重要な価値）を引き出すには、どうしたらいいか考えている。
男性	そうだね。きみの仕事をわかってもらうために、仕事内容をまとめてもいいだろう。そうすれば、上層部が何を考えているかもっとはっきりわかるかもしれない。	情報（彼女の一番重要な価値）が手に入るようサポートしている。
女性	それは名案ね。	問題が解決しそうな気がしてくる。
男性	だろ! 今回はつらい思いをしたね。きみを評価していないなんて、会社のほうがおかしいよ。きみを元気づけるために、今週末に何かしようか?	大成功。彼女は落ち着きを取り戻し、次の段階を考えている。

有害な人の断り方

有害な人がいると、こちらは絶えず速い恐怖反応が発動してサバイバルモードにならざるを得なくなる。有害な人たちは、あなたの我慢の限界を試し、あなたの価値観を疑い、あなたのグレムリンを刺激して、楽しいはずの場を台なしにしてしまう。有害な人に構うのはエネルギーの無駄だ。

だが、多くの人はノーと断ることに不安を覚える。そしてつい習慣的にイエスと言ってしまう。または境界線を引くのが怖い人もいれば、私が我慢すればいいのだと感じている人もいる――現実を直視しよう。

一緒にいると消耗する有害な人に、そろそろノーと断ることを自分に許可してはどうだろう？あなたには自分のやり方で、自分の好きな人とつきあう権利がある。合わない人にノーと言えば、合う人にイエスと答える機会も増える。ノーと断る方法を紹介しよう。

1 謙虚にふるまう

断ったからといって、あなたがその誘いを嫌がっているという意味にはならない。境界線を引いて、相手の反感を買わないよう、腰を低くして断ろう。

「誘ってくれてありがとう」

「誘ってくれるなんて、きみは本当にいい人だね」

「すごく楽しそうな企画だね」

2どっちつかずの物言いをしない

まわりくどい言い方をしないこと。あなたがためらうか、迷うと、相手はあなたが弱腰だと察知して、思い直させようとするだろう。はっきりした言葉で簡潔に断ろう。

「ごめんなさい。行けそうにないわ」

「ぼくは参加できそうにないよ」

「行けないわ」

3言い訳しない

これが一番重要だ。弁解も、話し合いも、自分の気持ちを説明する必要もない。そう、理由を伝える必要はない。実際、理由を説明しようものなら、(たとえそれが正当な理由であっても)言い訳のように聞こえてしまうだろう。理由を伝えると、相手はここぞとばかりに説得に乗り出すだろう、ほぼ確実に。あなたが境界線を引いたと知ったら、相手は黙ってはいない。

あなたが断る理由を説明すると、有害な人から次のような反応が返ってくるだろう(個人差がある)。

「他のパーティに行くの？　大丈夫。ちょっとでいいから立ち寄ってよ」

「忙しいの？　私もよ。でもほんの20分でいいし、あなただって途中でコーヒーを飲んでほっと一息つくでしょ？　ちょっとだけおしゃべりしましょうよ」

「疲れてたって大丈夫よ。好きなだけ飲んで元気を注入しましょ！」

注意したいことがある。うまく断れない場合は、誘われた件について少し考えさせてくれと頼もう。「スケジュールを確認して、数日以内に返信するね」と言ってもいい。面と向かって断るのは難しいときがあるため、慎重に言葉を選べるようメールかメッセージで返信してもいい。何度も断るうちに、気楽に断れるようになるだろう。

応用編——他の案を提示する

あまり気が乗らない招待を受けたときは、代案を出してはどうだろう。たとえば私は、友人から「私のバースデーパーティをビリヤード場でやるから、ぜひ来ない？」と誘われた。私はビリヤードがうまくないし、場所的に友人とゆっくりおしゃべりできる感じでもない。そこで私は、当日の朝一緒にブランチを取らないかと代案を出した。おかげで内容の濃い会話ができたし、双方共に満足した。代案は、たとえばこう切りだそう。

「ディナーには行けないわ。代わりにコーヒーでもどう?」

「会って話しても仕方がないかも。とりあえず電話で話しましょう」

「ごめんなさい。パーティには間に合いそうにないわ。明日、ブランチでもどう?」


確かに、誘いを断るのは気が引ける。だが、こうした経験は成長につながる。

農家はときどき、元気な作物が育つ土壌を作るために田畑を焼く。土地を焼くことは、生態系のサイクルにおいて必然的なことでもある。穀物が刈り取られたあとの残骸や雑草は一掃しなければならないわけだ。このプロセスは「野焼き」と呼ばれている。

あなたも野焼きを始める必要があるのでは? 雑草を一掃すれば、新芽が出やすくなる。

前述したウエディング・プランナーのソチル・ゴンザレスは、簡単ではなかったが、ノーと断れるようになったことが仕事での成長につながったという。「みんなを助けたいと思う。でも結局、全員を助けることはできないのよ」とゴンザレス。「この仕事を通して、みんなを喜ばせるのをやめたの。顧客のお世辞や要望を私の主軸にするわけにはいかないから。私なりに優先順位に関する基準はあるし、自分の立場もある。この人には対処しきれないと思ったら、断るようにしてるの(注8)」

あなたの人生というドラマで、誰にどんな役を任せるかを選ぶのはあなただ。キャストは賢く選ぼう。

やってみよう

1 身近な人たちのなかで、重要な人を5人選ぼう。その人たちのグレムリンは何か？

2 自分をしっかり見つめよう。あなたのグレムリンは何か？　それはどんな形で表れているか？

3 あなたの人生から静かに退場してほしい有害な人はいるか？

【第9章のまとめ】

誰にでも社会不安はある。誰かが不安を抱えていても、あなたがそれを理解して対処すれば、その問題を解決へと導ける。本章で紹介した方法を実践すれば、どんなにやっかいな人でもサポートできる。

- あなたの社会不安がどんな形で表れているかを突き止める。
- 不安に名前をつけ、感情を理解し、それを解決へと導こう。
- 有害な人には、ただノーと断るだけでいい。

第10章

人気者の秘密をまねる

——「同調」でハートに火をつけろ！

人の不合理な行動は予測できる

「私のヒーローがディナーに来るのよ」
私は夫にそう言いながら、慌ただしく夕食を作り、家を掃除し、家のなかを少しでも見栄えよくしようと奮闘していた。『ニューヨーク・タイムズ』紙のベストセラーに選ばれた『予想どおりに不合理　行動経済学が明かす「あなたがそれを選ぶわけ」』（熊谷淳子訳、早川書房）の著者で、行動経済学の第一人者で、TEDトークのスター。そう、あのダン・アリエリーがあと30分でわが家に到着するのだ。もう興奮するやら、足がすくむやら。

さかのぼること数カ月前。私のメールアドレスを見つけたアリエリーが、「YouTubeにアップされている動画を楽しんでいます」と私にメッセージをくれたのだ。うれしさのあまり悲鳴を上げ、一瞬気を失い、しゃっくりの発作でしばらくコントロール不能に陥ったあと、私はようやく冷静になって返信を書いた。当時取り組んでいた新しい研究の話まで付け加えて。こうして私たちのマニアックな友情が始まった。そして今、アリエリーは夫婦でポートランドを訪れていて、2人でわが家にディナーに来てくれるという。

アリエリーと、そのチャーミングな奥さんのスーミーが玄関から入ってきたとき、私はすっかり心を奪われた。が、すぐにアリエリーは自分のすごさを見せつけるために来たのではないと思い直した。彼は学ぶために来たのだ。前菜やメインディッシュを食べているときも、みんなでワインを飲んでいるときも、アリエリーは私たちにいろんな質問をした。自身の革新的な研究や実績をとうとうと語るのではなく、私たち一人ひとりに興味を持ち、やさしくスポットライトをあててくれた。私の夫の仕事のこと、奥さんの意見、そして私の目標にも。ディナーが終わる頃には、私はすっかり夢心地だった。まるで恋に落ちたみたいにハイな気分だったが、それはアリエリーの業績に対する賞賛や名声のせいではなかった。彼の人との接し方にあった。

ダン・アリエリーは好奇心が旺盛だ。それは彼の仕事からだけでなく――4冊の著書があり、TEDトークに5回出演し、その動画の視聴回数は1300万回を超える――日々の人への接し方からもうかがえる。その純粋な好奇心ゆえに、こちらもぐいぐい引き込まれてしまう。

アリエリーが研究者として突出した成功を収められたのは、その好奇心旺盛な性格のおかげでもある――彼の好奇心は、今のキャリアを選ぶきっかけにもなった。17歳のとき、アリエリーは誤って可燃物を爆発させてしまい、体の70％にやけどを負った。(注1) それから何カ月間も、つらい手術と皮膚移植に耐える日が続く。そして回復する過程で、拷問のような苦しみを味わう。そう、包帯を取るときだ。

長い間患部に貼られていたバンドエイドを剝がしたことがあるだろうか？　この場合、方法は2つある。すばやくピッと剝がすと、短時間で終わるものの激しい痛みを伴う。ゆっくり剝がすと、痛みはやや緩和されるが、痛みの時間は長くなる。「入院先の看護師たちは、一気に剥がすほうがいいと判断した。かくして包帯をつかんではピッと剥がし、つかんではピッと剥がした。私のやけどは体の70%を占めていたから、全部剥がすのに1時間ぐらいかかったかな」とアリエリーは苦笑する。

退院した途端、アリエリーはテルアビブ大学に入学し、痛みと我慢と苦痛が取り除かれたときの安堵感を調べようと実験を始めた。「実験の過程で、看護師たちの判断がまちがっていたことが判明したんだ」とアリエリー。

患者の痛みを最小限に抑えるには、包帯をすばやく剥がすのではなく、ゆっくりと静かに剥がすほうがいいと判明したという。「看護師たちは気づかなかったんだよ」とアリエリーは言う。(注2)目の前の患者が痛がっているのに、看護師たちは自分たちの判断は正しいと確信するあまり、自分たちの行動が不合理だと気づかなかったのだ。

この思いがけない発見を機に、アリエリーは次々と人間の不合理な行動パターンを見つけていく。そして、一見不合理に見える行動を予測可能にする研究でキャリアを築いていった。彼はその際立った好奇心で人々と接する。そして彼の大きな成功は、その旺盛な好奇心によってもたらされたのだ。

では、アリエリーの方法をどう対人スキルに取り入れるか？　この最後の戦略でその方法を紹介する。

人気者が持つ「他人の考え」を知る力

人気者になる秘訣は何か？　コロンビア大学の研究者たちがこのテーマについて実験したところ、驚いたことに、人気は容姿とも、運動能力とも、知性とも、ユーモアのセンスとも無関係で、脳活動のパターンと関係していることがわかった。具体的に言うと、人気者は他の人に同調する傾向が高かったのだ。

ノーム・ゼルバベルとその研究チームは、こんな実験を行なった。まず2つの学生グループに、メンバーどうしの人気度をランクづけしてもらった。それから学生たちにグループのメンバーたちの写真をさっと見せ、その間の脳の動きをスキャンした。写真のなかには、偽の写真が数枚まざっており、学生たちにはすばやくボタンを押して写真が偽物か本物かを示してもらった。

すると、グループ内の人気者の顔を見せたとき、自分自身の人気度とは関係なく、全学生の脳の報酬系が活性化したという。要するに、人気者は私たちの気分をよくしてくれるのだ。テレビにセレブが映っていると、つい見入ってしまうのもそのせいかもしれない。

だが、この実験にはもっとおもしろい話がある。人気者の脳の反応は、他の学生たちの脳とは明らかな違いが見られたという。一番人気の学生たちは、他の人気学生の写真を見たときに、脳——特に社会的認知に関わる領域——が誰よりも活性化したという。つまり人気者は、社会的なシグナル、社会的な階層、人間関係を重視し、それに同調しようとする傾向があるという。

さらに人気学生は、自分の社会的地位を強く意識し、自分が人からどれだけ好かれているかを正確に把握していた。研究者たちは、「人気者が人に好かれるのは、自分のまわりの人たちが何を考え、何を感じているかを理解しようとするからだ」と結論づけた。そしてその能力を「高度な社会同調性」と名づけた。(注3)

これで、あの日ダン・アリエリーとのディナーで何が起きたのかがわかった——彼の高い同調力に、私はすっかり舞い上がってしまったのだ。彼の考え方も私の気持ちに影響を及ぼした。正直なところ、最初は「世界的に有名なあのアリエリー教授が目の前にいる!」と私の報酬系が活性化した。だがそのあとで、彼が私を知りたがっているのを見て、今度は私の社会的認知機能が活性化したのだ。

この方法を使えば、人々を刺激できる。あなたの受賞歴だの実績だの報奨金だのを語っても、感銘を受ける人はいない。人の心をとらえるには、相手の報酬系を刺激することだ。

おまけに、あなたの人気度とは関係なく、誰でも高い社会同調性を身につけることができる。

社会同調性とは何か？

子どもの頃の私は、ある2語の言葉を聞くと背筋がぞっとしたものだ。「体育」だ。体育の授業は、思春期前の恥ずかしがりやの私にとって頭痛の種だった。ムスクの香り漂う更衣室に足を踏み入れた途端、私の心臓はどきどきしたものだ。ほんのわずかでも肌を見られないよう、こっそり服を着替えながら（念のために、ブラを2着つけて来たこともある）、日課練習だのドッジボールなどから逃れる言い訳を必死で考えていた。紙で指を切ったというのはどうか？ ヘアカット中に頭を切ったとか？ この世の終わりが来るからとか？ 実は全部試した。

当時を振り返ると、私は外でやる体育の授業は結構楽しんでいた。私が一番恐れていたのは、先生から「整列。さあ、チームを作って！」と言われる瞬間だ。

そして毎回、2人の明るい子がチームキャプテンとして選ばれる。それから数分間、その子たちが、チームメイトを次々と選んでいくのを泣きそうな目で見守る。私と運動オンチの友人スメリー・マシューが選ばれるのは、決まって最後のほうだ。ところがある日、小学校での私の社会生活が一変する出来事が起きた。先生がチームキャプテンに新入生を指名したのだ。その子は近所の学校から転校してきたばかりで、クラスメートをよく知らなかった。そして体育の歴史史上最高の瞬間が訪れた。その子は真っ先に私を選んでくれたのだ。

私はすっかり有頂天になって、その子に駆け寄って手をつなぎ、その子が他のチームメイトを選ぶ間も手を離さなかった。確かあの日は、サッカーの試合では負けたけど、私は始終ご機嫌だった。試合のあと、どうして私を選んだのかを尋ねた。するとその子は、「あなたと仲良くなりたかったから」と言った。こんなにうれしい言葉は、誰からも言われたことがないかもしれない。

人は誰でも、自分のことを知ってもらいたいと強く願っている。誰かに見つけてほしい、私には味方がいると安心したい、グループのメンバーから必要とされたいと思っている。「同調」とは、そんな願望に応えることだ。おまけにこの対人スキルは、あまり使われていないテクニックの一つでもある。

同調すると、まわりの人たちへの意識が高まり、彼らを受け入れられるようになる。同調とは、そばにいる人たちに順応すること、調和することでもある。これが最後に学習する戦略だ。

戦略⑩「同調術」で相手の欲求に応える

私たちはよく考えごとやスケジュールや課題で頭がいっぱいになり、他の人たちの気持ちや欲求や価値観に合わせることを忘れがちだ。

注意したいことがある。この戦略だけは、実践する相手を慎重に選ぼう。これは人とつながるために使う強力なツールだ。そのため、深い絆を結びたい人だけに実践すること。

同調のしくみはこうだ。

「世の中には、はっきりと目に見えるはずなのに、なぜか誰もちゃんと見ていないものがたくさんある」

——シャーロック・ホームズ

法則❶ みんなを好きな人は、みんなから好かれる

スタンフォード大学の研究者、ヴァン・スローンは北カリフォルニアの地域内の高校に通う生徒2437名の対人スキルを調査した。(注4) 目的は、高校生はどの対人スキルを好ましいと判断するかを突き止めることだった。

スローンが最初に気づいたのは、好感度の高い生徒たちは明るく楽観的な性格で、幸福感の調査でも「だいたいにおいて自分は幸せだと思う」と答えた割合が高いことだ。これはほぼ予想どおりだったが、もっと興味深い結果もあった。好感度の高い生徒は、嫌いな人が少なく、ほとんどのクラスメートに好意を抱いていたのだ。そして笑顔を浮かべてフレンドリーにふるまい、まわりの生徒に「好意」を示していた。「人気のある女子生徒は、1日に浮かべる笑顔の回数が他の生徒の2倍だった。彼女たちが好かれるのは容姿のおかげではなく、その笑顔にあったようだ」とスローンは書いている。(注5) 生徒がクラスメートに笑顔をたくさんふりまけば、クラスメート

たちも笑顔を返そうとする。クラスメートたちは自分は好かれていると感じ、もっとその生徒を好きになるというわけだ。自分と一緒にいるときに楽しそうにふるまう人がいると、こちらもその人と一緒にいるのが楽しく感じられる。

社会心理学では、この現象を「好意の互恵性」と呼ぶ。[注6] 人は、自分を好きになってくれる人を好きになるのだ。さらに、人に何かをしてもらったら、お返ししなくてはと思う。相手があなたに微笑んだら、あなたも笑みを返すのはそのためだ。相手が何か質問をしてきたら、こちらも質問しようと思う。相手が弱みを打ち明けてくれたら、こちらも弱みをさらけ出そうかなと思う。

この本で紹介した戦略は、どれも好意の互恵性を応用したものばかりだ。

戦略❶ 交流作戦

—あなたが「試練の場所」を避け、「絶好の場所」で打ち解けた態度で歓談すれば、相手も自分のコミュニケーション方法であなたと話せるようになる。

戦略❷ 会話の着火剤

—あなたが会話の着火剤を使って表面的な会話を打破すれば、あなたはもっと親切に相手の欲求に応えられるし、もっとおもしろい情報を提供できるようになる。

戦略❸ 糸理論

—あなたが相手との「共通の糸」を探せば、相手はあなたが似ていると感じて親近感を覚えるだろう。

戦略❹ 性格解読

―あなたが相手の性格を尊重すれば、相手もあなたの望むような方法であなたに接してくれるだろう。

戦略❺ 感謝の言語

―相手の感謝の言語を使って評価すると、相手は自分が大事にされていると気づく。そして、あなたにも親切に接してくれるだろう。

戦略❻ 一番重要な価値

―あなたが相手には価値があることを示せば、相手もあなたの一番重要な価値を尊重するようになるだろう。

戦略❼ ストーリー・ライブラリ

―あなたがウィットに富んだおもしろい話をすると、相手もあなたに自分の話をしたくなる。

戦略❽ フランクリン効果

―あなたが心を開けば、相手も心を開いてくれる。

戦略❾ やっかいな人対策

―あなたが穏やかな口調で率直に意見を言えば、感情的になっている人も落ち着きを取り戻し、あなたに心を開いてくれるだろう。

戦略❿ 同調する

―あなたが相手に強い関心を示せば、相手も同じぐらいあなたに興味を示すようになる。

人気者になるための秘訣、それは「もっと人を好きになること」だ。一緒にいると楽しい人には、意識的に「好意の互恵性」に働きかけよう。

- 電話で会話したあと、最後に「電話をもらってうれしかった」と言う。
- 電子メールの最後に「メールをくれてありがとう！」と書く。
- 人と会話するときは、最後に「いろいろ話せて（活動できて）楽しかった！」と言う。
- ランチタイム、パーティ、カンファレンスで、「一緒に座りませんか？」と誘う。
- 誰かがあなたのグループ（またはテーブル、ミーティング）に加わったら、あたたかく迎える。
- 誰かがあなたのグループ（またはテーブル、ミーティング）から去るときは、お礼を言って、時間をさいてくれたことに感謝する。

念のため――いうまでもなく、この戦略を使うのはあなたが本当に好きな人、一緒にいたい人だけだ。相手に同調するのは、心の底から望むときだけにしよう。

法則❷ 居場所を見つける

テレビでおなじみのエンターテイナー、オプラ・ウィンフリーはテレビ番組の司会者として長年にわたって大勢の人々と対談してきた。その経験からウィンフリーが学んだことは何か？「誰もが持っている願望がある。それは『自分の存在意義を実感したい』という願望だ。カンザス州トピーカに住む主婦であれ、フィラデルフィアで働くビジネスマンであれ、誰もがその胸の奥では、『愛されたい』『必要とされたい』『理解されたい』『認められたい』と願っている。生き生きと人間らしく生きていると実感できるような、確たる関係を築きたいと願っているのだ」(注7)

私たちが、日々出会う人たちにあげられる最高の贈り物は、その人のありのままを受け入れ、それを相手に実感させることだ。前述した小学校の頃のエピソードで、あの子が私をチームメイトに選んでくれたとき、私は生まれて初めて「受け入れてもらえた」と感じた。私と親しくなりたいと言われたとき、私は「ようやく私の声が届いた」と感じた。やがて私たちは親友となり、毎日一緒にランチを食べるようになったとき、私はようやく居場所を見つけたと安堵したものだ。

なぜそれほど居場所が重要なのか？　詳しく議論する前に、前知識としてかの有名なアブラハム・マズローの欲求段階説を説明しておこう。マズローは、人はみな5つの基本的な欲求が満たされなければ成功できないとの理論を説いた。(注8)　5つの欲求とはこれだ。

1 自己実現の欲求
2 承認の欲求
3 所属と愛の欲求
4 安全の欲求
5 生理的欲求

上位⟷下位

食べ物と住居という基本的な欲求が満たされたあと、私たちの欲求は人間関係からもたらされるものばかりになる。あなたが心の底から誰かを大事に思うなら、その人に同調して、上位3つの欲求を満たしてあげよう。

●所属と愛の欲求

・あなたとの共通点を探し、その共通点をうまく使って、自分は味方だと示す（戦略3）
・相手の性格特性を把握し、相手の性格に合わせて接する（戦略4）
・相手の感謝の言語を突き止め、その言語で感謝の気持ちを伝える（戦略5）

●承認の欲求

・相手がどんな人か、何に関心を抱いているかを、会話の着火剤という巧みな質問で聞き出す

（戦略2）

・自分の弱みを打ち明ければ、相手も不安や心配を正直に話しやすくなる（戦略8）

●自己実現の欲求

・相手の一番重要な価値を見つけ、それが手に入るようサポートする（戦略6）

・相手が問題行動を取る原因を突き止め、相手を批判するのではなく、問題を解決できるよう手助けする（戦略9）

あなたのソーシャルスキルが向上すれば、あなたの大切な人の欲求にうまく応えられるようになるだろう。

法則❸ 好奇心のパワー

ダン・アリエリーは、やけどというトラウマになりそうなつらい経験を、知りたいという欲求へと転換した。包帯を剥がしたときのぞっとするような記憶で思考停止に陥る代わりに、痛みに対して興味を抱いた。アリエリーはもっと知りたいと思い、痛みに関する画期的な発見をし、結果的に世界中の患者、医師、看護師をサポートした。好奇心には治癒力があるのだ。

私と同様に、あなたにも人間関係にまつわるつらい経験があるのではないだろうか。学校でいじめに遭ったとか？　今でも同僚たちにとけ込めないとか？

カリフォルニア大学ロサンゼルス校の研究者たちは、体が痛いときと、社会で疎外感を味わうときは、脳の同じ領域が活性化することを突き止めた。(注9)つまり、仲間はずれにされると、体をけがしたときと同じ痛みを感じるということだ。

ツイッターで、フォロワーに「腕の骨を折ることと、恋人と別れることでは、どちらのほうがつらいですか？」と尋ねた。すると、腕の骨を折ることと答えた人はわずか24％で、残りの76％は恋人と別れるほうがつらいと答えた。では、人から疎外されたときの痛みから、どうやって自分を守ればいいのか？　私は好奇心が癒しになると信じている――好奇心はまた、人間関係を深めるのにも役立つ。

- 出会った人に興味を持てば、会話の着火剤を思いつきやすくなる。
- この人の動機は何だろう？　と興味を持てば、その人の性格を解読しやすくなる。
- 人と接するときの自分の傾向に興味を持てば、自分のお決まりの交流パターンがわかり、次回はもっとうまく人と話せるようになる。

人との関わり合いはどれも、自分や相手のことをもっと理解する絶好の機会となる。誰かに好意を示したければ、その人に興味を持つのが一番伝わりやすい。

好奇心をかき立てるために、私はよくちょっとした社交実験をやる。本書で教えた戦略を、今度はあなたが自分なりの方法で試す番だ。

たとえばこんな実験ができる。

- あなたが効果的だと感じる会話の着火剤は何か？　数週間ほどいくつかの着火剤を試して、いざというときに頼りになる着火剤を見つけよう。
- 交流作戦を展開しやすい、あなたのお気に入りの交流スポットはどこか？　お気に入りの交流スポットを3箇所試し、一番交流しやすい場所を選ぼう。
- あなたのお気に入りのストーリーは？　ストーリー・ライブラリからいくつかストーリーを選び、今週末に友人に話し、どのストーリーが一番受けるかチェックしよう。

あなたのお気に入りの戦略は何か？　好きな戦略トップ3を選び、それぞれについてミニ実験をやってみよう。

もっとアイデアがほしい人は、この本の各章の最後にある「章のまとめ」や「やってみよう」に目を通してみよう。試してみたいことが見つかっただろうか？

または身近な人たちを選び、その人たちを相手にミニ実験をやってみよう。

・**あこがれの人**――あこがれの人の気分をよくするには、どの戦略が効くか？　その人とつながる戦略か、絆を深める戦略か、理解が深まる戦略を試してみよう。

・**あなたの右腕**――あなたの右腕は、あなたと一緒に実験の冒険に出てくれそうか？　お互いの感謝の言語を予測しあってもいいし、誰かに新しい会話の着火剤を試してもいい。その人と一緒にどんなミニ実験ができるか、アイデアをひねり出そう。

ミニ実験をやってみると、自分や身近な人たちへの関心が高まるし、本書で紹介した戦略を全部試してみようという気持ちにもなれる。

注意点――おそらく読者はこの本を読みながら、「この方法は私でもうまいくかな？」とか「私にこんな大胆なことができるかな？」などと思っているだろう。あれこれ自問するのはやめて、1つの重要な問いに集中しよう――「どうすればこの戦略を自分の役に立てられるか？」だ。

最終章で紹介した最後の戦略の最終段階は「好奇心を持つこと」だ。どの戦略を試すにせよ、行動の原動力となるのは好奇心だからだ。

人との関係をグングン深める方法

以前にダン・アリエリーと電話で話したとき、最後に「もっと充実した会話がしたいという人たちに、あなたならどんなアドバイスをしますか？」と尋ねたところ、こんな返答をもらった。「飛行機に乗ったときや、カンファレンスに出席したときなどで、隣の席の人が話したそうにすることがある。たとえ人と話す気分でないときでも、自分次第で、いい議論ができる。退屈な人だとか、話し下手だといって人を責めることはできない。私は意図的に興味を抱くようにしているんだ。たとえ自分とはまったく異なる人を相手にするときも、私は彼らから学ぼうとする。興味がないことがあっても、別の方法でそれにアプローチしようとする。充実した会話、中身の濃いやり取り、確たる関係を実現するには、意図的に取り組まなければならないと思う」(注10)

人とどう接するかを決めるのはあなただ。魅力的な人間になれるか否かは、あなた次第。人との関係をより良いものにできるのは、自分だけだ——だからやろうではないか。

やってみよう

1 本書のなかで、あなたが気に入った戦略のトップ3を選び、今週それをちょっと試してみよう。

2 誰か1人を選んで「一緒に過ごせて楽しかったです」と言ってみよう。

3 「あなたの右腕」と一緒に、対人スキルの冒険を実践するスケジュールを組もう。

［第10章のまとめ］

人に感銘を与えようと思わないこと。重要なのは、相手と向き合うことだ。相手に夢中だと示せば、向こうもあなたに夢中になってくれるだろう。同調とは、ありのままの相手を受け入れることだ。あなたが多くの人を心から好きになれば、多くの人があなたを心から好きになってくれるだろう。

- 一緒にいると楽しいと相手に伝えれば、「好意の互恵性」が発動する。
- 居場所を求める人々をあたたかく受け入れる。
- 好奇心を持って人と接する。

次なるステップへ！

おめでとう！　授業はこれで終わりだ。課題もたくさんやり遂げた。

第1部の「出会って最初の5分間」では、見知らぬ人との距離を縮め、すばやく信頼を築き、忘れられない人になるために強い第一印象を与える方法を説明した。

第2部の「出会って最初の5時間」では、人の性格を解読する方法を説明した。これをマスターすれば、相手が何を求めているかを見抜き、どんな行動を取りそうかを予測できるようになるだろう。

第3部の「出会って最初の5日間」では、単なる顔見知り程度の人を生涯の友へと変える方法を模索した。ストーリーを語る、弱みを打ち明けるなどの戦略を使って、関係を深めるのだ。これらを実践すれば、人間関係は必ず改善するだろう。

アルバート・アインシュタインはかつて「情報は知識ではない。知識とは唯一経験から得られるものだ」といった。この本を読むだけでもすばらしいが、学んだことをぜひ経験してほしいと思う。

謝辞

まずは、すばらしすぎる夫へ。夫はいつも私の最初の実験台にして、最後に私の説明を聞かされる人でもある。最初にこの夫に最大の感謝の言葉を捧げたい。家中に秘密の実験を設定させてくれてありがとう。それから、月曜日の夜にリアリティ番組『バチェラー』を見させてくれることも——ちなみに、この番組を見るのは仕事のためですからね。それから、私がこんなにクレイジーで独特かつ勇敢なキャリアに進むのを見守ってくれたことや、そのキャリアを進む過程で何度もサポートしてくれたことにも感謝している。

私の優秀なエージェントであり、私をこの慌ただしくも楽しい旅へ誘ってくれたデイヴィッド・フゲイトにも、ありがとうと伝えたい。それからポートフォリオのチームのみんなにも！特に疲れ知らずの私の編集者、ニキ・パパドプロスは、この本の執筆過程で終始私に付き添い、この本の可能性を教えてくれた。この本のパートナー役にニキとリー・トラウボーストを迎えられて、本当にラッキーだった。

それから写真家であり、映像カメラマンであり、友人でもあるマギー・カークランドにも感謝の気持ちを伝えたい。想像力豊かな天才肌で、本書に使われている写真の多くと、カバー写真と著者紹介の写真も彼女の撮影によるものだ——マギー、あなたってホントにすばらしいわ。あなたがいてくれてよかった！　それから私の英語版原書のカバー写真のメイクアップとヘアーを担当してくれたマデレイン・ルーズベルトと、スタイリング担当のロビン・アレン、デザイン担当のクリストファー・セルジオにも協力してもらった。それからモデルや俳優として本書に協力してくれたすばらしい人々も紹介したい。マックス・デュボイ、オライオン・ブラッドショウ、ペイジ・ヘンドリックス・バックナー、レイシー・カークランド、スコット・エドワーズ、ダニエル・ベーカー。「クリエイティブライブ」のみんなへ。チェイス・ジャーヴィス、キンバリー・マーフィー、ブライアン・レモス、メグ・ゲイマン、クリス・ジェニングズ、ケナ・クロスターマンへ。みんなには、私のコースの面倒をみてもらい、私が思い描くカリキュラムを実現してもらい、また私が教師として成長できるようサポートしてもらった。それから、壇上に私を招き入れて聴衆に話す機会をくれた、クリス・ギルボー、ジョーダン・ハービンガー、タミー・エルナンデス、ヘレン・ラプティスにも、特別な感謝の気持ちを伝えたい。

本書を執筆するにあたって、インタビューさせてくれた人たちにもお礼の言葉を。アリルド・レメライト、ルイス・ハウズ、ヘフェル・カリーヨ・トスカーノ、ポール・エクマン博士、リチャード・ニコローシ、ペイジ・ヘンドリックス・バックナー、ボイド・ヴァーティ、アンドリュー・ボウラー、フランク・ウォレン、ニコル・パオン、マーク・ゴードン、クリスティ・ドラゴン、ソチル・ゴンザレス、ダン・アリエリー。あなたがたのストーリーには世界を変える力がある。それから、マット・スコット、マーク・ゴールストン、エミリー・マクダウェル、ジェイ・

ウエストにもご協力いただいた。

本書の草稿の一部を読んでアドバイスをくれたうえに、私と一緒にアイデアをひねり出してくれた、この本の陰の貢献者のみなさんにもお礼を申し上げたい。デイヴィッド・モルダウアー、ステファニー・ジトー、サマンサ・ブロディ博士、ディヴァーニ・フリーマン、ジェマリー・ミルコヴィック、タラ・ジェンタイル、エイミー・ヤマダ、エミリー・トリッグス、ジェニー・トリッグ、エリザベス・ジーグ、ギデオン・エイロン、サーズディ・ブラーム、カリ・チャピン、ケイティ・レーン、ショーン・オーグル、タイラー・ターブーレン、マイク・パッキオーニ、チャーリー・ギルキー、アレックス・フランゼン、デイヴィッド・ニヒル、ジム・ホプキンソン、ザック・スチンからは多くを教えてもらった。それから、私の最初のオンラインコースの立ち上げをサポートしてくれた、エリン・アダムズ、デニス・ヤングとユーデミーのみんなにも、この場を借りてお礼をいわせてほしい。

それから、わが「サイエンス・オブ・ピープル」の精鋭たち。まず、すばらしい友人にして同僚でもあるダニエル・ベーカーは、この本をすべて読み、全力でサポートしてくれた。すごく優秀な人で、今まで私をサポートしてくれた分、あなたが成長する過程でも、私は全力でサポートしたい。ヘイリー・ラチック、ホセ・ピーナ、ロビー・スミス、エミリー・ランドバーグ、エリー・ウー、ベン・クック、ローレン・フリーマン、ニック・ポセティーズ、マリア・バイアスは、「サイエンス・オブ・ピープル」でそれぞれの創造力を発揮し、戦略立案に多大な時間を費やしてくれている。また、同社のインターンのみんなと、世界中で活躍する、「サイエンス・オブ・ピープル」ボディランゲージのトレーナーたちも、私たちのメッセージを世界中に広め、私たちの研究のさらなる飛躍に貢献してくれている。本書はこうした人たちの協力なしでは実現しなかっただろう。「サイエンス・オブ・ピープル」のみんなには、言葉では言い表せないほど感謝している。

また、私がこの本を執筆中に、私のわがままに耐え、さらに実験にもつきあってくれた友人たちにも、この場を借りてお礼を言いたい。マーゴ・アーロン、レイシー・カークランド、ブレナン・ポセティーズ、エド・パイパー、バーリ・タレツキー、ジョン・ボイルストン、アナ・ローレン・ボイルストン、スティーブン・スコット、クリスティン・ケリー、A・J・アリー、ケリー・アリー、トニー・ダル・ポンテ、エリン・ジョージアディス、エミリー・オキピンティ、アレックス・オキピンティ、グウェン・ヒックモンド、パム・ポッツ、テイト・ニューバーグ。

不器用だった私を長年サポートし、マールボロ・スクールからエモリー大学まで最高の教育を受けさせてくれた家族にも、お礼をひと言。作文のクラスはもとより、心理学や科学の授業で習ったことまで、すべて本書に活かされている。アニタ・ファースト、ヴァンス・ヴァン・ペッテン、ステイシー・ヴァン・ペッテン、コートニー・ヴァン・ペッテン、ヘイリー・ヴァン・ペッテン、ロバート・フォレスト、リンジー・フォレストに愛を込めて。それから私をあたたかく受け入れ、スコット・エドワーズを夫にくれた、デボラ・エドワーズ、リチャード・エドワーズ、ローラ・エドワーズにも、この場を借りてお礼を言わせてほしい。

最後になったが、「サイエンス・オブ・ピープル」サイトの読者にも感謝したい。新しい会話の着火剤を試させてくれた読者、ツイッターやウェブサイトで一風変わった投票に答えてくれた読者、フェロモン実験でにおいをかがせてくれた読者、動画を撮らせてくれた読者、尋問させてくれた読者、変なテストを受けてくれた読者に、感謝の言葉をささげる。あなたがたの勇気とやる気がなかったら、私はこの本を完成させられなかっただろう!

本書に未収録の参考資料一覧は、下記ＵＲＬからＰＤＦファイルをダウンロード頂けます(英語)。

http://diamond.jp/go/pb/captivate.pdf

8. 2016年1月14日に行なわれた、筆者によるソチル・ゴンザレスへの電話インタビューより。

第10章――人気者の秘密をまねる

1. Ayelett Shani, "What It Feels like to Know What We're All Thinking," *Haaretz*, April 5, 2012, http://www.haaretz.com/israel-news/what-it-feels-like-to-know-what-we-re-all-thinking-1.422824.

2. Dan Ariely, "Our Buggy Moral Code" TED video, filmed February 2009, transcript and Adobe Flash video, 16:13, TED2009, Long Beach Performing Arts Center, Long Beach, CA, posted March 2009, https://www.ted.com/talks/dan_ariely_on_our_buggy_moral_code?language=ja#t-546691

3. Noam Zerubavel, Peter S. Bearman, Jochen Weber, and Kevin N. Ochsner, "Neural Mechanisms Tracking Popularity in Real-World Social Networks," *Proceedings of the National Academy of Sciences* 112, no. 49 (December 2015): 15072-77, doi:10.1073/pnas.1511477112.

4. Mary M. Leahy, "Are You Social?" *Times-Herald* (Vallejo, CA). December 17, 1998, Web. June 23, 2016, http://www.sq.4mg.com/traits_2437.htm#z.

5. Tim Sanders, *The Likeability Factor* (New York: Crown, 2005).

6. R. Matthew Montoya and Robert S. Horton, "The Reciprocity of Liking Effect," in *The Psychology of Love*, ed. Michele Paludi (Santa Barbara, CA: Praeger, 2012), 39-57.

7. Oprah Winfrey, *What I Know for Sure* (New York: Flatiron Books, 2014).

(page 298)

8. Abraham Maslow, "A Theory of Human Motivation," *Psychological Review* 50 (1943), 370-96.

9. Naomi I. Eisenberger, Matthew D. Lieberman, and Kipling D. Williams, "Does Rejection Hurt? An fMRI Study of Social Exclusion," ◆Science 302◆(ボド), no. 5643 (2003), 290, doi:10.1126/science.1089134.

10. 2016年4月1日に筆者が行なったダン・アリエリーへの電話インタビューより。

第8章——弱みは武器になる！「さらけ出し」で安心させる

1. 1215年11月12日に筆者が行なったフランク・ウォレンへの電話インタビューより。

2. Thomas Gilovich, Victoria Husted Medvec, and Kenneth Savitsky, "The Spotlight Effect in Social Judgment: An Egocentric Bias in Estimates of the Salience of One's Own Actions and Appearance," *Journal of Personality and Social Psychology* 78, no. 2 (2000): 211-22, doi:10.1037/0022-3514.78.2.211.

3. Ibid.

4. Elliot Aronson, Ben Willerman, and Joanne Floyd, "The Effect of a Pratfall on Increasing Interpersonal Attractiveness," *Psychonomic Science* 4, no. 6 (June 1966): 227-28. doi:10.3758/bf03342263.

5. Ibid.

6. Richard Wiseman, *59 Seconds: Think a Little, Change a Lot* (New York: Alfred A. Knopf, 2009). (邦訳は『その科学が成功を決める』(リチャード・ワイズマン著、木村博江訳、文藝春秋、2012年)

7. Jon Jecker and David Landy, "Liking a Person as a Function of Doing Him a Favour," *Human Relations* 22, no. 4 (August 1969): 371-78, doi:10.1177/001872676902200407.

8. Dennis T. Regan, "Effects of a Favor and Liking on Compliance," *Journal of Experimental Social Psychology* 7, no. 6 (1971): 627-39, doi:10.1016/0022-1031 (71) 90025-4.

第9章——「やっかいな人」だって味方につける

1. 2016年1月14日に行なわれた、筆者によるソチル・ゴンザレスへの電話インタビューより。

2. Joseph E. LeDoux and Elizabeth A. Phelps, "Emotional Networks in the Brain," in *Handbook of Emotions*, 3rd ed., eds. Michael Lewis, Jeannette M. Haviland-Jones, and Lisa Feldman Barrett (New York: Guilford Press, 2010), 159-79.
Jacek Dbiec and Joseph LeDoux, "The Amygdala and the Neural Pathways of Fear," in *Post-Traumatic Stress Disorder*, eds. Priyattam J. Shiromani, Joseph E. LeDoux, and Terence Martin Keane (New York: Humana Press, 2009), 23-38.

3. Etienne Benson, "The Synaptic Self," *Monitor on Psychology*, November 2002, http:// www.apa.org/monitor/nov02/synaptic.aspx.

4. Ibid.

5. Ibid.

6. Ibid.

7. Mark Goulston, *Just Listen: Discover the Secret to Getting Through to Absolutely Anyone* (New York: American Management Association, 2010) (邦訳は『最強交渉人が使っている 一瞬で心を動かす技術』マーク・ゴールストン著、青木高夫訳、ディスカヴァー・トゥエンティワン、2012年)

第6章——相手にとって「一番重要な価値」をあげよう！

1. Boyd Varty, *Cathedral of the Wild: An African Journey Home* (New York: Random House, 2014).

2. 著者によるボイド・ヴァーティへのインタビュー（2015年12月26日）。および著者による同氏への電話インタビュー（2016年1月14日）。

3. Varty, *Cathedral of the Wild.*

4. Uriel G. Foa, John Converse Jr., Kjell Y. Törnblom, and Edna B. Foa, eds., *Resource Theory: Explorations and Applications* (San Diego: Academic Press, 1993).

(page 296)

5. Uriel G. Foa and Edna B. Foa, *Resource Theory of Social Exchange* (Morristown, NJ: General Learning Press, 1975).

6. Jerry S. Wiggins and Paul D. Trapnell, "A Dyadic-Interactional Perspective on the Five-Factor Model," in *The Five-Factor Model of Personality*, ed. Jerry S. Wiggins (New York: Guilford Press, 1996), 88-162.

7.「カラス」が開催する交渉術のセミナー（初心者クラス）でよく紹介されている話。

8. Dan P. McAdams, "The Psychology of Life Stories," *Review of General Psychology* 5, no. 2 (2001): 100-22, doi:10.1037/1089-2680.5.2.100.

9. Varty, *Cathedral.*

第7章——「つながり」をパワーアップ！

1. *God's Generals*: Vol 7, DVD, narrated by Roberts Liardon (2005; New Kensington, PA: Whitaker House).

2. ニコル・パオンのライブ・パフォーマンスより（2016年5月19日）

3. 2015年11月11日に行なわれた、筆者によるニコル・パオンへの電話インタビューより。

4. Zac Bissonnette, *The Great Beanie Baby Bubble: Mass Delusion and the Dark Side of Cute* (New York: Penguin Group, 2015).

5. Greg J. Stephens, Lauren J. Silbert, and Uri Hasson, "Speaker-Listener Neural Coupling Underlies Successful Communication," *Proceedings of the National Academy of Sciences* 107, no. 32 (August 10, 2010): 14425-430, doi:10.1073/pnas.1008662107.

6. スーザン・ケイン、「内向的な人が秘めている力」。2012年2月にアップロードされたTED動画。https://www.ted.com/talks/susan_cain_the_power_of_introverts?language=ja7.

7. Vanessa Van Edwards and Robby Smith, "The Secret Behind How the *New York Times* Creates Viral Articles," Science of People, April 2016, http://www.scienceofpeople.com/NYT.

7. Patti Wood, *Snap: Making the Most of First Impressions, Body Language, and Charisma* (Novato, CA: New World Library, 2012).

8. Christopher Y. Olivola, Friederike Funk, and Alexander Todorov, "Social Attributions from Faces Bias Human Choices," *Trends in Cognitive Sciences* 18, no. 11 (November 2014): 566-70.

9. Lea Winerman, "'Thin Slices' of Life," *Monitor on Psychology*, March 2005, http://www.apa.org/monitor/mar05/slices.aspx.

10. Mitja D. Back, Juliane M. Stopfer, Simine Vazire, Sam Gaddis, Stefan C. Schmukle, Boris Egloff, and Samuel D. Gosling, "Facebook Profiles Reflect Actual Personality, Not Self-Idealization," *Psychological Science* 21, no. 3 (January 2010): 372-74, doi:10.1177/0956797609360756.

第5章——的を射た「感謝」で関係は強くなる

1. Gary D. Chapman, *The Five Love Languages: How to Express Heartfelt Commitment to Your Mate* (Chicago: Northfield Pub., 1995).（邦訳は『愛を伝える5つの方法』ゲーリー・チャップマン著、ディフォーレスト千恵訳、いのちのことば社、2007年）

2. Tom Rath and Donald O. Clifton, Ph.D., *How Full Is Your Bucket* (New York: Gallup Press, 2004).（邦訳は『心のなかの幸福のバケツ』ドナルド・O・クリフトン、トム・ラス著、高遠裕子訳、日本経済新聞社、2005年）

3. Leigh Branham, *The 7 Hidden Reasons Employees Leave: How to Recognize the Subtle Signs and Act Before It's Too Late* (New York: American Management Association, 2005).

4. "SHRM-Globoforce Survey: Companies Need to Fine Tune Employee Recognition and Engagement Efforts," Society for Human Resource Management, April 12, 2012, https://www.shrm.org/about-shrm/press-room/press-releases/pages/shrmgloboforce2012pressreleasepollengagementrecognition.aspx

5. Gallup, Inc., "Employee Recognition: Low Cost, High Impact, Attractiveness," Gallup.com, June 28, 2016, http://www.gallup.com/businessjournal193238/employee-recognition-low-cost-high-impact.aspx.

6. Chapman, *5 Love Languages*, https://s3.amazonaws.com/moody-profiles/uploads/profile/attachment/5/5LLPersonalProfile_COUPLES__1_.pdf.（邦訳は『愛を伝える5つの方法』Gary Chapman著、ディフォーレスト千恵訳、いのちのことば社、2016年。Kindle版のみ入手可能）

7. John M. Gottman, *The Science of Trust: Emotional Attunement for Couples* (New York: W.W. Norton, 2011).

8. Kim T. Buehlman, John M. Gottman, and Lynn F. Katz, "How a Couple Views Their Past Predicts Their Future: Predicting Divorce from an Oral History Interview," *Journal of Family Psychology* 5, no. 3-4 (1992): 295-318, doi:10.1037/0893-3200.5.3-4.295.

9. Gottman, *Science of Trust*, 155.

4. International Encyclopedia of the Social Sciences, Encyclopedia.com, s.v. "Similarity/Attraction Theory," 2008, http://www.encyclopedia.com/social-sciences/applied-and-social-sciences-magazines/similarityattraction-theory.

5. Ellen Berscheid and Elaine H. Walster, *Interpersonal Attraction* (Reading, MA: Addison-Wesley, 1969), 69-91.

6. Tim Emswiller, Kay Deaux, and Jerry E. Willits, "Similarity, Sex, and Requests for Small Favors," *Journal of Applied Social Psychology* 1, no. 3 (September 1971): 284-91, doi:10.1111/j.1559-1816.1971.tb00367.x.

第4章——相手の「性格」を見極める

1. John P. Kotter, "What Leaders Really Do," *Harvard Business Review*, December 2001, https://hbr.org/2001/12/what-leaders-really-do.

2. Jerry S. Wiggins, ed., *The Five-Factor Model of Personality: Theoretical Perspectives* (New York: Guilford Press, 1996).

John M. Digman, "Personality Structure: Emergence of the Five-Factor Model," *Annual Review of Psychology* 41, no. 1 (February 1990): 417-40, doi:10.1146/annurev.ps.41.020190.002221.
Gerald Matthews, Ian J. Deary, and Martha C. Whiteman, *Personality Traits* (Cambridge, UK: Cambridge University Press, 2003).

Arthur E. Poropat, "A Meta-Analysis of the Five-Factor Model of Personality and Academic Performance," *Psychological Bulletin* 135, no. 2 (2009): 322-38, doi:10.1037/a0014996.
Donald Winslow Fiske, Patrick E. Shrout, and Susan T. Fiske, eds., *Personality Research, Methods, and Theory: A Festschrift Honoring Donald W. Fiske* (Hillsdale, NJ: L. Erlbaum Associates, 1995).

3. Brent W. Roberts, Nathan R. Kuncel, Rebecca Shiner, Avshalom Caspi, and Lewis R. Goldberg, "The Power of Personality: The Comparative Validity of Personality Traits, Socioeconomic Status, and Cognitive Ability for Predicting Important Life Outcomes," Perspectives on *Psychological Science* 2, no. 4 (December 2007): 313-45, doi:10.1111/j.1745-6916.2007.00047.x.

(page 295)

4. Wiggins, *Five-Factor Model.*

5. Sam Gosling, *Snoop: What Your Stuff Says About You* (New York: Basic, 2008)（邦訳は『スヌープ！—あの人の心ののぞき方』サム・ゴズリング著、篠森ゆりこ訳、講談社、2008年）

6. J. C. Biesanz. L.J. Human, A-C. Paquin, M.Chan, K. L. Parisotto, J. Sarracino, and R. L. Gillis, "Do We Know When Our Impressions of Others Are Valid? Evidence for Realistic Accuracy Awareness in First Impressions of Personality," *Social Psychological and Personality Science* 2, no. 5 (January 19, 2011): 452-59, doi:10.1177/1948550610397211.

第2章——会話に「フック」をかける

1. Philip Seeman, "Chapter 1: Historical Overview: Introduction to the Dopamine Receptors," in *The Dopamine Receptors*, ed. Kim A. Neve and Rachel Neve (New York: Springer, 1997), 1-22.

2. John Medina, *Brain Rules: 12 Principles for Surviving and Thriving at Work, Home, and School* (Seattle: Pear Press, 2008) (邦訳は『ブレイン・ルール』(ジョン・メディナ著、小野木明恵訳、日本放送出版協会、2009年)

3. Nico Bunzeck and Emrah Düzel, "Absolute Coding of Stimulus Novelty in the Human Substantia Nigra/VTA," *Neuron* 51, no. 3 (August 3, 2006): 369-79, doi:10.1016/ j.neuron.2006.06.021.

4. Brian Knutson and Jeffrey C. Cooper, preview "The Lure of the Unknown," *Neuron* 51. no. 3 (August 3,2006): 280-82, doi:10.1016/j.neuron.2006.07.017.

5. "Novelty Aids Learning," University College London News, August 2, 2006, http:// www.ucl.ac.uk/news/news-articles/news-releases-archive/newlearning.

6. Christian Rudder, "Exactly What to Say in a First Message," *OkTrends* (ブログ), September 14, 2009, http://blog.okcupid.com/index.php/online-dating-advice-exactly-what-to-say-in-a-first-message/.

Christian Rudder, "6 Data-Driven Dating Facts from OkCupid CEO Sam Yagan," *BigThink*, http://bigthink.com/the-voice-of-big-think/6-data-driven-dating-facts-from-okcupid-ceo-sam-yagan.

(page 293)

7. Michael D. Santos, Craig Leve, and Anthony R. Pratkanis, "Hey Buddy, Can You Spare Seventeen Cents? Mindful Persuasion and the Pique Technique," *Journal of Applied Social Psychology* 24, no. 9 (May 1994): 755-64, doi:10.1111/j.1559-1816.1994.tb00610.x.

8. Dennis P. Carmody and Michael Lewis, "Brain Activation When Hearing One's Own and Others' Names," *Brain Research* 1116, no. 1 (September 7, 2006): 153-58, doi:10.1016/ j.brainres.2006.07.121.

9. Gary Small, *The Memory Bible: An Innovative Strategy for Keeping Your Brain Young* (New York: Hyperion, 2002). (邦訳は『3歩あるくとすべて忘れてしまうあなたへ』ゲイリー・スモール著、松本剛史訳、文藝春秋、2003年)

第3章——「共通点」を見つければ、誰からも好かれる人になる!

1. Lewis Howes, *The School of Greatness: A Real-World Guide for Living Bigger, Loving Deeper, and Leaving a Legacy* (Emmanus, PA: Rodale, 2015).

2. 2016年2月19日に著者が行なったルイス・ハウズへの電話インタビューより。

(page 294)

3. Howes, *School of Greatness.*

原注

第1章——「場所」を決める

1. David G. McCullough, *Truman* (New York: Simon & Schuster, 1992).
The Autobiography of Harry S. Truman, ed. Robert H. Ferrell (Boulder, CO: Colorado Associated University Press, 1980).
Memoirs by Harry S. Truman (New York: Konecky & Konecky, 1955), 68.（邦訳は『トルーマン回顧録Ⅰ、ⅠⅠ』H・S・トルーマン著、堀江芳孝訳、恒文社、1992年）
Kenneth T. Walsh, *Celebrity in Chief: A History of the Presidents and the Culture of Stardom* (New York: Routledge, 2015).

2. Andrew Powell-Morse, "A Historical Profile of the NBA Player: 1947-2015." Data Visualizations from *SeatSmart*（ブログ）, March 4, 2015, https://seatsmart.com/blog/history-of-the-nba-player/.

3. Powell-Morse, "A Historical Profile of the NBA Player: 1947-2015."

4. サイエンス・オブ・ピープル社の調査は、すべてデジタル方式で行なっている。協力者はみな、サイト(ScienceofPeople.com)から質問に答えてくれる。この方法のおかげで、バックグラウンド、人種、宗教に関係なく、世界中の人々から莫大な数の回答を得られる。その結果、驚くほど多様なデータが手に入る。

5. Barbara Wild, Michael Erb, and Mathias Bartels, "Are Emotions Contagious? Evoked Emotions While Viewing Emotionally Expressive Faces: Quality, Quantity, Time Course and Gender Differences," *Psychiatry Research* 102, no. 2 (June 1, 2001): 109-24, doi:10.1016/s0165-1781(01)00225-6.

6. 人間は幸せな友だちが一人いると、その人のおかげで自分も幸せだと感じる確率が34%高くなることが、調査でわかったという。J. H. Fowler and N. A. Christakis, "Dynamic Spread of Happiness in a Large Social Network: Longitudinal Analysis over 20 Years in the Framingham Heart Study," *British Medical Journals* 337 (December 5, 2008): doi:10.1136/bmj.a2338.

7. Veikko Surakka and Jari K. Hietanen, "Facial and Emotional Reactions to Duchenne and Non-Duchenne Smiles," *International Journal of Psychophysiology* 29 no. 1 (June 29, 1998): 23-33, doi:10.1016/s0167-8760(97)00088-3.

8. Barbara Wild, Michael Erb, Michael Eyb, Mathias Bartels, and Wolfgang Grodd, "Why Are Smiles Contagious? An FMRI Study of the Interaction Between Perception of Facial Affect and Facial Movements," *Psychiatry Research: Neuroimaging* 123, no. 1 (May 1, 2003): 17-36, doi:10.1016/s0925-4927(03)00006-4.

9. Paul Schrodt, "Lady Gaga Discovered How to Be Happy When She Started Saying One Word a Lot More Often," *Business Insider*, October 30, 2015, http://www.businessinsider.com/lady-gaga-yale-speech-2015-10.

10. Truman, Memoirs, 68.（邦訳は『トルーマン回顧録Ⅰ、Ⅱ』）
(page 292)

［著者］

ヴァネッサ・ヴァン・エドワーズ（Vanessa Van Edwards）

コミュニケーション研究家。

人間の行動を心理学、脳科学、社会学など幅広い観点から研究。ボディランゲージやリーダーシップ、カリスマに関するテーマでCNNやハフポストのコラム、ブログ、書籍などさまざまなメディアへの執筆や講演活動を行う。人間の行動を科学的に分析する「サイエンス・オブ・ピープル」を主宰。

米国オレゴン州ポートランド在住。

［訳者］

福井久美子（ふくい・くみこ）

英国グラスゴー大学大学院英文学専攻修士課程修了。英会話講師、社内翻訳者を経て、フリーランス翻訳者。主な訳書に『PEAK PERFORMANCE 最強の成長術』（ダイヤモンド社）、『ハーバードの自分を知る技術』（CCCメディアハウス）、『瞬間フレームワーク』（クロスメディア・パブリッシング）などがある。

CAPTIVATE 最強の人間関係術

2018年3月14日　第1刷発行

著　者——ヴァネッサ・ヴァン・エドワーズ
訳　者——福井久美子
発行所——ダイヤモンド社
〒150-8409　東京都渋谷区神宮前6-12-17
http://www.diamond.co.jp/
電話／03･5778･7232（編集）　03･5778･7240（販売）
装丁————井上新八
本文デザイン—大谷昌稔
製作進行——ダイヤモンド・グラフィック社
印刷————八光印刷（本文）・加藤文明社（カバー）
製本————川島製本所
編集担当——真田友美

ISBN 978-4-478-10368-5